Juristische ExamensKlausuren

Die Reihe **Juristische ExamensKlausuren** orientiert sich in besonderem Maße an studentischen Bedürfnissen. Das Konzept ist lerngerecht und wirkungsvoll: Wissenschaftliche Mitarbeiter, das eigene Examen noch frisch in Erinnerung und vertraut mit allen Examenssorgen, entwickeln die Klausuren in enger Zusammenarbeit mit erfahrenen Hochschullehrern. Das Ergebnis sind übersichtliche, strukturierte Fallsammlungen, die den gesamten examensrelevanten Stoff abdecken. Die Lösungen beinhalten die rechtliche Begutachtung eines Falles und helfen, vorhandene Kenntnisse weiter zu vertiefen. Die verständlich geschriebenen Klausuren ermöglichen auch Studienanfängern einen schnellen Überblick über die Grundlagen des jeweiligen Rechtsgebietes.

Christian Armbrüster · Lukas Böffel

Examinatorium zum Gesellschaftsrecht

Klausuren und Prüfungsfragen für das Studium, den Schwerpunktbereich und die erste juristische Prüfung

5. Auflage

Christian Armbrüster
FB Rechtswissenschaft
Freie Universität Berlin
Berlin, Deutschland

Lukas Böffel
Associated Researchers Group (ARG)
European Banking Institute (EBI)
Frankfurt am Main/Berlin, Deutschland

ISSN 0944-3762
Juristische ExamensKlausuren
ISBN 978-3-662-67477-2   ISBN 978-3-662-67478-9 (eBook)
https://doi.org/10.1007/978-3-662-67478-9

Die Deutsche Nationalbibliothek verzeichnet diese Publikation in der DeutschenNationalbibliografie; detaillierte bibliografische Daten sind im Internet über https://portal.dnb.de abrufbar.

© Der/die Herausgeber bzw. der/die Autor(en), exklusiv lizenziert an Springer-Verlag GmbH, DE, ein Teil von Springer Nature 2007, 2010, 2013, 2018, 2023
Das Werk einschließlich aller seiner Teile ist urheberrechtlich geschützt. Jede Verwertung, die nicht ausdrücklich vom Urheberrechtsgesetz zugelassen ist, bedarf der vorherigen Zustimmung des Verlags. Das gilt insbesondere für Vervielfältigungen, Bearbeitungen, Übersetzungen, Mikroverfilmungen und die Einspeicherung und Verarbeitung in elektronischen Systemen.
Die Wiedergabe von allgemein beschreibenden Bezeichnungen, Marken, Unternehmensnamen etc. in diesem Werk bedeutet nicht, dass diese frei durch jedermann benutzt werden dürfen. Die Berechtigung zur Benutzung unterliegt, auch ohne gesonderten Hinweis hierzu, den Regeln des Markenrechts. Die Rechte des jeweiligen Zeicheninhabers sind zu beachten.
Der Verlag, die Autoren und die Herausgeber gehen davon aus, dass die Angaben und Informationen in diesem Werk zum Zeitpunkt der Veröffentlichung vollständig und korrekt sind. Weder der Verlag noch die Autoren oder die Herausgeber übernehmen, ausdrücklich oder implizit, Gewähr für den Inhalt des Werkes, etwaige Fehler oder Äußerungen. Der Verlag bleibt im Hinblick auf geografische Zuordnungen und Gebietsbezeichnungen in veröffentlichten Karten und Institutionsadressen neutral.

Springer ist ein Imprint der eingetragenen Gesellschaft Springer-Verlag GmbH, DE und ist ein Teil von Springer Nature.
Die Anschrift der Gesellschaft ist: Heidelberger Platz 3, 14197 Berlin, Germany

Gedruckt auf säurefreiem und chlorfrei gebleichtem Papier

Vorwort

Das Gesellschaftsrecht erfreut sich als Schwerpunktmaterie großer Beliebtheit. Dies hat gute Gründe: Gesellschaftsrecht ist spannend und dynamisch, es weist vielfältige Bezüge zum Bürgerlichen Recht auf (von der Rechtsgeschäftslehre über die Stellvertretung bis hin zum Sachenrecht), und nicht zuletzt: Qualifizierte Gesellschaftsrechtler/innen werden in der Praxis stets gesucht. Die Materie ist freilich nicht einfach. Das vorliegende Buch soll es ermöglichen, das vorhandene Grundwissen zu wiederholen, zu vertiefen und praktisch umzusetzen.

Hierzu dienen im 1. Teil des Buches zwölf Klausuren, die alle das Niveau einer Abschlussklausur haben und von denen einige Original-Prüfungsfällen nachgebildet sind. Sie decken das Recht des Personen- und Kapitalgesellschaftsrecht umfangreich ab. Die Lösungshinweise sind keine „Musterlösungen". Sie sollen vielmehr dazu anregen, eigene Standpunkte zu entwickeln, denn eine gelungene Argumentation lebt von der eigenständigen und engagierten Auseinandersetzung und nicht davon, dass „Muster" reproduziert werden. Einige Hinweise zu Schrifttum und Rechtsprechung erleichtern die Vertiefung; sie sind aber bewusst knapp gehalten.

Auf die Klausuren folgen im 2. Teil zahlreiche Prüfungsfragen mit Antworten zum allgemeinen Teil des Gesellschaftsrecht, Personen- und Kapitalgesellschaftsrecht sowie zu Grundzügen des Konzernrechts. Sie sollen eine komprimierte Überprüfung des aktuellen Wissensstands ermöglichen und zugleich auf die mündliche Prüfung einstimmen.

Die 5. Auflage bringt das Werk auf den Stand von Juni 2023. Die Rechtsänderungen des Gesetzes zur Modernisierung des Personengesellschaftsrechts (MoPeG), die am 1. Januar 2024 in Kraft treten, sind voll eingearbeitet. Für nützliche Hinweise zum Manuskript des Klausurenabschnitts danken die Autoren Herrn Rechtsreferendar und wiss. Mitarbeiter *Alexander Schramm*.

Ein Werk wie dieses lebt in ganz besonderer Weise davon, dass es den Bedürfnissen seiner Adressaten bestmöglich gerecht wird. Die Autoren freuen sich daher über Anregungen (c.armbruester@fu-berlin.de und lukas.boeffel@ebi-europa.eu).

Berlin, Deutschland Christian Armbrüster
Frankfurt am Main/Berlin, Deutschland Lukas Böffel
Juni 2023

Inhaltsverzeichnis

Teil I Klausuren

1 Privatklinik mit Altlasten 3
  1.1 Sachverhalt. 3
  1.2 Lösungshinweise 4
       Teil 1: Ansprüche gegen die „Frauenklinik F & P" 4
       Teil 2: Ansprüche des C gegen F und P persönlich 17
       Gesamtergebnis 19

2 Filmfonds in Schieflage. 21
  2.1 Sachverhalt. 21
  2.2 Lösungshinweise 22
       Frage 1: Anspruch des D gegen O aus § 433 Abs. 2
       BGB i. V. m. §§ 705, 720 Abs. 1, 721 BGB 22
       Frage 2: A. Anspruch des N gegen die SP-Gesellschaft auf
       Rückzahlung der Einlage aus §§ 357 Abs. 1, 355, 312
       Abs. 1, 312g Abs. 1, 312b Abs. 1 S. 1 Nr. 1 BGB 27
       B. Auseinandersetzungsanspruch des N gegen die GbR
       nach § 728 Abs. 1 S. 1 BGB 32
       Gesamtergebnis 33

3 Schmuckhandels-KG in Geldnöten. 35
  3.1 Sachverhalt. 35
  3.2 Lösungshinweise 36
       Frage 1: Ansprüche des V auf Zahlung des Kaufpreises
       in Höhe von 130.000 €. 36
       Frage 2: Ansprüche von B auf Rückzahlung des Darlehens
       in Höhe von 150.000 €. 41
       Frage 3: Anspruch der U gegen Y auf Zahlung des
       erhöhten Entgelts 43

4 Geburt der Eventimo-GmbH ... 45
- 4.1 Sachverhalt ... 45
- 4.2 Lösungshinweise ... 46
  - Frage 1: Ansprüche des T auf Zahlung des (Rest-)Kaufpreises ... 46
  - Frage 2: Anspruch des V gegen die GmbH auf Herausgabe des Ladengeschäfts ... 52
  - Gesamtergebnis ... 54

5 Windige Einlagegeschäfte ... 55
- 5.1 Sachverhalt ... 55
- 5.2 Lösungshinweise ... 56

6 Luftfracht-GmbH in Turbulenzen ... 65
- 6.1 Sachverhalt ... 65
- 6.2 Lösungshinweise ... 66
  - I. Anspruch des G auf Zahlung der vereinbarten Miete aus dem Mietvertrag, vgl. § 535 Abs. 2 BGB ... 66
  - II. Anspruch des G auf Rückgabe des Grundstücks ... 68
  - III. Anspruch des I gegen G aus §§ 143 Abs. 1, 135 Abs. 1 Nr. 2, 129, 39 Abs. 1 Nr. 5 InsO auf Rückzahlung der Miete für die Monate Mai und Juni ... 69

7 Maschinenbau-GmbH in Nöten ... 71
- 7.1 Sachverhalt ... 71
- 7.2 Lösungshinweise ... 72
  - I. Ansprüche der D-GmbH gegen A, B und C in Bezug auf die Ausschüttung Anfang 2021 ... 73
  - II. Ansprüche der D-GmbH gegen B und C in Bezug auf den Verkauf des Pkw an B ... 81
  - III. Die Resteinlageforderung ... 86

8 Bedenkliche Beschlüsse ... 89
- 8.1 Sachverhalt ... 89
  - 1. Teil ... 89
  - 2. Teil ... 89
- 8.2 Lösungshinweise ... 90
  - 1. Teil ... 90
  - 2. Teil ... 96

9 Verunglückte Sanierung ... 101
- 9.1 Sachverhalt ... 101
- 9.2 Lösungshinweise ... 102
  - I. Ansprüche von A gegen P ... 102
  - II. Ansprüche von A gegen G ... 106
  - III. Ansprüche von A gegen D ... 110

10	Machtbewusste GmbH	111
	10.1 Sachverhalt	111
	10.2 Lösungshinweise	112
	Frage 1: Widerspruchsrecht des N gegen die Anweisungen des S	112
	Frage 2: Ansprüche der M & Co.-GmbH gegen die R-GmbH auf Verlustausgleich	120
11	Missglückte Finanzgeschäfte	123
	11.1 Sachverhalt	123
	1. Abwandlung	123
	2. Abwandlung	124
	11.2 Lösungshinweise	125
	1. Abwandlung	125
	2. Abwandlung	133
12	Streit im Aufsichtsrat	137
	12.1 Sachverhalt	137
	12.2 Lösungshinweise	137
	I. Zulässigkeit der Klage	137
	II. Begründetheit der Klage	141
	III. Gesamtergebnis	144

Teil II Prüfungsfragen zum Gesellschaftsrecht

13	Gesellschaftsrecht Allgemeiner Teil	147
14	Personengesellschaftsrecht	153
	14.1 Gesellschaft bürgerlichen Rechts (GbR)	153
	1. Rechtsfähigkeit	153
	2. Gründung/Gesellschaftsvertrag	154
	3. Innenverhältnis	155
	4. Außenverhältnis	160
	14.2 OHG	164
	14.3 KG	171
	14.4 GmbH & Co. KG	174
15	Kapitalgesellschaftsrecht	177
	15.1 GmbH	177
	1. Grundlagen/Gründung	177
	2. Haftung in den Gründungsphasen	182
	3. Finanzverfassung/Kapitalaufbringung	184
	4. Kapitalerhaltung	187
	5. Einlagenrückgewähr	187
	6. Eigenkapitalersatzrecht	189
	7. Organisationsverfassung	190
	8. Stimmverbote/Stimmrechtsmissbrauch	192
	9. Justiziabilität von Gesellschafterbeschlüssen	193

		10. Geschäftsführung	194
		11. Mantelkauf	198
	15.2	AG	199
		1. Vergleich GmbH-AG	199
		2. Gründung	199
		3. Organisationsverfassung	200
		4. Stimmbindung	207
		5. Rechte und Pflichten der Aktionäre	208
		6. Kapitalerhaltung	209
		7. Aktionärsdarlehen	211
		8. Kapitalmaßnahmen	211
		9. Gerichtliche Verfahren	213
	15.3	KGaA	215
16	Konzernrecht (Grundzüge)		219

Teil III   Rechtsprechung

17	Aktuelle höchstrichterliche Rechtsprechung		229
	17.1	Personengesellschaftsrecht	229
		1. BGHZ 217, 237 = NZG 2018, 539	229
		2. BGHZ 228, 28 = NJW 2021, 928	230
		3. BGHZ 229, 358 = NJW 2022, 57	230
		4. BGHZ 232, 375 = NJW 2022, 1878	230
		5. BGH NZG 2023, 564	230
	17.2	Kapitalgesellschaftsrecht	231
		1. BGHZ 212, 126 = NZG 2017, 25	231
		2. BGHZ 212, 342 = NZG 2017, 182	231
		3. BGHZ 214, 258 = NZG 2017, 658	231
		4. BGHZ 219, 193 = NZG 2018, 1189	231
		5. BGHZ 219, 356 = NZG 2018, 1301	232
		6. BGHZ 220, 162 = NZG 2019, 225	232
		7. BGHZ 220, 207 = NJW 2019, 993	232
		8. BGHZ 220, 354 = NZG 2019, 505	232
		9. BGHZ 222, 283 = NJW 2019, 2923	233
		10. BGHZ 225, 198 = BeckRS 2020, 8598	233
		11. BGHZ 226, 125 = BKR 2020, 643	234
		12. BGHZ 229, 299 = NJW 2021, 2036	234
		13. BGHZ 230, 203 = NJW 2022, 238	234
	17.3	Konzernrecht	235
		1. BGHZ 223, 13 = NZG 2019, 1149	235
		2. BGH NZG 2023, 508	235
		3. BGH NZG 2023, 567	235
		4. BGH BeckRS 2023, 6362	235

Literatur 237

Teil I
Klausuren

Privatklinik mit Altlasten

1.1 Sachverhalt

Die Frauenärztin F und der plastische Chirurg P betreiben seit einiger Zeit unter der Bezeichnung „Frauenklinik F & P" eine kleine Privatklinik. Schon bald benötigen sie größere Räume. In unmittelbarer Nachbarschaft der Klinik befindet sich die leer stehende, geräumige Villa des vor kurzem pensionierten Chirurgen C. Dieser verfügt über einen hervorragenden Ruf und konnte während seiner Berufstätigkeit Kontakte zu zahlreichen Privatpatientinnen knüpfen.

F und P gelingt es, C unter Hinweis auf ihre Fachkompetenz von den Vorteilen einer Zusammenarbeit zu überzeugen. In einer schriftlichen, mit „Beitrittsvertrag" überschriebenen Vereinbarung vom 25.03. kommen F, P und C überein, dass sie die Privatklinik ab dem 01.05. in der Villa des C unter der Bezeichnung „Frauenklinik F, P & C" betreiben wollen. C, der sich verpflichtet, der Privatklinik seine Villa für zehn Jahre zur Verfügung zu stellen, darf die vorhandene Praxiseinrichtung von F und P mitbenutzen. Einen Verlustanteil hat C nicht zu tragen.

Nachdem die Klinik ihren Betrieb in den neuen Räumen aufgenommen hat, meldet sich am 25.05. eine Frau M bei C und verlangt Zahlung von 30.000 €. Es stellt sich heraus, dass M im Jahr 2021 wegen eines schweren Behandlungsfehlers ein rechtskräftiges Urteil in dieser Höhe gegen die „Frauenklinik F & P" erstritten hat. Zudem sind in diesem Jahr noch zwei weitere, inzwischen rechtskräftige, Urteile wegen Behandlungsfehlern im Gesamtumfang von 50.000 € gegen die Klinik ergangen. Die Berufshaftpflichtversicherung von F und P deckt diese Verbindlichkeiten nicht ab. Auf Nachfrage von C rechtfertigen sich F und P damit, dass den Urteilen unberechtigte Vorwürfe zugrunde lägen, sodass sie keine Veranlassung gehabt hätten, C darauf hinzuweisen.

C schreibt F und P daraufhin am 26.05., er wolle die Vereinbarung vom 25.03. wegen der verschwiegenen Behandlungsfehler nicht gelten lassen. Er fordert sie auf, die Villa bis spätestens 01.07. zu räumen und dafür Sorge zu tragen, dass keine

Ansprüche ihrer Patientinnen gegen ihn erhoben werden können. Für die Nutzung der Villa im Monat Juni verlangt er (angemessene) 10.000 €.

F und P meinen, dass ihre Patientinnen ohnehin keine Ansprüche gegen C erheben können. Die behaupteten Behandlungsfehler hätten schließlich allenfalls sie zu verantworten. Zur Räumung der Villa und zur Zahlung eines Nutzungsentgelts seien sie nicht verpflichtet. Immerhin habe C ihnen die Räume für zehn Jahre überlassen und im Gegenzug ihre Praxiseinrichtung mitbenutzen dürfen. Damit habe es auch künftig sein Bewenden.

Welche Ansprüche hat C gegen die „Frauenklinik F & P" und gegen F und P persönlich?

Bearbeitervermerk
Es gelten die §§ 705 ff. BGB in der Fassung ab 1. Januar 2024. Im Übrigen sind die Vorschriften des ärztlichen Berufsrechts nicht heranzuziehen. Abfindungsansprüche bleiben außer Betracht. Ein auszugleichender Fehlbetrag besteht nicht. Die Gesellschaft wurde nicht ins Gesellschaftsregister eingetragen.

§ 738 BGB a. F.	§ 728 BGB n. F.
(1) Scheidet ein Gesellschafter aus der Gesellschaft aus, so wächst sein Anteil am Gesellschaftsvermögen den übrigen Gesellschaftern zu. Diese sind verpflichtet, dem Ausscheidenden die Gegenstände, die er der Gesellschaft zur Benutzung überlassen hat, nach Maßgabe des § 732 zurückzugeben, […]. (2) […] § 732 BGB a. F. Gegenstände, die ein Gesellschafter der Gesellschaft zur Benutzung überlassen hat, sind ihm zurückzugeben. Für einen durch Zufall in Abgang gekommenen oder verschlechterten Gegenstand kann er nicht Ersatz verlangen.	(1) Sofern im Gesellschaftsvertrag nichts anderes vereinbart ist, ist die Gesellschaft verpflichtet, den ausgeschiedenen Gesellschafter von der Haftung für die Verbindlichkeiten der Gesellschaft zu befreien und ihm eine dem Wert seines Anteils angemessene Abfindung zu zahlen. […] (2) […] *(aufgehoben)*

1.2 Lösungshinweise

Teil 1: Ansprüche gegen die „Frauenklinik F & P"

I. Anspruch des C gegen die „Frauenklinik F & P" auf Räumung der Villa gem. §§ 705, 311, 241, 242 BGB

C könnte ein vertraglicher Anspruch gegen die „Frauenklinik F & P" auf Räumung der Villa als Kehrseite der Nutzungsüberlassung gem. §§ 705, 311, 241, 242 BGB zustehen. Das setzt voraus, dass C Gesellschafter der BGB-Gesellschaft „Frauenklinik F & P" war und ausgeschieden ist.

1. Gesellschafterstellung des C

a) Rechtsfähige BGB-Gesellschaft

Zunächst muss es sich bei dem Zusammenschluss von F und P um eine rechtsfähige GbR i. S. d. § 705 Abs. 2 Var. 1 BGB handeln, damit die §§ 706 ff. BGB ohne weiteres anwendbar sind. Sollte es sich dagegen um eine nicht rechtsfähige Gesellschaft i. S. d. § 705 Abs. 2 Var. 2 BGB handeln, ergeben sich ggf. Abweichungen nach den §§ 740 ff. BGB.

F und P haben sich zu einer Berufsausübungsgemeinschaft zusammengetan und sich damit gegenseitig zur Verfolgung eines gemeinsamen Zweckes verpflichtet (vgl. § 705 Abs. 1 BGB). Bei Auslegung der Parteiinteressen gem. §§ 133, 157 BGB entspricht es dem gemeinsamen Willen beider, dass diese Gemeinschaft am Rechtsverkehr teilnehmen soll. Dafür spricht auch die Vermutung des § 705 Abs. 3 BGB, da beide ein Unternehmen unter gemeinschaftlichem Namen führen. Gem. § 705 Abs. 2 BGB ist daher davon auszugehen, dass die „Frauenklinik F & P" selbst Rechte erwerben und Verbindlichkeiten eingehen kann, mithin eine rechtsfähige Gesellschaft ist. Der Umstand, dass die Gesellschaft nicht gem. §§ 707 f. BGB in das Gesellschaftsregister eingetragen ist, ändert daran nichts. Diese Eintragung ist ausweislich des Wortlauts („können") keine verpflichtende und die Wirksamkeit bedingende Voraussetzung, sondern eine zusätzliche Publizitätsmöglichkeit für Gesellschaften bürgerlichen Rechts.

Zweifel daran, dass die „Frauenklinik F & P" als GbR einzustufen ist, könnten sich jedoch daraus ergeben, dass der Betrieb einer Frauenklinik einen in kaufmännischer Weise eingerichteten Geschäftsbetrieb erfordert. In Betracht kommt daher auch eine Einordnung als oHG gem. § 105 Abs. 1 i. V. m. § 1 HGB. Dies setzt jedoch voraus, dass der Zweck der Gesellschaft auf den Betrieb eines Handelsgewerbes unter gemeinschaftlicher Firma gerichtet ist. Da Ärzte eine freiberufliche und mithin keine gewerbliche Tätigkeit ausüben, liegt kein Handelsgewerbe im Sinne des § 1 Abs. 2 HGB vor.

Daher handelte es sich bereits bei dem Zusammenschluss von F und P um eine rechtsfähige GbR. Insbesondere hat diese bereits gem. § 719 Abs. 1 BGB mit dem Willen der bisherigen Gesellschafter am Rechtsverkehr teilgenommen. Der etwaige Beitritt des C (s. dazu sogleich) ändert daran nichts.

> **Hinweis**
> Das MoPeG hat die Unterscheidung zwischen rechtsfähiger und nicht rechtsfähiger Gesellschaft bürgerlichen Rechts ausdrücklich in das BGB aufgenommen, vgl. § 705 Abs. 2 BGB. Ausführungen zur Rechtsfähigkeit der GbR, wie sie bis zum 1. Januar 2024 angezeigt waren, sind daher überflüssig. Nunmehr sollte jedoch – aufgrund der unterschiedlichen Rechtsfolgen beider Varianten – in der gebotenen Kürze geprüft werden, um welche GbR es sich hier handelt.

b) Wirksamer Beitritt des C

Zudem muss C Gesellschafter der rechtsfähigen GbR geworden sein. Nach dem Wortlaut der Vereinbarung vom 25.03. ist C der Gesellschaft beigetreten. Sowohl im Innen- als auch im Außenverhältnis ist C vereinbarungsgemäß als echter Mitunternehmer der rechtsfähigen BGB-Gesellschaft aufgetreten. Seine Beitragsleistung kann jedenfalls darin gesehen werden, dass er der Gesellschaft seinen guten Namen zur Verfügung gestellt hat. C ist mithin der „Frauenklinik F & P" als Gesellschafter beigetreten.

aa) Unwirksamkeit gem. §§ 311b Abs. 1 S. 1, 125 BGB

Wenn der Beitrittsvertrag nach § 311b Abs. 1 S. 1 BGB der notariellen Beurkundung bedurfte, die hier nicht erfolgt ist, so ist er gem. § 125 BGB – vorbehaltlich der Regeln über den fehlerhaften Beitritt – nichtig.

Eine Formbedürftigkeit nach § 311b Abs. 1 S. 1 BGB kommt unter dem Gesichtspunkt der Einbringung des Villengrundstücks des C in Betracht. C hat das Grundstück allerdings der Gesellschaft nicht übereignet, sondern es ihr lediglich zur Nutzung überlassen (*quoad usum*). Somit bedurfte der Beitrittsvertrag nicht der notariellen Beurkundung. Er ist folglich nicht formnichtig.

bb) Unwirksamkeit gem. §§ 142 Abs. 1, 123 BGB i. V. m. der Lehre von der fehlerhaften Gesellschaft

Der Beitrittsvertrag zwischen C und den übrigen Gesellschaftern ist möglicherweise jedoch gem. § 142 Abs. 1 BGB infolge wirksamer Anfechtung als von Anfang an (*ex tunc*) nichtig anzusehen.

(1) Anfechtungserklärung, § 143 BGB

In der Erklärung des C, er wolle die Vereinbarung vom 25.03. nicht gelten lassen, ist eine Anfechtungserklärung zu sehen, vgl. §§ 133, 157 BGB. Die Jahresfrist des § 124 Abs. 1 BGB für die Arglistanfechtung wurde eingehalten.

(2) Anfechtungsgrund, § 123 BGB

Als Anfechtungsgrund kommt eine arglistige Täuschung gem. § 123 Abs. 1 Var. 1 BGB in Betracht. F und P haben C von der Gesellschaftsgründung unter Hinweis auf ihre Fachkompetenz überzeugt. In Wahrheit war die Gesellschaft im Jahr 2021 mehrfach wegen schwerer Behandlungsfehler verurteilt worden, die nicht nur Zweifel an den fachlichen Fähigkeiten von F und P aufkommen lassen, sondern erhebliche finanzielle Belastungen für die Klinik mit sich bringen.

Wegen der Rechtskraft der Urteile kommt es dabei nicht darauf an, ob den Entscheidungen berechtigte Vorwürfe zugrunde lagen, ob die Urteile also materiell „richtig" sind. Unabhängig davon, ob C für diese Schulden haftet, hätten F und P ihn auf die Haftungsfälle schon deshalb hinweisen müssen, weil im Außenverhältnis ein gemeinsamer Auftritt geplant war. Der „gute Ruf" ist für einen freiberuflich tätigen Arzt von hoher Bedeutung. Bei einem gemeinsamen Außenauftritt besteht die nicht unbeträchtliche Gefahr, dass der Ruf aller Beteiligten unter der mangelhaften Arbeit eines Mitgesellschafters leidet. Eine Täuschung i. S. d. § 123 Abs. 1 Var. 1 BGB liegt mithin vor.

> **Hinweis**
> Die Täuschung durch F und P ist der Gesellschaft weder nach § 31 BGB noch nach § 166 BGB zuzurechnen. Der Beitritt neuer Gesellschafter ist nämlich grundsätzlich keine Gesellschaftsangelegenheit; der Beitrittsvertrag kommt mit den Mitgesellschaftern und nicht mit der Gesellschaft zustande.

(3) Rechtsfolge, § 142 Abs. 1 BGB

Die Anfechtung nach § 123 BGB führt gem. § 142 Abs. 1 BGB grundsätzlich *ex tunc* zur Nichtigkeit. Damit wird gesetzlich fingiert, dass das Rechtsgeschäft in Form der Willenserklärung des C von Anfang an nicht bestand. Der der Beitritt des C wäre mangels dessen Willenserklärung von Anfang an unwirksam.

Diese Rechtsfolge kann im Gesellschaftsrecht nicht uneingeschränkt gelten. So ist die bereicherungsrechtliche Rückabwicklung bei einem auf Dauer angelegten und dynamischen Gesellschaftsverhältnis nicht nur praktisch äußerst schwierig, sondern auch vor dem Hintergrund des Gläubiger- und Verkehrsschutzes mit Bedenken verbunden. Daher wird man nach dem Auftreten der Gesellschaft im Rechtsverkehr das Gesellschaftsverhältnis nur *ex nunc*, also mit Wirkung für die Zukunft als nichtig behandeln können (Lehre von der fehlerhaften Gesellschaft).

Die Unwirksamkeit des Beitrittsvertrages kann also nur dann mit Wirkung für die Zukunft geltend gemacht werden, wenn die Lehre von der fehlerhaften Gesellschaft eingreift. Wie dargelegt, dienen diese Regeln dem Gläubigerschutz und der Vermeidung von Rückabwicklungsschwierigkeiten im Innenverhältnis. Sie gelten auch für den fehlerhaften Beitritt.

Voraussetzung ist, dass ein Beitrittsvertrag geschlossen und der Beitritt in Vollzug gesetzt wurde. Der Beitrittsvertrag muss ferner unter einem Fehler leiden, der nach den allgemeinen Regeln zur rückwirkenden Nichtigkeit führen würde. Außerdem darf jener Fehler nicht so schwerwiegend sein, dass seine Nichtbeachtung mit höherrangigen Interessen (insb. dem Minderjährigenschutz) im Widerspruch stehen würde.

Ein Beitrittsvertrag wurde hier geschlossen und in Vollzug gesetzt. Die Anfechtung der Beitrittserklärung würde nach allgemeinen Regeln zur rückwirkenden Nichtigkeit des Beitrittsvertrages gem. § 142 Abs. 1 BGB führen. Der Schutz des arglistig getäuschten Gesellschafters ist regelmäßig kein so schwerwiegender Belang, dass die Grundsätze über den fehlerhaften Beitritt eine Korrektur erfahren müssten.[1]

> **Hinweis**
> Wenn die Nichtanwendung des § 142 Abs. 1 BGB hingegen ausschließlich dem Täuschenden zugute käme, ist die auf einem Schutzargument basierende Lehre von der fehlerhaften Gesellschaft nicht anzuwenden. So ist der arglistig Täuschende ist nicht schutzwürdig, wie etwa ein Umkehrschluss zu § 122 Abs. 1 BGB zeigt.

---

[1] *K. Schmidt*, GesR, § 6 III 3 c bb (S. 151 a. E.).

Die Anfechtung des Beitritts führt nach der Lehre von der fehlerhaften Gesellschaft mithin nicht zu dessen anfänglicher Nichtigkeit.

cc) Zwischenergebnis
C ist somit Gesellschafter der rechtsfähigen GbR geworden.

2. Ausscheiden des C aus der Gesellschaft

C kann die Fehlerhaftigkeit (d. h. hier: den Anfechtungsgrund) mit Wirkung für die Zukunft nach Maßgabe der Regeln geltend machen, die allgemein beim Vorliegen eines wichtigen Grundes für die Lösung von der Gesellschaft gelten.

Er kann seine Mitgliedschaft daher nach § 725 Abs. 3 BGB fristlos kündigen. Infolge der arglistigen Täuschung ist gem. § 725 Abs. 2 S. 2 BGB von einem wichtigen Grund auszugehen, der eine fristlose Kündigung rechtfertigt. Die Täuschung des C stellt sich für diesen als vorsätzliche Verletzung einer wesentlichen Verpflichtung dar.

Seine Erklärung, er wolle die Beitrittsvereinbarung nicht gelten lassen, ist – für den Fall, dass die Anfechtung nicht zum Erfolg führt – als Kündigungserklärung auszulegen. Die Kündigung hat dabei – da der Fehler nur den Beitritt des C betrifft – auch ohne eine Fortsetzungsklausel (vgl. § 736 Abs. 1 BGB a. F.) nicht die Auflösung der Gesellschaft, sondern das Ausscheiden des C zur Folge.[2]

3. Herausgabeanspruch im Wege ergänzender Vertragsauslegung gem. § 242 BGB

C müsste sodann gegen die Gesellschaft als Rechtssubjekt ein vertraglicher Herausgabeanspruch zustehen. Dies ist gem. §§ 133, 157 BGB durch Auslegung der vertraglichen Vereinbarung zu ermitteln.

Laut Vereinbarung hat sich C gegenüber der Gesellschaft verpflichtet, die Villa dieser für zehn Jahr zur Nutzung zu überlassen. Im Gegenzug sollte C die Praxiseinrichtung von F und P benutzen dürfen. Daraus lässt sich nicht ohne weiteres ableiten, was die Parteien für den Fall des Ausscheidens aus der Gesellschaft geregelt haben.

Für diese Fälle wird in der Literatur darauf abgestellt, dass im Wege ergänzender Vertragsauslegung[3] ein entsprechender Rückgabeanspruch begründet werden könne.[4] Die auf § 242 BGB gestützte ergänzende Vertragsauslegung soll den Vertrag hinsichtlich einer Regelungslücke sinnvoll und im Interesse der Vertragsbeteiligten zu Ende denken[5] und ist durch den wirklichen Willen der Parteien begrenzt.[6] Dies geschieht dadurch, in dem der hypothetische Vertragswille der Parteien unter Berücksichtigung von Treu und Glauben[7] durch vernünftige Interessenabwägung auf objektiver Grundlage[8] ermittelt wird.[9]

---

[2] Vgl. zur alten Rechtslage *K. Schmidt*, GesR, § 6 V 1 a (S. 160).
[3] S. hierzu allg. Erman BGB/*Armbrüster*, § 157 Rn. 15 ff.
[4] *Schäfer*, Kommentar GbR und PartG, 9. Aufl. 2023, § 728 Rn. 4.
[5] Vgl. MünchKomm-BGB/*Busche*, § 157 Rn. 27.
[6] Staudinger/*Roth*, § 157, Rn. 38.
[7] BGHZ 135, 92 = DNotZ 1998, 54, 56.
[8] BGHZ 74, 193 = NJW 1979, 1779, 1780.
[9] S. auch MünchKomm-BGB/*Busche*, § 157 Rn. 28.

> **Hinweis**
> Die dogmatische Einordung der ergänzenden Vertragsauslegung als Auslegung im engeren oder im weiteren Sinne (dann: Rechtsfortbildung) ist umstritten. Darauf kommt es vorliegend nicht an. Es geht allein darum, zu erkennen, dass die Parteien möglicherweise (konkludent) in ihrer Vereinbarung einen Herausgabeanspruch geregelt haben. Dies kann mit der ergänzenden Vertragsauslegung durchaus gut begründet und sollte entsprechend ausgeführt werden.

Hierfür ist Voraussetzung, dass der Vertrag eine planwidrige Unvollständigkeit[10] aufweist, also eine regelungsbedürftige Situation besteht, die jedoch von einem objektiven Gesichtspunkt nicht (mehr) von der rechtsgeschäftlichen Vereinbarung abgedeckt wird.[11] Mithin ist erforderlich, dass ohne die noch zu ermittelnde Regelung eine interessengerechte Vertragsdurchführung nicht möglich ist.[12] Dabei darf es sich um keine bewusste Lücke handeln, da dann der ausdrückliche Wille der Parteien einer auf § 242 BGB gestützten ergänzenden Lückenfüllung entgegenstünde.[13] Insbesondere darf es bei einem vertypten Rechtsgeschäft – wie einem Gesellschaftsverhältnis gem. §§ 705 ff. BGB – keine gesetzliche Regelung geben, die die Lücke schließt.[14] Schließlich ist unter Berücksichtigung der Umstände des Einzelfalls zu ermitteln, was redliche und verständige Parteien nach dem Zweck des Vertrages und bei Abwägung der beiderseitigen Parteiinteressen nach Treu und Glauben im Zeitpunkt des Vertragsschlusses[15] vereinbart hätten.[16]

> **Hinweis**
> Auch diese Ausführungen sind (aus didaktischen Gründen bewusst) ausführlicher geraten, als dies in einer Klausursituation erwartet werden kann. Es darf jedoch ein Problembewusstsein dahingehend vorausgesetzt werden, dass die ergänzende Vertragsauslegung eine lückenhafte Vereinbarung erfordert, die zunächst festzustellen und anschließend nach einem an §§ 133, 157, 242 BGB orientierten Maßstab zu schließen ist.

Darauf aufbauend ist festzustellen, dass die gesellschaftsvertragliche Nutzungsüberlassung keinerlei Regelungen für eine Rückgabe der Villa enthält. Dies ist aber

---

[10] Erman BGB/*Armbrüster*, § 157 Rn. 16.
[11] MünchKomm-BGB/*Busche*, § 157 Rn. 38 ff.
[12] Staudinger/*Roth*, § 157, Rn. 15.
[13] MünchKomm-BGB/*Busche*, § 157 Rn. 42.
[14] Erman BGB/*Armbrüster*, § 157 Rn.19; Staudinger/*Roth*, § 157, Rn. 23.
[15] Str., vgl. MünchKomm-BGB/*Busche*, § 157 Rn. 50.
[16] BGHZ 223, 45 Rn. 28 = NJW 2020, 337; BGHZ 221, 145 Rn. 61 = NJW 2019, 2298; BGHZ 164, 286 Rn. 26 = NJW 2006, 54; s. auch Staudinger/*Roth*, § 157, Rn. 30.

erforderlich, denn es ergibt sich aus der Vereinbarung, dass C das Objekt nicht endgültig, sondern nur zeitweise überlassen wollte. Ohne einen entsprechenden vertraglichen Herausgabeanspruch ließe sich die zeitweise Überlassung nicht interessengerecht umsetzen. Darin ist eine regelungsbedürftige Situation zu erblicken, die nicht mehr von der Vereinbarung gedeckt wird. Dies ist mangels diesbezüglicher Anhaltspunkte auch nicht bewusst von den Parteien offen gelassen worden. Auch fehlt eine gesetzliche Regelung in den §§ 705 ff. BGB (s. dazu noch sub II 3). Zuletzt ist davon auszugehen, dass die Parteien einen entsprechenden Herausgabeanspruch vereinbart hätten. Die Gesellschafter waren sich übereinstimmend einig, dass die Villa nur für die Dauer der Gesellschaftereigenschaft des C und darüber hinaus maximal zehn Jahre der Gesellschaft zur Verfügung gestellt werden soll. Daraus folgt im Umkehrschluss, dass sie einen Herausgabeanspruch nach dem Zweck des Vertrages im Zeitpunkt des Vertragsschlusses vereinbart hätten. Dafür spricht auch die Novellierung des Personengesellschaftsrechts, wodurch der originäre Herausgabeanspruch aus § 728 Abs. 1 S. 1 Var. 2 BGB ersatzlos gestrichen wurde und nun das gesonderte Bedürfnis nach einer entsprechenden vertraglichen Vereinbarung besteht.

4. Ergebnis
Die „Frauenklinik F & P" ist gegenüber C zur Räumung der Villa verpflichtet.

II. Anspruch des C gegen die „Frauenklinik F & P" auf Räumung der Villa gem. § 728 Abs. 1 S. 1 Var. 2 BGB i. V. m. § 732 BGB a. F. analog

1. Gesellschafterstellung des C
Ein Anspruch des C gegen die „Frauenklinik F & P" auf Räumung der Villa gem. § 728 Abs. 1 S. 1 Var. 2 BGB i. V. m. § 732 BGB a. F. analog setzt voraus, dass C Gesellschafter der BGB-Gesellschaft „Frauenklinik F & P" war und ausgeschieden ist.

2. Rechtsfähige BGB-Gesellschaft und wirksamer Beitritt des C
Bei dem Zusammenschluss handelt es sich um eine rechtsfähige GbR i. S. d. § 705 Abs. 2 Var. 1 BGB, s. o. Auch ist C wirksam Gesellschafter der „Frauenklinik F & P" geworden, s. o.

3. Ausscheiden des C aus der Gesellschaft
C kann zudem die Fehlerhaftigkeit (d. h. hier: den Anfechtungsgrund) mit Wirkung für die Zukunft nach Maßgabe der Regeln geltend machen, s. o.

4. Herausgabe gem. § 732 BGB a. F. analog
Fraglich bleibt, ob C auch nach § 732 BGB a. F. analog die Herausgabe der Villa verlangen kann. So führt das Ausscheiden von C nach der neuen Regelung des § 728 Abs. 1 BGB lediglich dazu, dass die Gesellschaft ihm gegenüber verpflichtet ist, ihn von der Haftung für Verbindlichkeiten der Gesellschaft zu befreien und ihm eine dem Wert seines Anteils angemessene Abfindung zu zahlen. Einen Herausgabeanspruch regelt die Vorschrift nicht.

1.2 Lösungshinweise

Dies war bis zur Gesetzesnovellierung durch das MoPeG anders: Nach dem Wortlaut des § 738 Abs. 1 S. 2 BGB a. F. waren die Gesellschafter „verpflichtet, dem Ausscheidenden die Gegenstände, die er der Gesellschaft zur Benutzung überlassen hat, nach Maßgabe des § 732 zurückzugeben". Bereits im alten Recht war unter Anerkennung der (Teil-)Rechtsfähigkeit der Außen-GbR[17] zu berücksichtigen, dass allein die Gesellschaft Besitzerin der zur Nutzung eingebrachten Gegenstände ist. Demnach muss diese zumindest auch zur Rückgabe verpflichtet sein.

Nunmehr ist fraglich, wie die Streichung des § 732 BGB a. F. vor dem Hintergrund der neuen Vorschrift des § 728 Abs. 1 BGB zu verstehen ist und ob das Gesetz dennoch einen Herausgabeanspruch für überlassene, aber nicht übereignete Gegenstände vorsieht.

In Betracht kommt insofern eine analoge Anwendung des § 732 BGB a. F. In diesem Sinne wird vertreten, dass diese Vorschrift auf die neue Rechtslage anzuwenden sei, da eine planwidrige Regelungslücke bei vergleichbarer Interessenlage vorliege.[18] So habe der Gesetzgeber den Herausgabeanspruch lediglich mit dem Hinweis darauf nicht übernommen, dass die jeweils der Nutzungsüberlassung zugrunde liegenden Vereinbarungen einen entsprechenden Anspruch vorsehen würden und eine gesetzliche Bestimmung nicht erforderlich sei (vgl. BT-Drucks. 19/27625, S. 175). Solche Abreden bestünden aber nicht stets.[19]

Für diese Sichtweise spricht, dass – wie der vorliegende Fall zeigt – in der Tat nicht stets vertragliche Abreden vorliegen oder nachgewiesen werden können, die eine gesetzliche Regelung entbehrlich machen. Auch lässt sich trotz der nunmehr geänderten Dogmatik des Rechts der GbR nicht von der Hand weisen, dass die Interessenlage nach wie vor vergleichbar ist. Ein Bedürfnis für einen entsprechenden Herausgabeanspruch ist durchaus erkennbar. Der Gesetzgeber hat offenbar nicht erkannt, dass in der gesellschaftsrechtlichen Praxis auch nach neuem Recht ein gesetzlicher Herausgabeanspruch erforderlich ist. Folgt man dem, wäre § 732 BGB a. F. analog anwendbar und C könnte entsprechend Herausgabe der Villa verlangen.

Dagegen lässt sich jedoch vorbringen, dass insbesondere die Annahme einer planwidrigen Regelungslücke nicht überzeugt. Zwar kommt hier eine sog. Normlücke in Betracht, die dann vorliegt, wenn eine Regelung in sich unvollständig ist. In diesem Sinne ließe sich vertreten, dass § 728 Abs. 1 BGB ohne den entsprechenden Herausgabeanspruch unvollständig ist. Diese Normlücke müsste jedoch sodann auch planwidrig sein. Von einer planwidrigen Lücke kann nur dann ausgegangen werden, wenn der Gesetzgeber eine Rechtsfrage unbewusst nicht berücksichtigt hat. Ob eine nicht aufgegriffene Rechtsfrage also unbewusst nicht berücksichtigt wurde, richtet sich nach dem Wertungs- und Regelungsplan des Gesetzgebers.[20] Der Gesetzgeber hat eine dem § 732 BGB a. F. analog entsprechende Regelung ganz be-

---

[17] Grundlegend BGHZ 146, 341, 358 = NJW 2001, 1056; krit. *Hadding*, ZGR 2001, 712, 735 ff.
[18] *Servatius*, Kommentar GbR, 2023, § 728 Rn. 25.
[19] *Servatius*, Kommentar GbR, 2023, § 728 Rn. 25.
[20] *Larenz/Canaris*, Methodenlehre, S. 194.

wusst nicht in § 728 BGB aufgenommen,[21] anders als dies noch beim § 738 Abs. 1 S. 2 BGB der Fall war. Zwar mag der Gesetzgeber in der Annahme geirrt haben, dass ein Herausgabeanspruch des ausscheidenden Gesellschafters stets über die vertragliche Abrede hergeleitet werden könne und eine gesetzliche Rechtsgrundlage überschießend wäre (s. o.). Die Normlücke erscheint unter diesem Blickwinkel indes keineswegs unbewusst i. S. v. planwidrig. Vor diesem Hintergrund ist sodann zu betonen, dass es dem Rechtsanwender angesichts des Rechtsstaatsprinzips und der Gewaltenteilung gem. Art. 20 Abs. 2, 3 GG nicht erlaubt ist, eine Norm über die Grenzen der Methodenlehre hinaus anzupassen. Dies gilt selbst dann, wenn es sich dabei um die Korrektur eines (vermeintlichen) gesetzgeberischen Fehlers handelt. Nach diesem Verständnis kann § 732 BGB a. F. nicht analog angewendet werden.

> **Hinweis**
> Hier ist grds. beides gut vertretbar, auch wenn die besseren Argumente gegen eine analoge Anwendung von § 732 BGB a. F. streiten. Die Diskussion befindet sich gewiss noch in den Anfängen. Eine vertiefte Auseinandersetzung ist daher nicht vorauszusetzen. Da im Bearbeitervermerk jedoch §§ 738 a. F. und 732 a. F. dem § 728 Abs. 1 BGB n. F. gegenübergestellt abgedruckt sind, sollte dieses Problem an einem Punkt jedenfalls in Grundzügen angesprochen werden.
>
> Zu beachten ist, dass derjenige, der sich für eine entsprechende Analogie ausspricht, den Weg über die ergänzende Vertragsauslegung aufgrund der dann anwendbaren dispositiven Gesetzesnorm ablehnen muss.

5. Ergebnis
Die „Frauenklinik F & P" ist gegenüber C nicht zur Räumung der Villa verpflichtet.

III. Anspruch des C gegen die „Frauenklinik F & P" auf Räumung der Villa gem. § 985 BGB
C ist Eigentümer, die rechtsfähige „Frauenklinik F & P" ist Besitzerin der Villa. Da mit Ausscheiden des C aus der Gesellschaft deren Besitzrecht aus dem Gesellschaftsvertrag entfallen ist, kann C daher aus § 985 BGB Herausgabe der Villa verlangen.

IV. Anspruch des C gegen die „Frauenklinik F & P" auf Zahlung von 10.000 € gem. § 546a Abs. 1 BGB
C hat einen Anspruch auf Zahlung von 10.000 € aus § 546a Abs. 1 BGB, wenn zwischen ihm und der Frauenklinik ein wirksamer Mietvertrag über die Villa zustande gekommen ist. Die erfolgte Einbringung zur Nutzung findet ihre Rechtsgrundlage indes allein im Gesellschaftsvertrag. Ein Mietvertrag kam daneben im Zeitpunkt der Nutzungsüberlassung nicht zustande, was sich durch Auslegung der Parteierklärungen nach §§ 133, 157 BGB ergibt.

---

[21] BT-Drucks. 19/27625, S. 175.

Man könnte freilich erwägen, ob darin, dass C der Klinik die Nutzung der Villa im Juni freiwillig überlassen hat, ein konkludent geschlossener Mietvertrag liegt. Indessen ist zwischen den Beteiligten keine Einigung über eine Mietzahlung erfolgt. Es ist daher davon auszugehen, dass C seinen (ehemaligen) Mitgesellschaftern damit lediglich eine Räumungsfrist gewähren und so seiner nachvertraglichen Treuepflicht gerecht werden wollte (s. dazu sogleich). Da es mithin auch für den Monat Juni an einem Mietverhältnis fehlt, wird dem C der Besitz nicht i. S. d. § 546a Abs. 1 BGB vorenthalten. Mithin besteht ein Zahlungsanspruch nach dieser Vorschrift nicht.

> **Hinweis**
> Da der Sachverhalt eigens eine Entgeltforderung für die Nutzung der Villa im Juni thematisiert, muss diese mietrechtliche Anspruchsgrundlage angesprochen werden. Zu betonen war hier freilich die Auslegung der Willenserklärungen der Beteiligten nach §§ 133, 157 BGB. Gegen das hier vertretene Auslegungsergebnis spricht auch nicht, dass C aufgrund der arglistigen Täuschung an sich nicht zur Überlassung der Villa kraft gesellschaftsrechtlicher Treuepflicht verpflichtet ist. Aus den sub V folgenden Ausführungen ergibt sich dennoch, dass das gegenseitige Band, das nach dem Ende der Mitgliedschaft zwischen C und der Gesellschaft fortbesteht, zu Zahlungspflichten derselben führt. Darin ist jedoch keine konkludente Willenserklärung zum Abschluss eines Mietvertrages aus Sicht des C zu erblicken. Die Ausgleichspflicht steht schließlich auch der fehlenden Pflichtbindung des C nicht entgegen.

V. Anspruch des C gegen die „Frauenklinik F & P" auf Zahlung von 10.000 € aus dem Gesellschaftsvertrag i. V. m. der gesellschaftsrechtlichen Treuepflicht

In Betracht kommt ferner ein Anspruch des C gegen die GbR aus dem Gesellschaftsvertrag i. V. m. der gesellschaftsrechtlichen Treuepflicht.[22] Teil dieser Treuepflicht, die nicht nur zwischen den Gesellschaftern untereinander und gegenüber der Gesellschaft, sondern auch im Verhältnis der Gesellschaft gegenüber den Gesellschaftern besteht, sind Mitwirkungs-, Handlungs- und Unterlassungspflichten.[23] Diese Pflichten gelten typischerweise während der Mitgliedschaft in einer Gesellschaft, können aber auch rechtliche Pflichten nach dem Ausscheiden begründen (sog. nachwirkende Treuepflicht).[24]

Die nachwirkende Treuepflicht[25] kann es einem ausscheidenden Gesellschafter gebieten, der Gesellschaft dringend benötigte Gegenstände vorübergehend noch zu belassen. In diesem Fall steht dem ausscheidenden Gesellschafter nach § 242 BGB

---

[22] Der Geltungsgrund und die Rechtsgrundlage der gesellschaftsrechtlichen Treuepflicht sind sehr umstritten, vgl. *Böffel*, Versicherungskonzernrecht, S. 143 ff.
[23] Vgl. *Böffel*, Versicherungskonzernrecht, S. 149 f.
[24] BGHZ 210, 186 Rn. 23 = NZG 2016, 742; monographisch *Dembski*, Treubindungen von Nichtmitgliedern.
[25] MünchKomm-BGB/*Schäfer*, § 738 Rn. 7.

jedoch grundsätzlich ein angemessenes Benutzungsentgelt als Ausgleich zu. So liegt es auch hier. Zwar kann im Fall der Kündigung aufgrund arglistiger Täuschung eine Pflicht zur Belassung des eingebrachten Gegenstandes grundsätzlich nicht angenommen werden. Belässt der getäuschte Gesellschafter den betreffenden Gegenstand der Gesellschaft dennoch vorübergehend, so ist kein Grund ersichtlich, ihm einen Ausgleich zu verweigern.

C hat gegen die Gesellschaft mithin einen Ausgleichsanspruch in Höhe von 10.000 €.

> **Hinweis**
> Die nachwirkende Treuepflicht ist ein Spezialfall der allgemeinen gesellschaftsrechtlichen Treupflicht und deren Kenntnis kann nicht ohne weiteres vorausgesetzt werden. Es sollte aber jedenfalls ein Anspruch aus gesellschaftsrechtlicher Treuepflicht gesehen und geprüft werden. Dies gilt insbesondere vor dem Hintergrund der gesetzlich gelassenen Lücke durch die ersatzlose Streichung des § 732 BGB a. F. analog. Besonders positiv zu würdigen ist dabei ein Problembewusstsein hinsichtlich der umstrittenen Rechtsgrundlage.

VI. Anspruch des C gegen die „Frauenklinik F & P" auf Zahlung von 10.000 € gem. § 812 Abs. 1 S. 1 Var. 1 BGB

C hat möglicherweise einen Anspruch gegen die „Frauenklinik F & P" auf Zahlung von 10.000 € gem. § 812 Abs. 1 S. 1 Var. 1 BGB. Ein solcher Anspruch setzt voraus, dass der C die Nutzungsüberlassung als Leistung an die Gesellschaft ohne Rechtsgrund erbracht hat.

C hat die Villa der „Frauenklinik F & P" indes im Lichte der nachwirkenden gesellschaftsrechtlichen Treuepflicht überlassen und erhält hierfür einen Ausgleich (s. vorstehend V). Damit liegt ein Rechtsgrund für die Nutzungsüberlassung vor. Für einen bereicherungsrechtlichen Anspruch ist daneben kein Raum. Gegen diesen Befund spricht nicht, dass C aufgrund der arglistischen Täuschung an sich nicht zur Überlassung der Villa kraft gesellschaftsrechtlicher Treuepflicht verpflichtet gewesen ist. So schafft die gesellschaftsrechtliche Treuepflicht allgemein ein Band zwischen den Gesellschaftern und der Gesellschaft, das gegenseitig Rechte und Pflichten begründen kann. Das hat zur Folge, dass C zwar in diesem Fall nicht zur Überlassung der Villa verpflichtet war, die Gesellschaft aber dennoch und gleichwohl zur Zahlung eines entsprechenden Ausgleichsanspruchs i. H. v. 10.000 Euro aus nachwirkender Treupflicht gegenüber C verpflichtet ist, wenn C die Villa – wie geschehen – überlässt. In diesem Sinne bestehen gerade zugunsten des C Treuepflichten, was sich in dem Ausgleichsanspruch infolge der Nutzungsüberlassung nach Gesellschaftsaustritt des C materialisiert. In der Nutzungsüberlassung ist folglich ein entsprechender kooperativer Rechtsgrund (mit ausgleichendem Zahlungsanspruch) zu erblicken, der den Anspruch aus § 812 Abs. 1 S. 1 Var. 1 BGB ausschließt.

Hinweis
Wer keinen Anspruch aus nachwirkender gesellschaftsrechtlicher Treuepflicht annimmt, kommt hier zu einem anderen Ergebnis. Dann wäre freilich zu problematisieren, inwiefern der C in Kenntnis der Nichtschuld gem. § 814 BGB die Villa überlassen hat, was einem Kondiktionsanspruch im Wege stünde.

VII. Anspruch des C gegen die „Frauenklinik F & P" auf Freistellung gem. § 728 Abs. 1 S. 1 Var. 1 BGB

1. Ausgangspunkt: Akzessorische Haftung § 721 BGB
In Betracht kommt ein Anspruch des C gegen die „Frauenklinik F & P" auf Freistellung gem. § 728 Abs. 1 S. 1 Var. 1 BGB. Der ausscheidende Gesellschafter ist nach dieser Vorschrift von den „Verbindlichkeiten der Gesellschaft" zu befreien. Dies ist so zu verstehen, dass die Gesellschaft den ausscheidenden Gesellschafter von der akzessorischen Gesellschafterhaftung zu befreien hat, soweit er für Gesellschaftsschulden haftet. Es kommt somit darauf an, ob eine solche Haftung hier besteht.

Für Schulden der Gesellschaft, die nach dem Beitritt des C entstanden sind, ergibt sich eine Haftung aus § 721 S. 1 BGB. Da bereits rechtskräftige Urteile gegen die Gesellschaft vorliegen, kommt es für diese persönliche Haftung des C auch nicht darauf an, ob die den Urteilen zugrunde liegenden Ansprüche (wie dies F und P behaupten) in Wahrheit nicht bestanden. Gem. § 721b Abs. 1 BGB kann C einen solchen Einwand nicht geltend machen, da er auch von der Gesellschaft nicht erhoben werden kann.

Allerdings handelt es sich bei den gegen C geltend gemachten Forderungen um sog. Altverbindlichkeiten, die vor seinem Beitritt entstanden sind. Fraglich ist, ob C auch für solche Schulden der Gesellschaft haftet.

Eine Antwort hierzu hält § 127 HGB bereit, der für den oHG-Gesellschafter die Haftung für Altschulden anordnet. Es war umstritten, inwiefern diese Bestimmung analog auch auf die GbR angewendet werden kann.[26] Mittlerweile hat sich dies erledigt, da der Gesetzgeber die Frage auch für die GbR positiv mit § 721a BGB beantwortet hat.

§ 721a BGB besagt, dass auch derjenige für die vor seinem Einritt begründeten Verbindlichkeiten nach § 721 BGB haftet, der in eine bestehende Gesellschaft eintritt. Diese Regelung wurde § 130 HGB a. F. nachgebildet und damit folgt der Gesetzgeber der Rechtsprechung des BGH[27] sowie der Literatur.[28] Die Angleichung wird damit begründet, dass auf diese Weise der Einfluss des eintretenden Gesellschafters auf das Gesellschaftsvermögen kompensiert und eine Ausbeutung der Gesellschaftsgläubiger verhindert werde.[29]

Die Gesellschafter haften demnach für alle vertraglichen, quasivertraglichen und gesetzlichen Verbindlichkeiten der Gesellschaft unabhängig davon, ob sie vor oder nach dem Beitritt begründet worden sind.

---
[26] Hierzu kritisch *Armbrüster*, ZGR 2005, 34, 49 ff.
[27] BGHZ 154, 370, 374 = NJW 2003, 1803, 1804.
[28] Vgl. zur alten Rechtslage z. B. *Habersack/Schürnbrand*, JuS 2003, 739, 741 f.
[29] BT-Drucks. 19/27635, S. 166.

2. Erstreckung auf Berufshaftung i. S. d. § 8 Abs. 2 PartGG analog

Es stellt sich weiter die Frage, ob § 721a BGB auch für Verbindlichkeiten aus beruflichen Haftungsfällen (um die es auch hier geht) gilt. Der BGH hatte dies bezüglich § 130 HGB a. F. zunächst mit Hinweis darauf offen gelassen, dass solche Verbindlichkeiten möglicherweise nach der in § 8 Abs. 2 des Partnerschaftsgesellschaftsgesetzes (PartGG) zum Ausdruck kommenden Wertung eine Sonderstellung einnehmen.[30] Inzwischen hat er sich gegen eine analoge Anwendung von § 8 Abs. 2 PartGG ausgesprochen.[31] Das dürfte sich ohne weiteres auf § 721a BGB übertragen lassen.

So spricht gegen die analoge Übertragung von § 8 Abs. 2 PartGG auf § 721a BGB, dass der Grund für diese Haftungserleichterung (Beschränkung auf eine „Handelndenhaftung") im besonderen persönlichen Vertrauen und der gewissen Weisungsunabhängigkeit zu erblicken ist, das bzw. die Angehörigen der in § 1 Abs. 2 S. 2 PartGG genannten freien Berufe zukommt. Dies rechtfertigt es, die Haftung für berufliche Pflichtverletzungen auf diejenigen Berufsträger zu beschränken, die im Rahmen des konkreten Haftungsfalles tätig geworden sind.

Das trifft in der Sache zwar grundsätzlich auch auf die Freiberufler-GbR zu. Die Haftungsbeschränkung setzt daneben jedoch die zwingende Registereintragung der Gesellschafter voraus, was eine Besonderheit der Partnerschaftsgesellschaft darstellt. Nur die Eintragung gewährleistet die Publizität, die für einen raschen Zugriff auf die handelnden Partner erforderlich ist. Das ist mit der GbR in diesem Ausmaß letztlich nicht vergleichbar.

Zwar ist mittlerweile auch bei der GbR gem. §§ 707 f. BGB eine Eintragung in das Gesellschaftsregister möglich. Von diesem zusätzlichen Mittel hat die „Frauenklinik F & P" GbR aber keinen Gebrauch gemacht. Wäre dies so, hätte sie auch den Anforderungen des § 707a Abs. 2 S. 1 BGB entsprechen müssen („eingetragene Gesellschaft bürgerlichen Rechts" oder „eGbR").

Ungeachtet dessen besteht jedoch bei der GbR auch nach der Gesetzesnovellierung im Zuge des MoPeG das nicht außer Acht zu lassende Risiko, dass der oder die handelnden Gesellschafter nicht auffindbar sind und der Geschädigte seine Ansprüche deshalb nicht realisieren kann.

Zuletzt spricht gegen die analoge Anwendung, dass die Planwidrigkeit einer (unterstellten) Regelungslücke zweifelhaft erscheint. Es ist nicht erklärlich, wieso der Gesetzgeber das Recht der GbR grundlegend überarbeitet und dabei eine entsprechende Regelung wie dies des § 8 Abs. 2 PartGG nicht aufnimmt.

> **Hinweis**
> Die Gegenansicht ist vertretbar, muss jedoch sorgfältig begründen, wieso eine planwidrige Regelungslücke vorliegen soll. Das wird angesichts der jüngsten Gesetzesänderungen indes nur schwer gelingen, mithin erscheint die analoge Anwendung bei Eintragung einer GbR nunmehr möglich, was daher *e contrario* für die nicht rechtsfähige Gesellschaft nicht gelten dürfte.

---

[30] BGHZ 154, 370, 377 = NJW 2003, 1803, 1804.
[31] BGHZ 193, 193 Rn. 74 = NJW 2012, 2435 Rn. 74; s. bereits *Armbrüster*, ZGR 2005, 34, 55.

3. Ergebnis

Die Gesellschaft hat C von der Gesellschafterhaftung auch für Altverbindlichkeiten freizustellen.

VIII. Anspruch des C gegen die „Frauenklinik F & P" auf Freistellung gem. §§ 716 Abs. 1 257 BGB

Anders als nach altem Recht, ist nach neuer Rechtslage gem. § 716 Abs. 1 BGB zwar auch der nicht geschäftsführungsbefugte Gesellschafter berechtigt, einen Anspruch auf Aufwendungsersatz gem. § 716 Abs. 1 BGB geltend zu machen.[32] Daraus kann sich i. V. m. § 257 BGB ein Anspruch auf Freistellung ergeben. Indes setzt dies voraus, dass der Anspruchsteller noch Gesellschafter ist. Nach seinem Ausscheiden fehlt es wegen § 728 Abs. 1 BGB schon an einer Regelungslücke. Dafür spricht auch, dass nach dem ausdrücklichen Willen des Gesetzgebers § 716 BGB an § 110 HGB nachgebildet worden ist, der seinerseits nicht auf den ehemaligen Gesellschafter anwendbar ist.[33]

> **Hinweis**
> Die Annahme einer Analogie ist aus grammatikalischen, systematischen und historischen Gesichtspunkten nur schwer vertretbar.

Teil 2: Ansprüche des C gegen F und P persönlich

I. Anspruch des C gegen F und P auf Räumung der Villa gem. § 728 Abs. 1 S. 1 Var. 2 BGB, § 732 BGB a. F. analog i. V. m. § 721 BGB ab 01.07.

Da die Bestimmung des § 732 BGB a. F. nicht analog anwendet werden kann (s. Teil I, II, 3), kann sich C auch nicht gegenüber F und P persönlich auf einen entsprechenden Herausgabeanspruch stützen.

> **Hinweis**
> Eine andere Sichtweise ist freilich vertrethar, vgl. oben. Sollte die Analogie bejaht werden, ist freilich zu problematisieren, ob sich der Anspruch auch und entgegen des Wortlauts der Bestimmung gegen die Gesellschafter richtet. Zur Begründung wäre dann entscheidend auf die akzessorische Haftung nach § 721 BGB abzustellen. Auch sollte erwähnt werden, dass dies nicht an dem Sozialverbindlichkeitscharakter des Herausgabeanspruchs scheitern würde, da § 710 BGB nicht für ausgeschiedene Gesellschafter gilt.

---

[32] BT-Drucks. 19/27635, p. 157.
[33] Vgl. BGHZ 39, 319 = NJW 1963, 1873; MünchKomm-HGB/*Fleischer*, § 110 Rn. 17.

II. Anspruch des C gegen F und P auf Zahlung von 10.000 €

Je nach herangezogener Rechtsgrundlage (s. Teil 1, V und VI) besteht der Anspruch aus nachwirkender Treupflicht oder aus Bereicherungsrecht (letzterer i. V. m. § 721 BGB) auf Zahlung von 10.000 € auch gegen die Gesellschafter.

> **Hinweis**
> Wer von einem Bereicherungsanspruch ausgeht, konnte hier kurz die (zu bejahende) Frage ansprechen, ob die Gesellschafter nach § 721 BGB auch für Verbindlichkeiten aufgrund gesetzlicher Ansprüche haften.

Eine Verpflichtung des C, sich zunächst an die Gesellschaft zu halten, wird man nicht annehmen können. Für einen Anspruch aus Bereicherungsrecht ergibt sich dies nach h. M. schon daraus, dass es sich um einen reinen Drittgläubigeranspruch handelt, für den die Gesellschafter nicht subsidiär haften.[34]

Nichts anderes kann im Ergebnis auch für einen Anspruch aus nachwirkender Treuepflicht gelten. Sie gebietet es nicht, einen Gesellschafter, der der Gesellschaft in ihrem Interesse und damit auch im Interesse der verbleibenden Mitgesellschafter Gegenstände überlässt, schlechter als einen Drittgläubiger zu behandeln. Zudem kommt eine nachwirkende Treuepflicht jedenfalls dann nicht infrage, wenn dadurch allein diejenigen Gesellschafter begünstigt werden, die das Ausscheiden durch eine Täuschung veranlasst haben.

III. Anspruch des C gegen F und P auf Freistellung gem. §§ 728 Abs. 1 S. 1 Var. 1 i. V. m. 721 BGB

Da F und P persönlich für den Anspruch aus § 728 Abs. 1 S. 1 Var. 1 BGB haften, müssen sie – ebenso wie die Gesellschaft – für die Freistellung des C von der Gesellschafterhaftung sorgen.

IV. Anspruch des C gegen F und P auf Freistellung gem. § 426 Abs. 1 BGB

Aufgrund dessen, dass F und P gem. § 721 S. 1 BGB als Gesamtschuldner haften, besteht ein Anspruch auf Freistellung gem. § 426 Abs. 1 BGB. Dieser ist, weil C laut Sachverhalt keinen Verlustanteil zu tragen hat, auf jeweils hälftige Freistellung gerichtet.

V. Anspruch des C gegen F und P auf Schadensersatz gem. § 280 Abs. 1 S. 1 i. V. m. §§ 311 Abs. 2 Nr. 1, 241 Abs. 2 BGB

In Betracht kommt schließlich ein Anspruch des C gegen F und P auf Schadensersatz gem. § 280 Abs. 1 S. 1 i. V. m. §§ 311 Abs. 2 Nr. 1, 241 Abs. 2 BGB. Dieser Anspruch setzt voraus, dass zwischen den Beteiligten ein Schuldverhältnis besteht,

---

[34] BGHZ 148, 201, 206 f. = NJW 2001, 2718; vgl. MünchKomm-BGB/*Schäfer*, § 705 Rn. 227; a. A. *Walter*, JuS 1982, 85 f.

in dessen Rahmen F und P eine schuldhafte Pflichtverletzung begangen haben, die wiederum zu einem Schaden bei C geführt hat.

Ein Schuldverhältnis besteht. Der Gesellschaftsvertrag zwischen C, F und P ist nicht allein Organisationsvertrag, sondern auch schuldrechtlicher Verpflichtungsvertrag mit Dauerschuldvertragscharakter.[35]

F und P haben den C im Rahmen des durch die Vertragsverhandlungen zustande gekommenen Schuldverhältnisses (§ 311 Abs. 2 Nr. 1 BGB) getäuscht. Hierin liegt die schuldhafte Verletzung einer Pflicht i. S. d. § 241 Abs. 2 BGB, sodass C ein Schadensersatzanspruch aus § 280 Abs. 1 S. 1 BGB zusteht. Dieser Anspruch ist auf Freistellung von der Gesellschafterhaftung, die ohne den Beitritt nicht bestehen würde, gerichtet. Die Einbringung der Villa im Juni beruht dagegen auf einem freien Entschluss des C und nicht auf der Täuschung. Die 10.000 € Nutzungsentschädigung kann C mithin nicht nach § 280 Abs. 1 S. 1 BGB verlangen.

Gesamtergebnis

1. C hat einen Anspruch gegen die „Frauenklinik F & P" auf Räumung der Villa gem. §§ 705, 311, 241, 242 BGB. Ein Anspruch gestützt auf § 728 Abs. 1 S. 1 Var. 2 BGB i. V. m. § 732 BGB a. F. analog scheidet jedoch aus. Daneben steht ihm indes ein Anspruch aus § 985 BGB zu. Zudem hat C einen Anspruch gegen die „Frauenklinik F & P" auf Zahlung von 10.000 € aus dem Gesellschaftsvertrag i. V. m. der gesellschaftsrechtlichen Treuepflicht. Schließlich kann C von der „Frauenklinik F & P" auch Freistellung von der Gesellschafterhaftung gem. § 728 Abs. 1 S. 1 Var. 1 BGB verlangen.

2. Für diese Ansprüche haften F und P als Gesamtschuldner (vgl. § 721 BGB).

3. Daneben besteht ein Anspruch des C gegen F und P auf jeweils hälftige Freistellung von der Gesellschafterhaftung gem. § 426 Abs. 1 BGB. Schließlich kann C die Freistellung auch gem. § 280 Abs. 1 S. 1 i. V. m. §§ 311 Abs. 2 Nr. 1, 241 Abs. 2 BGB verlangen.

---

[35] *Böffel*, ZIP 2021, 777, 778; *Weigl*, JURA 2020, 906, 907.

Filmfonds in Schieflage

2.1 Sachverhalt

Regisseurin P und Produzent S wollen zur Finanzierung ihres neuen Films Gelder von privaten Kapitalanlegern sammeln. Zu diesem Zweck gründen sie die SP-Gesellschaft, ohne diese in ein Register eintragen zu lassen. P und S sollen jeweils allein zur Geschäftsführung berechtigt sein; die übrigen Gesellschafter werden von der Geschäftsführung ausgeschlossen.

Im Gesellschaftsvertrag heißt es unter anderem:

> „§ 3 Haftungsbeschränkung
> Den Gläubigern der Gesellschaft haftet nur das Gesellschaftsvermögen.
>   […]
> § 5 Vertretungsmacht
> ¹Jeder Geschäftsführer kann die Gesellschaft allein vertreten. ²Die Vertretungsmacht umfasst jedoch nicht den Abschluss von Verträgen, für deren Erfüllung die Gesellschafter den Gläubigern persönlich haften.
>   […]
> § 17 Aufnahme neuer Gesellschafter
> Die Geschäftsführer werden zur Aufnahme neuer Gesellschafter ermächtigt."

Im April tritt O der Gesellschaft bei. Kurz darauf spricht S seinen neuen Nachbarn N bei dessen Wohnungseinweihungsparty auf die SP-Gesellschaft an. Er überzeugt N, der als Malermeister trotz einer unlängst angetretenen Erbschaft in Höhe von 500.000 € von Zeit zu Zeit kleinere Aufträge entgegennimmt, in seinem und dem Namen der P von den steuerlichen Vorteilen eines Gesellschaftsbeitritts. Allerdings hat S die letzte Seite des Vertragsvordrucks über die Widerrufsbelehrung nicht dabei. So notiert er am Ende der vorletzten Seite handschriftlich:

> „Ich (N) habe von meinem Widerrufsrecht Kenntnis erlangt. Der Widerruf ist unverzüglich nach Kenntnis des Grundes schriftlich gegenüber der SP-Gesellschaft, Postfach 1804, 82159 Gräfelfing abzugeben."

N unterschreibt den Vertrag, mit dem er der Gesellschaft unter Leistung einer Einlage in Höhe von 50.000 €, die er sogleich bar zahlt, beitritt.

Kurz darauf will S einen Geschäftswagen erwerben. Obwohl P erklärt, dass sie damit nicht einverstanden ist, kauft S im Namen der Gesellschaft bei Händler D für 250.000 € einen roten Ferrari. Dem Kaufvertrag liegen die AGB der Gesellschaft zugrunde, deren § 7 die Regelung in § 3 des Gesellschaftsvertrages wörtlich wiederholt. Nach einer Baranzahlung in Höhe von 50.000 € stundet D der Gesellschaft vorerst die Restsumme.

1. Nach einiger Zeit gerät die Gesellschaft in eine finanzielle Schieflage. D verlangt daher von O die Zahlung des nunmehr fälligen Restkaufpreises. Zu Recht?
2. Als N eineinhalb Jahre später von der prekären Finanzsituation der Gesellschaft erfährt, will er alles rückgängig machen und verlangt seine Einlage zurück. Steht ihm ein entsprechender Anspruch zu?

2.2 Lösungshinweise

Frage 1: Anspruch des D gegen O aus § 433 Abs. 2 BGB i. V. m. §§ 705, 720 Abs. 1, 721 BGB

D kann einen Anspruch gegen O auf Zahlung des Restkaufpreises in Höhe von 200.000 € aus §§ 433 Abs. 2 BGB i. V. m. §§ 705, 720 Abs. 1, 721 BGB haben. Dies setzt voraus, dass O Gesellschafter einer rechtsfähigen GbR ist, eine Gesellschaftsverbindlichkeit besteht und die Haftung nicht wirksam ausgeschlossen wurde.

I. Die SP-Gesellschaft als rechtsfähige GbR

Fraglich ist, ob die SP-Gesellschaft eine rechtsfähige GbR gem. § 705 Abs. 2 Var. 1 BGB ist. Die Auslegung der Parteiinteressen gem. §§ 133, 157 BGB lässt den gemeinsamen Willen der Beteiligten erkennen, dass die SP-Gesellschaft am Rechtsverkehr teilnehmen soll. Dafür spricht auch die Vermutung des § 705 Abs. 3 BGB. Gem. § 705 Abs. 2 BGB ist daher davon auszugehen, dass die SP-Gesellschaft selbst Rechte erwerben und Verbindlichkeiten eingehen kann, mithin eine rechtsfähige Gesellschaft ist. Der Umstand, dass die Gesellschaft nicht gem. §§ 707 f. BGB in das Gesellschaftsregister eingetragen ist, ändert daran nichts. Diese Eintragung ist ausweislich des Wortlauts („können") keine verpflichtende und die Wirksamkeit bedingende Voraussetzung, sondern lediglich eine zusätzliche Publizitätsmöglichkeit für Gesellschaften bürgerlichen Rechts.

Die SP-Gesellschaft könnte jedoch nach § 105 Abs. 1 HGB als oHG einzuordnen sein, wenn sie ein Handelsgewerbe i. S. v. § 1 Abs. 2 HGB betreibt. Die Gesellschaft ist nur für ein Projekt, nämlich die Realisierung eines einzelnen Films, errichtet worden. Sie ist damit nicht auf Dauer angelegt, weshalb es sich nicht um ein Gewerbe i. S. v. § 1 Abs. 2 HGB handelt. Die Gesellschaft hat auch bereits mit Zustimmung der Gesellschafter S und P am Rechtsverkehr teilgenommen und ist damit gem. § 719 Abs. 1 BGB gegenüber Dritten entstanden.

Hinweis
Das MoPeG hat die Unterscheidung zwischen rechtsfähiger und nicht rechtsfähiger Gesellschaft bürgerlichen Rechts ausdrücklich in das BGB aufgenommen, vgl. § 705 Abs. 2 BGB. Ausführungen zur Rechtsfähigkeit der GbR wie sie bis zum 1. Januar 2024 angezeigt waren, sind nunmehr überflüssig. Nunmehr sollte jedoch – aufgrund der unterschiedlichen Rechtsfolgen beider Varianten – in der gebotenen Kürze geprüft werden, um welche GbR es sich hier handelt.

II. Persönliche Haftung nach § 721 BGB

Die persönliche Haftung der Gesellschaft folgt aus § 721 BGB. Die frühere Diskussion darüber, ob § 126 S. 1 HGB analog auf die GbR anwendet werden kann,[1] erübrigt sich damit. O haftet für die Verbindlichkeiten der SP-Gesellschaft dem D als Gesamtschuldner persönlich.

III. Anspruch des D gegen die SP-Gesellschaft aus § 433 Abs. 2 BGB

Die Haftung nach § 721 BGB setzt jedoch weiter voraus, dass eine Gesellschaftsschuld besteht. S hat im Namen der GbR (vgl. § 164 Abs. 1 BGB) mit D einen Kaufvertrag abgeschlossen. Dadurch wurde die GbR zur Kaufpreiszahlung verpflichtet (vgl. § 433 Abs. 2 BGB), wenn S mit Vertretungsmacht handelte (vgl. § 177 Abs. 1 BGB).

Nach § 720 Abs. 1 BGB sind grundsätzlich alle Gesellschafter zur Vertretung der Gesellschaft befugt (sog. Gesamtvertretung). Hiervon kann jedoch per Gesellschaftsvertrag abgewichen werden, vgl. § 720 Abs. 1 Hs. 2 BGB. Vorliegend regelt der Gesellschaftsvertrag in § 5, dass jeder Geschäftsführer die Gesellschaft allein vertreten kann (sog. Einzelvertretung). Dies sind S und P. Damit hatte S grundsätzlich Einzelvertretungsmacht.

1. Der Widerspruch der P

Der Widerspruch der P nach § 715 Abs. 4 BGB könnte der Vertretungsmacht des S entgegenstehen.

Dagegen spricht allerdings zum ersten, dass das Gesetz mit §§ 715 und 720 BGB eine klare Unterscheidung zwischen Geschäftsführungs- und Vertretungsbefugnis trifft, sodass sich § 715 Abs. 4 BGB vom Wortlaut und der Systematik her nicht auch auf die Vertretungsmacht erstrecken kann. Zum zweiten gebietet es der Verkehrsschutz, dass der Widerspruch nicht über das Innenverhältnis hinaus wirkt, weil den Geschäftspartnern der Gesellschaft zwar unter Umständen eine Information über den Inhalt des Gesellschaftsvertrages, nicht aber über das Vorliegen bzw. Fehlen eines Widerspruchs im Einzelfall zumutbar ist.[2] Durch den Widerspruch der P ist folglich die Vertretungsmacht im Außenverhältnis unberührt geblieben.

---
[1] Zu § 128 S. 1 HGB a. F. BGHZ 146, 341, 358 = NJW 2001, 1056; krit. *Hadding*, ZGR 2001, 712, 735 ff.
[2] MünchKomm-BGB/*Schäfer*, § 711 Rn. 15.

2. Einschränkung der Vertretungsmacht durch § 5 S. 2 des Gesellschaftsvertrages

Eine Einschränkung der Vertretungsmacht des S könnte sich jedoch aus dem Gesellschaftsvertrag ergeben. Nach § 5 S. 2 des Gesellschaftsvertrages hatte S nur Vertretungsmacht zum Abschluss von Verträgen, die eine (wirksame) Beschränkung der Haftung auf das Gesellschaftsvermögen enthalten.

> **Hinweis**
> Aufbautechnisch ist es auch zulässig, im Folgenden zunächst zu prüfen, ob die Haftungsbeschränkung in § 7 der AGB wirksam ist. Wäre dies zu bejahen, so könnte man die Wirksamkeit der Beschränkung der Vertretungsmacht in § 5 S. 2 des Gesellschaftsvertrages dahinstehen lassen.

a) Unwirksamkeit gem. § 721 S. 2 BGB

In Betracht kommt zunächst, dass § 721 S. 2 BGB einer solchen einseitigen Beschränkung der Vertretungsmacht entgegensteht. Indessen wird durch die Vertretungsbeschränkung nicht die Haftung nach § 721 BGB ausgeschlossen, sondern es wird bereits die Entstehung einer Gesellschaftsverbindlichkeit verhindert. Zudem zeigt § 720 Abs. 3 S. 2 BGB, dass § 721 S. 2 BGB nicht ohne weiteres auch Vertretungsbeschränkungen erfasst.

Die Beschränkung der Vertretungsmacht kann jedoch aus anderen Gründen unbeachtlich sein.[3]

b) Unwirksamkeit gem. § 720 Abs. 3 S. 2, 3 BGB

Die Vertretungsbeschränkung könnte nach § 720 Abs. 3 S. 2, 3 BGB unwirksam sein.

Die mit dem MoPeG neu eingeführte Vorschrift besagt, dass der Umfang der Vertretungsmacht Dritten gegenüber nicht beschränkt werden kann. Insbesondere § 720 Abs. 3 S. 3 BGB stellt klar, dass Beschränkungen unzulässig sind, die sich auf bestimmte Geschäfte oder Geschäftsarten beziehen. Die Bestimmung folgt damit dem allgemeinen Prinzip des Gesellschaftsrechts, dass die Vertretungsmacht nach außen nicht beschränkbar ist.[4] Daraus ergibt sich, dass sich die Gesellschafter grundsätzlich nicht auf eine Beschränkung berufen dürfen, weil diese der berechtigten Erwartung des Rechtsverkehrs widerspricht. Hierdurch wird mithin nach dem Willen des Gesetzgebers die Handlungsfähigkeit der Gesellschaft im Außenverhältnis gesichert.[5] Insofern weicht die neue Rechtslage ausdrücklich von dem bislang geltenden Grundsatz für die GbR ab, dass eine Beschränkung nur dann erheblich

---

[3] Überblick zum Meinungsstand bei *Armbrüster*, ZGR 2005, 34, 38 ff.
[4] BT-Drucks. 19/27635, S. 163. Eine Ausnahme hierzu stellt freilich § 26 Abs. 1 S. 3 BGB dar, vgl. dazu *Wertenbruch*, NZG 2019, 407, 411.
[5] BT-Drucks. 19/27635, S. 163.

ist, wenn der Geschäftspartner sie kannte oder wenn sie evident war. Dafür genügte auch eine Aufnahme der Regelung in eine AGB-Klausel nicht.[6]

Wendet man diese neuen Regeln auf die hier zu beurteilende Gesellschaft an, so kann sich O gegenüber D, unabhängig davon, dass er die Vertretungsbeschränkung weder kannte noch kennen musste, nicht auf die Haftungsbeschränkung berufen.

Für Publikumsgesellschaften wurde bis zur Reform von 2024 eine Ausnahme diskutiert. So wurde für geschlossene Immobilienfonds in Form einer GbR eine Haftungsbeschränkung auf das Gesellschaftsvermögen auch in AGB für möglich gehalten.[7] Der Sache nach würde damit auch eine Vertretungsbeschränkung zugelassen. Dies ließ sich damit begründen, dass es bei solchen Fonds keine berechtigte Erwartung des Rechtsverkehrs dahin gibt, dass die Gesellschafter unbeschränkt haften: Zum einen dienen die Fonds ersichtlich nur der Kapitalanlage; dass die Gesellschafter angesichts des hohen Gesamt-Investitionsvolumens persönlich haften wollen, kann daher von Außenstehenden nicht vorausgesetzt werden. Zum anderen steht den Gläubigern bei Immobilienfonds mit dem Gesellschaftsvermögen typischerweise ein werthaltiges Haftungsobjekt zur Verfügung. Davon rückt auch das neue Recht mitsamt der Regelung des § 721 BGB nicht ab[8] und die Ausnahme hat folglich auch im neuen Recht zu gelten.

Gleichwohl passt diese Begründung für Filmfonds wie die SP-GbR nicht ohne weiteres: Zwar hat auch ein solcher Fonds in der Regel nur eine Kapitalsammelfunktion. Dass den Gesellschaftern im Verhältnis zu ihrer Beteiligung ein besonders hohes Haftungsrisiko drohen würde, lässt sich aber nicht in jedem Fall sagen. Vor allem aber steht den Gläubigern wegen der ungewissen Erfolgsaussichten eines Filmprojektes nicht typischerweise ein werthaltiges Gesellschaftsvermögen als Haftungsobjekt zur Verfügung. Auch bei einem Filmfonds gibt es daher eine berechtigte Verkehrserwartung, die gegen eine Beschränkung der Vertretungsmacht spricht.

> **Hinweis**
> Auch eine Gleichstellung von Film- und Immobilienfonds lässt sich vertretbar begründen. Dafür lässt sich etwa anführen, dass der Werthaltigkeit des Gesellschaftsvermögens angesichts der bei Immobilienfonds oft bestehenden Grundbuchbelastungen keine entscheidende Bedeutung zukommt.

O kann sich daher nicht auf die Beschränkung der Vertretungsmacht berufen.

3. Zwischenergebnis
Es besteht ein wirksamer Kaufvertrag zwischen D und der GbR, aus dem D ein Anspruch auf Kaufpreiszahlung in Höhe von 200.000 € zusteht.

---

[6] *Armbrüster*, ZGR 2005, 34, 41 ff.
[7] BGHZ 150, 1, 5 f. = NJW 2002, 1642.
[8] BT-Drucks. 19/27635, S. 165.

IV. O als Gesellschafter der SP-Gesellschaft
Zum Zeitpunkt des Vertragsschlusses mit D war O bereits Gesellschafter.

V. Ausschluss der persönlichen Haftung
Die persönliche Haftung des O kann allerdings durch § 3 des Gesellschaftsvertrages oder § 7 der AGB ausgeschlossen sein.

1. Wirksamkeit des § 3 des Gesellschaftsvertrages
Die einseitige Regelung im Gesellschaftsvertrag ist gem. § 721 S. 2 BGB gegenüber D unwirksam.

2. Wirksamkeit des § 7 der AGB
In Betracht kommt aber, dass die persönliche Haftung des O gem. § 7 der AGB ausgeschlossen ist. Hierfür müsste § 7 der AGB wirksam sein.

a) Unwirksamkeit nach § 721 S. 2 BGB
§ 721 S. 2 BGB erfasst, wie sich aus der Formulierung „Dritten gegenüber" ergibt, gegenständlich nur Vereinbarungen der Gesellschafter untereinander, nicht aber Vereinbarungen mit den Vertragspartnern der Gesellschaft. § 721 S. 2 BGB hindert damit nicht *per se* die Wirksamkeit von § 7 der AGB.[9] Auch wenn diese Klausel die Regelung in § 3 des Gesellschaftsvertrags wörtlich wiederholt, ist hier allein sie und nicht jener § 3 Gegenstand der Wirksamkeitsprüfung.

b) Unwirksamkeit nach § 307 BGB
Die Haftungsbeschränkung in § 7 der AGB – von deren wirksamer Einbeziehung i. S. v. § 305 BGB in den Kaufvertrag ausgegangen werden kann – muss sich aber an § 307 BGB messen lassen. Die §§ 308, 309 BGB finden nach § 310 Abs. 1 S. 1 BGB keine Anwendung gegenüber dem Unternehmer D. Allerdings sind gem. § 310 Abs. 2 S. 2 BGB die Bestimmungen des § 307 Abs. 1, 2 BGB mit der Maßgabe anzuwenden, dass sie Anwendung finden, wenn eine Vertragsregelung gem. § 308 Nr. 1, 2 bis 9 und § 309 BGB unwirksam wäre. Insgesamt ist dabei auf die im Handelsverkehr geltenden Gewohnheiten und Gebräuche angemessen Rücksicht zu nehmen, vgl. § 310 Abs. 1 S. 2 letzter Hs. BGB.

§ 7 der AGB ist demnach unwirksam, wenn er eine vom dispositiven Recht abweichende oder dieses ergänzende Regelung enthält (vgl. § 307 Abs. 3 S. 1 BGB), die den Vertragspartner unangemessen benachteiligt (§ 307 Abs. 1, 2 BGB).

Die Beschränkung in § 7 der AGB weicht von § 721 S. 1 BGB ab. Dies ist vor dem Hintergrund des § 708 BGB nicht *a priori* ausgeschlossen. Allerdings könnte sich etwas anderes im Hinblick auf die strengere AGB-Kontrolle i. S. d. § 307 BGB ergeben. Vor der Novellierung durch das MoPeG wurde für den Normalfall der Außen-GbR vertreten, dass der Geschäftspartner durch eine solche Regelung unan-

---
[9] Vgl. auch BT-Drucks. 19/27635, S. 165.

gemessen benachteiligt wird, weil seine berechtigten Haftungserwartungen schwerer als die Interessen der Gesellschafter wiegen.[10]

Das überzeugt auch für rechtsfähige GbR i. S. d. MoPeG. Telos der unbeschränkten persönlichen Haftung des § 721 BGB ist es, „den Kredit der Gesellschaft zu sichern, die fehlende Kapitalsicherung auszugleichen und den Gleichlauf von Herrschaft und Haftung sicherzustellen."[11] Folglich überwiegt das schutzwürdige Gläubigerinteresse an der persönlichen Haftung der Gesellschafter auch nach neuem Recht das Interesse der SP-Gesellschafter an einer Haftungsbeschränkung.

Hieran ändern auch die für Immobilienfonds (nach altem Recht) entwickelten Regeln nichts. Insoweit sind dieselben Überlegungen maßgeblich, die oben (sub III 2 d) im Zusammenhang mit der Vertretungsbeschränkung angestellt wurden. Die besseren Gründe sprechen daher dafür, bei einem Filmfonds eine unangemessene Benachteiligung des Geschäftspartners anzunehmen.

> **Hinweis**
> Die Gegenansicht ist gleichfalls vertretbar.

c) Zwischenergebnis
§ 7 der AGB ist unwirksam. O haftet demnach trotz § 3 des Gesellschaftsvertrages und § 7 der AGB persönlich.

VI. Ergebnis
D hat einen Anspruch gegen O auf Zahlung von 200.000 € aus Kaufvertrag (vgl. § 433 Abs. 2 BGB) i. V. m. § 721 BGB.

Frage 2: A. Anspruch des N gegen die SP-Gesellschaft auf Rückzahlung der Einlage aus §§ 357 Abs. 1, 355, 312 Abs. 1, 312g Abs. 1, 312b Abs. 1 S. 1 Nr. 1 BGB

N kann einen Anspruch gegen die SP-Gesellschaft auf Rückzahlung der Einlage aus §§ 357 Abs. 1, 355, 312 Abs. 1, 312g Abs. 1, 312b Abs. 1 S. 1 Nr. 1 BGB haben. Ein solcher Rückzahlungsanspruch setzt voraus, dass N zunächst Gesellschafter der GbR geworden ist und seinen Beitritt sodann wirksam widerrufen hat.

I. Gesellschafterstellung des M
Die Aufnahme neuer Gesellschafter stellt eine Änderung des Gesellschaftsvertrages dar und bedarf daher grundsätzlich der Zustimmung aller Gesellschafter. Dieser allgemeine Grundsatz findet mittlerweile auch in § 711 Abs. 1 S. 1 BGB seinen Niederschlag. Fraglich ist, ob diesen Anforderungen genügt wurde.

---
[10] Vgl. zu § 128 S. 1 HGB a. F. (analog) BGH NJW 2002, 1642, 1643.
[11] BT-Drucks. 19/27635, S. 165.

Vorliegend hat sich N nur mit S geeinigt. Infolge der Ermächtigung im Gesellschaftsvertrag (§ 17) steht dies jedoch dem Beitritt nicht entgegen: S ist im eigenen Namen und im Namen der Gesellschafter aufgetreten und hatte dafür auch die erforderliche Vertretungsmacht.[12]
N ist daher zunächst Gesellschafter geworden.

II. Widerruf nach §§ 312g Abs. 1, 355 Abs. 1, 357 BGB

Ein Anspruch auf Rückgewähr der Einlage aus §§ 357 Abs. 1, 355 BGB setzt voraus, dass die allgemeinen bürgerlich-rechtlichen Voraussetzungen für einen wirksamen Widerruf erfüllt sind.

1. Persönlicher Anwendungsbereich

Die §§ 312 ff. BGB gelten umfassend nur für Verbraucherverträge gem. § 310 Abs. 3 BGB – also für Verträge zwischen einem Unternehmer (§ 14 BGB) und einem Verbraucher (§ 13 BGB) –, die eine entgeltliche Leistung des Unternehmers zum Gegenstand haben.

a) Verbrauchereigenschaft des N

Fraglich ist, ob N als Verbraucher einzuordnen ist. Dafür müsste der Gesellschaftsbeitritt ein Rechtsgeschäft zu Zwecken sein, das weder seiner gewerblichen noch selbstständigen beruflichen Tätigkeit zugerechnet werden kann (vgl. § 13 BGB).

N nimmt zwar als Gelegenheitshandwerker von Zeit zu Zeit kleinere Aufträge entgegen. Diese Tätigkeit hat aber nichts mit dem Beitritt zu tun. Letzterer ist auch nicht deshalb seiner „gewerblichen" Tätigkeit zuzurechnen, weil N mithilfe des Fonds Gewinn erzielen will. Vielmehr handelt es sich auch in diesem Fall um ein zu privaten Zwecken vorgenommenes Rechtsgeschäft.[13] N hat beim Beitritt zu der SP-Gesellschaft mithin als Verbraucher i. S. v. § 13 BGB gehandelt.

b) Unternehmereigenschaft des Gründungsgesellschafters S

S müsste demgegenüber Unternehmer i. S. d. § 14 BGB gewesen sein. Als Unternehmer ist er anzusehen, wenn er beim Gesellschafterbeitritt des N in Ausübung seiner gewerblichen oder selbstständigen beruflichen Tätigkeit gehandelt hat.

S hat als Gründungsgesellschafter der SP-Gesellschaft in seiner selbstständig beruflichen Tätigkeit gehandelt. Der Beitrittsvertrag kommt zwar auch mit den bereits beigetretenen Verbraucher-Gesellschaftern – vertreten durch S – zustande, dies ändert jedoch nichts an der Unternehmereigenschaft des Gründungsgesellschafters S.[14]

---

[12] Vgl. BGHZ 26, 330, 333 f. = NJW 1958, 668.
[13] EuGH NJW 2010, 1511 Rn. 30; BGHZ 133, 254, 261 = NJW 1996, 3414; a. A. *Wagner*, NZG 2000, 169, 171: „Ein Kapitalanleger [...] ist aber kein „Verbraucher"; er „verbraucht" nichts"; zur Abgrenzung allgemein Grüneberg/*Ellenberger*, § 13 Rn. 3.
[14] Vgl. *Armbrüster*, Gesellschaftsrecht und Verbraucherschutz, S. 10.

c) Entgeltliche Leistung

Sodann ist fraglich, ob es sich bei dem Beitritt zu einer GbR um einen Vertrag handelt, der „zu der Zahlung eines Preises" i. S. v. § 312 Abs. 1 BGB verpflichtet.[15] Das ist umstritten.[16]

Dagegen lässt sich neben dem Wortlaut („zur Zahlung eines Preises" – vormals „entgeltlich" – deutet auf einen Austauschvertrag hin, worum es bei dem Beitritt nicht geht) anführen, dass sich der Verbraucher in spekulativer Weise als Investor betätigt; möglicherweise muss er sich deshalb – wie auch in anderen Zusammenhängen, vgl. z. B. § 310 BGB – nur nach den (strengeren) gesellschaftsrechtlichen Regeln behandeln lassen.

Indessen besteht das besondere, durch die Situation außerhalb von Geschäftsräumen ausgelöste Schutzbedürfnis des Verbrauchers (Schutz vor Impulshandlungen) auch bei einem Gesellschaftsbeitritt.[17] Die besseren Gründe sprechen daher mit dem BGH[18] für die Annahme eines Vertrages, der „zu der Zahlung eines Preises verpflichtet".

2. Sachlicher Anwendungsbereich – Vertrag außerhalb von Geschäftsräumen

N hat seinen Beitritt in einer Situation i. S. v. § 312b Abs. 1 S. 1 Nr. 1 BGB erklärt. Dass dies auch kausal für die Willenserklärung des (zunächst noch nicht überzeugten) N war, ist anders als nach § 312 BGB a. F. keine Voraussetzung mehr. Ungeachtet dessen steht N gem. § 312g Abs. 1 Fall 1 BGB also ein Widerrufsrecht gem. § 355 BGB zu.

3. Widerrufserklärung

N muss zudem gem. § 355 Abs. 1 S. 2 BGB den Widerruf gegenüber dem Unternehmer (also gegenüber den Gesellschaftern als den Vertragspartnern oder deren zur Entgegennahme solcher Erklärungen bevollmächtigten Vertretern – dies sind hier im Hinblick auf § 17 des Gesellschaftsvertrages S oder P) formlos erklärt haben, wobei der Entschluss zum Widerruf aus der Erklärung eindeutig hervorgehen muss, § 355 Abs. 1 S. 3 BGB. Davon ist hier auszugehen.

4. Einhaltung der Widerrufsfrist

Die Widerrufsfrist beträgt grundsätzlich 14 Tage (§ 355 Abs. 2 S. 1 BGB). Sie beginnt gem. § 355 Abs. 2 S. 2 BGB mit Vertragsschluss, sofern nichts anderes bestimmt ist bzw. gem. § 356 Abs. 3 S. 1 BGB nicht, bevor der Unternehmer den Verbraucher ordnungsgemäß belehrt hat und erlischt spätestens nach zwölf Monaten und 14 Tagen (§ 356 Abs. 3 S. 2 BGB).

---

[15] Bis Januar 2022 lautete das Gesetz auf „entgeltliche Leistung", geändert durch Umsetzung der RL (EU) 2019/2161.
[16] Übersicht bei *Armbrüster*, Gesellschaftsrecht und Verbraucherschutz, S. 10 ff.
[17] Näher dazu *Armbrüster*, Gesellschaftsrecht und Verbraucherschutz, S. 14 f.
[18] BGHZ 133, 254, 261 = NJW 1996, 3414; „Entgeltlichkeit" ist jedenfalls beim Beitritt zu einer Gesellschaft, die der Kapitalanlage dienen soll, zu bejahen, s. BGH NJW 2014, 2022.

Zwar hat N nicht die Widerrufsfrist von 14 Tagen eingehalten. Jedoch wurde er nicht entsprechend den Anforderungen des Art. 246a § 1 Abs. 2 S. 1 Nr. 1 EGBGB über das Widerrufsrecht informiert. Die Frist hat daher gem. § 356 Abs. 3 S. 1 BGB noch nicht zu laufen begonnen. Schließlich hat N den Widerruf auch nicht nach Ablauf der absoluten Höchstfrist des § 356 Abs. 3 S. 2 BGB – nach zwölf Monaten und 14 Tagen – erklärt.

Folglich ist der Widerruf nicht verspätet.

5. Zwischenergebnis
Die allgemeinen Voraussetzungen für einen Widerruf liegen damit vor.

III. Modifizierung der bürgerlich-rechtlichen Widerrufsregeln
Möglicherweise sind die bürgerlich-rechtlichen Widerrufsregeln jedoch im Hinblick auf die Lehre von der fehlerhaften Gesellschaft, die auch auf den fehlerhaften Gesellschafterbeitritt anwendbar ist, zu modifizieren. Dies hätte zur Folge, dass dem N (nur) ein Austritt *ex nunc* gestattet ist und ihm statt des Rückgewähranspruches ein Auseinandersetzungsanspruch zusteht.

Da sich letzterer danach bemisst, was N verlangen könnte, wenn die Gesellschaft liquidiert würde, und sich die SP-Gesellschaft hier in einer finanziellen Schieflage befindet, stünde N im Falle der Anwendbarkeit der Lehre von der fehlerhaften Gesellschaft wesentlich schlechter als im Falle des Widerrufs.

1. Anwendungsvorrang der Lehre von der fehlerhaften Gesellschaft

> **Hinweis zum Aufbau**
> Das nachstehend angesprochene Problem kann auch unter 2 c behandelt werden.

Gegen einen Anwendungsvorrang der Lehre von der fehlerhaften Gesellschaft gegenüber den Verbraucherschutzregeln spricht zunächst, dass die verbraucherschutzrechtlichen Widerrufsrechte jedenfalls im Kern auf europarechtlichen Richtlinienvorgaben beruhen und die Lehre von der fehlerhaften Gesellschaft hingegen nur – zu Gewohnheitsrecht erstarktes – nationales Recht sind. Ferner wird vorgebracht, dass eine Anwendung der Lehre von der fehlerhaften Gesellschaft das Widerrufsrecht aushebele.

Demgegenüber ist zu bedenken, dass der Widerrufsberechtigte sich immerhin mittels fristloser Kündigung von seiner Beteiligung trennen kann, auch wenn der Auseinandersetzungsanspruch geringer ausfallen kann als die vormals geleistete Einlage. Auch der alleinige Hinweis auf den Anwendungsvorrang des Europarechts verfängt nicht. Die Regeln des deutschen Gesellschaftsrechts stellen den Verbraucher hinsichtlich der Einlagenrückgewähr keineswegs zwangsläufig schlechter als die europarechtlichen Vorgaben. Im Gegenteil kann bei günstigem Geschäftsverlauf das Abfindungsguthaben sogar deutlich höher sein als die geleistete Einlage. Die gesellschaftsrechtliche Rückabwicklung ist in solchen Fällen für den Anleger vorteilhafter als die verbraucherschutzrechtliche.

Für einen Anwendungsvorrang der Lehre von der fehlerhaften Gesellschaft spricht zudem der Schutz der übrigen Gesellschafter. Im Falle der Abfindung des Widerrufsberechtigten zu einem über dem Liquidationswert liegenden Betrag wird das Gesellschaftsvermögen zu ihren Lasten gemindert. Zudem sehen sich solche Mitgesellschafter, denen ebenfalls ein Widerrufsrecht zusteht, einem Wettlauf um das noch vorhandene Gesellschaftsvermögen ausgesetzt. Da diese Gruppe in der Regel die Mehrzahl der Mitgesellschafter stellen wird, geht es im Kern darum, gegenläufige Verbraucherinteressen in Ausgleich zu bringen. Dies lässt sich aber durch die Anwendung der gesellschaftsrechtlichen Regeln, insbesondere durch die Gewährung eines Auseinandersetzungsanspruchs, besser gewährleisten als durch die Einräumung eines Widerrufsrechts.

Die besseren Gründe sprechen daher mit dem EuGH[19] und dem BGH[20] für die Anwendung der Lehre von der fehlerhaften Gesellschaft oder den fehlerhaften Beitritt. Zum selben Ergebnis gelangt man, wenn man das EU-Richtlinienrecht für auf die Eingehung einer Fondsbeteiligung gar nicht anwendbar hält, sodass sich die Frage eines Verstoßes gegen europarechtliche Vorgaben nicht stellt.[21]

2. Tatbestandsvoraussetzungen des fehlerhaften Beitritts

Der Beitritt des N muss an einem Fehler leiden, der nach allgemeinen Regeln zur Nichtigkeit führen würde und er muss in Vollzug gesetzt worden sein. Außerdem dürfen der Annahme der Wirksamkeit des fehlerhaften Beitritts keine überwiegenden Interessen Einzelner oder der Allgemeinheit entgegenstehen.

a) Allgemeiner Nichtigkeitsgrund

Es müsste also zunächst ein allgemeiner Nichtigkeitsgrund vorliegen. Hier kommt insoweit lediglich der Widerruf des N in Betracht.

Fraglich ist, wie es sich auswirkt, dass im Fall der Widerruflichkeit des Beitrittsvertrages gerade kein (schwebend) unwirksamer, sondern ein wirksamer Vertrag vorliegt, der sich infolge eines Widerrufs lediglich in ein Rückgewährschuldverhältnis umwandelt. Dies unterscheidet sich etwa von einer Anfechtung gem. § 142 Abs. 1 BGB, die zu einer *ex tunc* Nichtigkeit der abgegebenen Beitrittserklärung führen würde.

Trotz dieses dogmatischen Unterschieds ändert sich die rechtliche Einordnung nicht. So muss für die Beurteilung ausschlaggebend sein, dass der Widerrufsberechtigte N bei Ausübung des Widerrufsrechts nicht mehr an seine Beitrittserklärung gebunden bleibt. Insofern besteht kein entscheidender Unterschied zu den Fällen, in

---

[19] EuGH NJW 2010, 1511 Rn. 34, 36 ff.
[20] BGHZ 186, 167 Rn. 12 = NJW 2010, 3096 Rn. 12; BGHZ 217, 237 Rn. 52 = NZG 2018, 539 Rn. 52.
[21] So der Schlussantrag der Generalanwältin beim EuGH v. 8.9.2009 in der Rechtssache C-215/08, ZIP 2009, 1902 ff (zur Haustürwiderrufsrichtlinie).

denen der Beitritt von Anfang an unwirksam wäre. Mithin ist die Rückabwicklung infolge eines Widerrufs wie die nach § 812 Abs. 1 BGB infolge einer Anfechtung bei einem auf Dauer angelegten und dynamischen Gesellschaftsverhältnis praktisch genauso schwierig. Ebenfalls sind dadurch vergleichbare Gläubiger- und Verkehrsschutzgesichtspunkte betroffen.

b) Invollzugsetzung des Beitritts
N hat seine Einlage bereits bar geleistet. Sein Beitritt ist damit im Innenverhältnis in Vollzug gesetzt. Dies ist als ausreichend anzusehen.

c) Keine vorrangigen Interessen der Allgemeinheit oder Dritter
Die Anerkennung der Lehre von der fehlerhaften Gesellschaft findet dort ihre Grenze, wo vorrangige Interessen der Allgemeinheit oder schutzwürdiger Personen entgegenstehen. Dies sind insbesondere Fälle der Beteiligung von Minderjährigen, der Gesetz- und Sittenwidrigkeit sowie – in engen Grenzen – solche, in denen der Beitretende mittels arglistiger Täuschung zum Beitritt bewogen wurde. Eine solche Fallgestaltung liegt hier nicht vor.

3. Zwischenergebnis
Der fehlerhafte Gesellschaftsbeitritt des N ist nach der Lehre von der fehlerhaften Gesellschaft wie ein fehlerfreier Beitritt zu behandeln. N ist folglich weiterhin Gesellschafter. Ihm steht lediglich ein Kündigungsrecht mit Wirkung für die Zukunft zu (vgl. § 725 BGB).

IV. Ergebnis
Ein Anspruch des N gegen die GbR auf Rückgewähr seiner geleisteten Einlage aus §§ 357 Abs. 1, 355, 312 Abs. 1, 312g Abs. 1, 312b Abs. 1 S. 1 Nr. 1 BGB besteht nicht.

B. Auseinandersetzungsanspruch des N gegen die GbR nach § 728 Abs. 1 S. 1 BGB

N steht infolge seiner als Kündigung zu verstehenden Erklärung (§§ 725 Abs. 1, 133, 157 BGB), er wolle seine Einlage zurückhaben, eine dem Wert seines Anteils angemessene Abfindung zu.

> **Hinweis**
> Da die Gesellschaft sich in einer finanziellen Schieflage befindet, ist dieser Anspruch unter Umständen wertlos.

Der Anspruch des N ist gem. §§ 320, 322 BGB nur Zug um Zug gegen Übertragung seiner Beteiligung durchsetzbar.[22]

Gesamtergebnis

D hat einen Anspruch gegen O auf Zahlung von 200.000 € aus Kaufvertrag (vgl. § 433 Abs. 2 BGB) i. V. m. 721 BGB. Hingegen hat N keinen Anspruch gegen die GbR auf Rückgewähr seiner geleisteten Einlage aus §§ 357 Abs. 1, 355, 312 Abs. 1, 312g Abs. 1, 312b Abs. 1 S. 1 Nr. 1 BGB. Er kann lediglich eine dem Wert seines Anteils angemessene Abfindung verlangen, und zwar Zug um Zug gegen Übertragung seiner Beteiligung.

---

[22] Vgl. BGHZ 148, 201 = NJW 2001, 2718, 2720.

Schmuckhandels-KG in Geldnöten 3

3.1 Sachverhalt

W ist der Komplementär, X und Y sind die Kommanditisten der W-Schmuckhandels-KG. X und Y haben ihre Einlage von jeweils 100.000 € voll erbracht. Nach dem Gesellschaftsvertrag soll W nur gemeinsam mit X zur Vertretung der Gesellschaft berechtigt sein. Als die W-KG Kapital benötigt, beschließen die Gesellschafter, Z als neuen Kommanditisten in die Gesellschaft aufzunehmen.

Z tritt der Gesellschaft am 02.04. mit einer Haftsumme von 100.000 € bei. Noch im selben Monat zahlt er 50.000 € an die W-KG. Außerdem tritt Z der KG im Mai eine eigene Forderung gegen S in Höhe von 70.000 € ab. Zum Ausgleich dafür, dass der Nennwert der Forderung zusammen mit der zuvor geleisteten Zahlung die Einlagesumme überschreitet, überweist die KG dem Z 20.000 €. Weder Z noch die anderen Gesellschafter wissen, dass die Forderung gegen S wirtschaftlich wertlos ist. Am 17.05. wird der Beitritt des Z ins Handelsregister eingetragen.

Am 01.06. veräußert und überträgt X seine Beteiligung an der W-KG mit Zustimmung der anderen Gesellschafter für 100.000 € an D. Aufgrund eines Versehens wird D zwar am 15.06. ins Handelsregister eingetragen, die Eintragung des X wird jedoch nicht gelöscht und der Nachfolgevermerk vergessen. Kurz darauf scheidet Y gegen Zahlung eines Abfindungsguthabens von 100.000 € aus der KG aus. Der Austritt wird ordnungsgemäß ins Register eingetragen.

Im Mai des Folgejahres gerät die KG in finanzielle Schwierigkeiten. Auch W ist zahlungsunfähig. Die Gläubiger versuchen daher, sich an die – jetzigen und ehemaligen – Kommanditisten zu halten:

1. V, der wusste, dass W der alleinige Komplementär der W-KG ist, hat der KG bereits am 05.05. des Vorjahres Diamanten zum Preis von 130.000 € verkauft und übereignet. Die KG wurde dabei ausschließlich durch W (ohne Mitwirkung des X) vertreten. Kann V den Kaufpreis von D, X, Y und Z verlangen?

2. Die B-Bank (B) hat der W-KG am 10.6. einen Kredit mit elfmonatiger Laufzeit in Höhe von 150.000 € gewährt. Kann B die Rückzahlung des Darlehens von D und X verlangen?

3. Haftet Y der seit über zehn Jahren bei der KG beschäftigten Sekretärin U nach einer im Januar des Folgejahres von der KG gewährten Gehaltserhöhung für das erhöhte Entgelt?

3.2 Lösungshinweise

Frage 1: Ansprüche des V auf Zahlung des Kaufpreises in Höhe von 130.000 €

I. Anspruch gegen D aus §§ 171 Abs. 1 Hs.1, 173 HGB i. V. m. dem Kaufvertrag zwischen V und der W-KG (vgl. § 433 Abs. 2 BGB)

1. Erwerb der Kommanditistenstellung durch D

In Betracht kommt ein Anspruch des V gegen D aus §§ 171 Hs. 1, 173 HGB i. V. m. dem Kaufvertrag zwischen V und der W-KG (vgl. § 433 Abs. 2 BGB). Dies setzt zunächst voraus, dass D Kommanditist der KG ist. D war ursprünglich nicht Gesellschafter. Er kann die Kommanditistenstellung aber durch Anteilsübertragung von X erworben haben.

Die Übertragung eines Kommanditanteils setzt nach allgemeiner Meinung das Einvernehmen des Übertragenden, des Eintretenden und aller übrigen Gesellschafter voraus. Diese liegen hier vor und zwar unabhängig davon, ob es sich – so die neuere Ansicht – um einen zweiseitigen Vertrag zwischen D und X mit Zustimmung der anderen Gesellschafter oder – so die traditionelle Doktrin – um ein dreiseitiges Rechtsgeschäft eigener Art zwischen dem Ausscheidenden, dem Eintretenden und den verbliebenen Gesellschaftern handelt.

Die Eintragung eines Nachfolgevermerks ist materiell-rechtlich für die Übertragung nicht erforderlich. Der Anteil des X ist damit nach zutreffender, dem Parteiwillen gerecht werdender Ansicht direkt auf D übergegangen; bei dem Ausscheiden des X und dem Eintritt des D handelt es sich nicht um selbstständige Vorgänge.

2. Anspruch des V gegen die W-KG

Zudem muss ein Anspruch des V gegen die W-KG aus Kaufvertrag (vgl. § 433 Abs. 2 BGB) bestehen. Ein Kaufvertrag zwischen V und der W-KG setzt eine wirksame Vertretung der KG durch W voraus (vgl. §§ 164, 177 Abs. 1 BGB).

An der Vertretungsmacht des W könnte man hier im Hinblick darauf zweifeln, dass W die KG nach dem Gesellschaftsvertrag nur zusammen mit X vertreten kann. Eine solche Vertretungsregelung (Bindung des einzigen Komplementärs an die Zustimmung eines – nach § 170 Abs. 1 HGB von der Vertretung ausgeschlossenen – Kommanditisten) wird allerdings allgemein für unzulässig gehalten.[1] Zur Begründung wird zum einen auf das Prinzip der Selbstorganschaft verwiesen. Dies passt hier freilich nicht

---
[1] Vgl. BGHZ 41, 367, 397 = NJW 1964, 1624; MünchKomm-HGB/*Grunewald*, § 170 Rn. 3.

ganz, weil auch der Kommanditist Gesellschafter ist. Zum anderen wird der Schutz der Komplementäre angeführt, die wegen ihres Haftungsrisikos die Möglichkeit haben müssen, jedes Rechtsgeschäft der KG auch ohne Mitwirkung nur beschränkt haftender Gesellschafter durchführen zu können. Diese Begründung überzeugt.

Die Vertretungsregelung im Gesellschaftsvertrag ist mithin unwirksam. An ihre Stelle tritt – da W der einzige Komplementär ist und es daher keine andere gesetzlich zulässige Vertretungsregelung gibt – nach §§ 124 Abs. 1, 161 Abs. 2 HGB eine Alleinvertretungsberechtigung des W.

W handelte daher beim Abschluss des Kaufvertrages mit Vertretungsmacht. Ein Anspruch des V gegen die W-KG besteht somit.

3. Haftungsausschluss nach §§ 171 Abs. 1 Hs. 2, 172 Abs. 1 HGB

Die Haftung des D ist jedoch gem. § 171 Abs. 1 Hs. 2 HGB ausgeschlossen, wenn D die vereinbarte Einlage geleistet hat. Hier hat nicht D, sondern X die Einlage i. H. v. 100.000 € geleistet. Da sich die Leistung des X auf seinen Anteil und nicht auf seine Person bezog, kommt dies nach der Übertragung des Kommanditanteils grundsätzlich auch dem D zugute. D haftet dem V mithin von vornherein nur auf diesen Betrag (§ 172 Abs. 1 HGB).

Fraglich ist jedoch, inwiefern der fehlende Nachfolgevermerk und die fehlende Eintragung des Ausscheidens des X daran etwas ändern. So wird dadurch für Dritte objektiv der Eindruck erweckt, dass es sich bei D um einen zusätzlichen Kommanditisten handelt. Indessen ergibt sich aus dem Vermerk nicht – etwa über § 15 Abs. 1 oder 3 HGB[2] –, dass D sich so behandeln lassen muss, als ob die Einlage noch nicht erbracht worden wäre. Das Handelsregister trifft über die Leistung oder Nichtleistung der Einlage keine Aussage; es handelt sich dabei nicht um eine eintragungsfähige Tatsache. Das Handelsregister kann daher nicht den Anschein erwecken, dass auf eine eingetragene Haftsumme noch eine (in Wahrheit schon geleistete) Zahlung zu erbringen sei.[3]

D hat daher einen haftungsfreien Anteil erworben. Seine Leistungspflicht ist nach § 171 Abs. 1 Hs. 2 HGB ausgeschlossen.

> **Hinweis**
> Darauf, dass die Forderung hier bereits vor dem Beitritt begründet worden ist, kommt es wegen des Haftungsausschlusses nach § 171 Abs. 1 Hs. 2 HGB nicht mehr an. Insoweit würde indes nach ganz h. M. § 173 HGB greifen: Um einen „Eintritt" i. S. d. § 173 HGB geht es danach auch bei einer Übertragung eines Kommanditanteils.[4]

---

[2] Zur grundsätzlichen Anwendbarkeit des § 15 HGB auf Eintragungen, die Kommanditisten betreffen, s. Frage 2 sub III.
[3] Vgl. BGHZ 81, 82, 87 = NJW 1981, 2747.
[4] MünchKomm-HGB/*K. Schmidt*, § 173 Rn. 7; BGH NJW-RR 2006, 107; zu der – speziell aus dem Zweck des § 176 HGB abgeleiteten – zum Teil vertretenen engeren Auslegung des § 176 Abs. 2 HGB s. bei Frage 2 unter I.

4. Ergebnis
Ein Anspruch des V gegen D besteht nicht.

II. Anspruch gegen X aus § 171 Abs. 1 Hs.1 HGB i. V. m. dem Kaufvertrag zwischen V und der W-KG (vgl. § 433 Abs. 2 BGB)

Sodann ist fraglich, ob V gegen X persönlich einen Anspruch aus dem Kaufvertrag geltend machen kann. Dies hängt von seiner Haftung i. S. d. § 171 Abs. 1 BGB ab.

1. Nachhaftung des X gem. §§ 161 Abs. 2, 137 Abs. 1 HGB

X ist infolge der Anteilsübertragung aus der KG ausgeschieden. Bei der oHG haftet auch ein ausgeschiedener Gesellschafter für bis dahin begründete Verbindlichkeiten unter den in § 137 Abs. 1 HGB genannten Voraussetzungen. Für die KG gibt es keine entsprechende Vorschrift. Wie sich aber aus § 161 Abs. 2 HGB ergibt, finden auf die KG die Vorschriften der oHG Anwendung, sofern in den §§ 161 ff. HGB nicht ein Anderes vorgeschrieben ist.

Darauf aufbauend haftet gem. §§ 171 Abs. 1, 161 Abs. 2 i. V. m. 137 Abs. 1 HGB ein ausgeschiedener Kommanditist den Gläubigern der KG in Höhe seiner in das Handelsregister eingetragenen Haftsumme (bei X: 100.000 €) für Forderungen, die bis zu seinem Ausscheiden begründet worden sind, unmittelbar und persönlich. Mangels Eintragung des Ausscheidens hat die Frist von fünf Jahren gem. § 137 Abs. 1 S. 1 HGB dabei noch nicht zu laufen begonnen (vgl. § 137 Abs. 1 S. 3 HGB). Bei der Kaufpreisforderung des V handelt es sich um eine Gesellschaftsschuld der W-KG, die zu einem Zeitpunkt begründet wurde, zu dem X noch Gesellschafter der KG war.

> **Hinweis**
> Die Nachhaftung eines ausgeschiedenen oHG oder KG Gesellschafters gehört zum Standardstoff im Gesellschaftsrecht und kann daher vorausgesetzt werden. Bei der Anwendung des § 137 HGB auf die KG sollte sauber mit dem Gesetz gearbeitet und die Verweisungstechnik nachvollziehbar dargestellt werden.

2. Wiederaufleben der Haftung nach § 172 Abs. 4 S. 1 HGB

Die Haftung des X ist gem. § 171 Abs. 1 Hs. 2 HGB ausgeschlossen, wenn er seine vereinbarte Einlage erbracht hat. Dies war hier ursprünglich der Fall. Die Haftung lebt allerdings gem. § 172 Abs. 4 S. 1 HGB wieder auf, soweit die Einlage später zurückgezahlt wird. Eine Einlagenrückgewähr liegt hier möglicherweise in der Übertragung des Kommanditanteils von X an D gegen Zahlung von 100.000 €.

Durch die Übertragung der Kommanditbeteiligung von X an D wurde allerdings weder ein neuer Anteil geschaffen noch der Gesellschaft Liquidität durch eine Zahlung aus ihrem Vermögen entzogen. Die Zahlung der 100.000 € erfolgte vielmehr aus dem Vermögen des D. Zahlungen des Erwerbers an den Altkommanditisten bleiben daher für die Haftung des Altkommanditisten grundsätzlich außer Betracht.[5]

---

[5] BGH NJW-RR 2006, 107, 108.

Fraglich ist indes, wie sich der fehlende Rechtsnachfolgevermerk auswirkt. Dadurch entsteht nämlich für die Gläubiger der Eindruck, dass zwei Kommanditisten mit zwei Haftsummen für die Verbindlichkeiten der KG haften. Diese Registerlage wird – da der Neukommanditist (D) aus den sub I. 3. genannten Gründen einen haftungsfreien Anteil besitzt – dem Altkommanditisten (X) zugerechnet. Eine direkte Regelung sieht das Gesetz hierfür nicht vor, obwohl hierfür ein dringendes Regelungsbedürfnis besteht. Dies spricht vorliegend für eine planwidrige Regelungslücke. Die Bestimmung des § 172 Abs. 4 HGB passt grds. mit Blick auf die Haftungswirkung gegenüber den hier betroffenen Gläubigern gut. Die Interessenlage ist somit vergleichbar. Daher ist § 172 Abs. 4 HGB analog anzuwenden mit der Folge, dass die Einlage des Altkommanditisten mit Erwerb des haftungsfreien Anteils durch den Neukommanditisten als nicht mehr geleistet anzusehen ist.[6] Auf die Zahlung der Abfindung durch D kommt es danach nicht an. Auch X haftet daher für Verbindlichkeiten, die bei seinem Ausscheiden bereits begründet waren.

3. Ergebnis
V hat somit gegen X einen Anspruch aus § 171 Abs. 1 Hs. 1 HGB i. V. m. dem Kaufvertrag zwischen V und der W-KG (vgl. § 433 Abs. 2 BGB) in Höhe von 100.000 €.

III. Anspruch gegen Y aus § 171 Abs. 1 Hs. 1 HGB i. V. m. dem Kaufvertrag zwischen V und der W-KG (vgl. § 433 Abs. 2 BGB)

Fraglich ist, ob V einen Anspruch gegen Y aus § 171 Abs. 1 Hs. 1 HGB i. V. m. dem Kaufvertrag zwischen V und der KG hat. Y war bei Begründung der Kaufpreisforderung Gesellschafter. Er haftet daher dafür nach §§ 171 Abs. 1, 161 Abs. 2 i. V. m. 137 Abs. 1 HGB auch nach seinem Ausscheiden in Höhe seiner Haftsumme von 100.000 €.

Die durch die Leistung der Einlage zunächst ausgeschlossene (§ 171 Abs. 1 Hs. 2 HGB) Haftung ist durch die Auszahlung des Abfindungsguthabens wieder aufgelebt, da es sich dabei um eine Einlagerückgewähr i. S. v. § 172 Abs. 4 HGB handelt. V steht daher ein Anspruch auf Kaufpreiszahlung gegen Y in Höhe von 100.000 € zu.

IV. Anspruch gegen Z aus §§ 176 Abs. 1, 2, 161 Abs. 2, 126 S. 1 HGB i. V. m. dem Kaufvertrag zwischen V und der W-KG (vgl. § 433 Abs. 2 BGB)

In Betracht kommt ein Anspruch des V gegen Z aus §§ 176 Abs. 1, 2, 161 Abs. 2, 126 S. 1 HGB i. V. m. dem Kaufvertrag zwischen V und der W-KG.

1. Persönliche Haftung gem. § 176 Abs. 2, 1 S. 1 Hs. 1 HGB
Gem. § 176 Abs. 2, 1 S. 1 Hs. 1 HGB haftet ein Kommanditist für die zwischen seinem Eintritt und dessen Eintragung entstandenen Forderungen grundsätzlich wie ein persönlich haftender Gesellschafter. Die gem. §§ 171 Abs. 1, 172 Abs. 1 HGB zugunsten des Kommanditisten bestehende Haftungsbeschränkung kommt für zwi-

---
[6] Vgl. BGHZ 81, 82, 88 f. = NJW 1981, 2747.

schen dem Eintritt des Kommanditisten und seiner Eintragung ins Handelsregister begründete Verbindlichkeiten nicht zur Anwendung.

Hier ist die Kaufpreisschuld am 5.5. und damit zwischen dem Beitritt des Z (2.4.) und dessen Eintragung (17.5.) begründet worden. Demnach greift die Haftungsbeschränkung nicht ein.

2. Ausschluss der persönlichen Haftung bei Gläubigerkenntnis gem. § 176 Abs. 1 HGB

Etwas anderes gilt freilich gem. § 176 Abs. 2, Abs. 1 S. 1 letzter Hs. HGB dann, wenn der Gläubiger von der Kommanditistenstellung wusste. V wusste hier, dass W der alleinige Komplementär der KG ist. Kennt ein Gläubiger den Komplementär der Gesellschaft und weiß er, dass die Gesellschaft nur einen einzigen Komplementär hat, dann weiß er zugleich, dass alle anderen Gesellschafter nur Kommanditisten sein können. Auf die Kenntnis der Höhe der Haftsumme der einzelnen Kommanditisten kann es dann nicht ankommen. In jedem Fall kann nämlich der Gläubiger nur darauf vertrauen, dass ihm lediglich ein einziger Gesellschafter unbeschränkt haftet. Schließt er dennoch ohne nähere Nachforschungen über die Höhe der Haftung der Kommanditisten einen Vertrag mit der KG ab, so ist er nicht schutzwürdig.

Die Kenntnis der alleinigen Komplementärstellung des W macht den V mithin bösgläubig i. S. d. § 176 Abs. 1 S. 1 Hs. 2 HGB.

Hinweis
Eine andere Ansicht ist nicht vertretbar.

Ein Anspruch des V gegen Z aus §§ 176 Abs. 1, 2, 128 S. 1 HGB besteht somit nicht.

V. Anspruch gegen Z aus § 171 Abs. 1 Hs. 1 HGB i. V. m. dem Kaufvertrag zwischen V und der W-KG (vgl. § 433 Abs. 2 BGB)

In Betracht kommt ein Anspruch aus § 171 Abs. 1 Hs. 1 HGB i. V. m. dem Kaufvertrag zwischen V und der W-KG (vgl. § 433 Abs. 2 BGB). Die Haftung des Z richtet sich, wie soeben aufgezeigt, nach den §§ 171 Abs. 1, 172 Abs. 1, 4 S. 1 HGB und ist der Höhe nach auf die Einlage beschränkt. Z haftet daher von vornherein maximal in Höhe von 100.000 €.

1. Persönliche Haftung gem. § 171 Abs. 1 Hs. 2 HGB

Seine Haftung ist nach § 171 Abs. 1 Hs. 2 HGB ganz ausgeschlossen, wenn seine vereinbarte Einlage geleistet ist. In Höhe von 50.000 € hat Z seine Einlage im April erbracht. Die Abtretung der wertlosen Forderung gegen S ist dagegen keine haftungsbefreiende Einlageleistung i. S. d. § 171 Abs. 1 Hs. 2 HGB. Im Interesse des Gläubigerschutzes setzt eine Enthaftung des Kommanditisten eine tatsächliche Wertzuführung voraus (sog. Grundsatz der realen Kapitalaufbringung).

Im Verhältnis zu den Gläubigern ist eine Leistung auf die Einlage daher mit ihrem objektiven Wert zu bewerten.[7] Durch die Leistung des Z an die KG ist folglich zunächst eine Enthaftung in Höhe von 50.000 € eingetreten.

2. Wiederaufleben der Haftung nach § 172 Abs. 4 S. 1 HGB
Allerdings kann die Haftung des Z auch insoweit gem. § 172 Abs. 4 S. 1 HGB wieder aufgelebt sein. Die Einlage gilt den Gläubigern gegenüber als nicht geleistet, soweit sie dem Kommanditisten zurückbezahlt wird.

Z hat hier als Wertausgleich 20.000 € von der W-KG erhalten. Mit Blick auf den mit § 172 Abs. 4 S. 1 HGB bezweckten Gläubigerschutz gilt als Rückzahlung i. S. d. Vorschrift nicht nur eine ausdrücklich als Rückgewähr der Einlage bezeichnete Zahlung der Gesellschaft. Unter § 172 Abs. 4 S. 1 HGB fällt vielmehr jede Zuwendung der Gesellschaft an den Kommanditisten, der keine entsprechende Gegenleistung des Kommanditisten gegenübersteht.

Da die Forderung gegen S hier wertlos war, hat die KG für ihre Zahlung keine Gegenleistung erhalten. Die persönliche Haftung des Z ist daher in Höhe von 20.000 € wieder aufgelebt.

3. Ergebnis
V kann somit seine Forderung in Höhe von 70.000 € auch gegen Z persönlich geltend machen.

Frage 2: Ansprüche von B auf Rückzahlung des Darlehens in Höhe von 150.000 €

I. Anspruch gegen D aus §§ 176 Abs. 1, 2, 126 S. 1 HGB i. V. m. § 488 Abs. 1 S. 2 BGB
Eine Haftung des D gegenüber B aus § 176 Abs. 1, 2 HGB i. V. m. § 488 Abs. 1 S. 2 BGB kommt in Betracht, wenn es sich bei dem Erwerb eines Anteils unter Lebenden um einen „Eintritt" i. S. d. § 176 Abs. 2 HGB handelt.

Dafür spricht, dass die Forderung der B in der Zeit zwischen der Übertragung des Gesellschaftsanteils auf D und der Eintragung dieses Vorgangs ins Handelsregister begründet wurde und sich aus dem Sachverhalt nicht ergibt, dass B von der Kommanditistenstellung des D wusste. Darauf aufbauend würde D durch die Anwendung des § 176 Abs. 2 HGB unbeschränkt persönlich haften. Das ist indes streitig.

Für einen „Eintritt"[8] lässt sich anführen, dass auch bei einem Erwerb durch rechtsgeschäftliche Übertragung der abstrakte Anschein entsteht, der Gesellschafter hafte unbeschränkt.[9] Mithin ergibt sich weder aus dem Wortlaut noch der Systematik zwingend, dass unter § 176 Abs. 2 BGB keine gewöhnlichen Übertragungsvor-

---
[7] BGHZ 61, 59, 72 = NJW 1973, 1691.
[8] Dafür BGH NJW 1983, 2258, 2259.
[9] Koller/Kindler/Roth/Drüen/*Kindler*, HGB, § 176 Rn. 9.

gänge fallen sollen. In diesem Sinne belegt etwa § 131 Abs. 1 HGB, dass der Gesetzgeber den Unterschied etwa zwischen rechtsgeschäftlichem und erbrechtlichen Erwerb der Gesellschafterstellung kennt. Warum § 176 Abs. 2 BGB trotz des weiten Wortlauts darauf aufbauend nicht auf rechtsgeschäftliche Vorgänge anzuwenden sein soll, erschließt sich daher nicht.

Entscheidend gegen eine Anwendung von § 176 Abs. 2 HGB spricht hingegen die Systematik des Gesetzes. So ist § 176 Abs. 2 HGB insbesondere im Kontext des Abs. 1 zu sehen. Insoweit soll § 176 Abs. 1 HGB den bezweckten Vertrauensschutz auf den Fall ausdehnen, dass zwar die Kommanditgesellschaft, nicht aber die Kommanditbeteiligung ins Handelsregister eingetragen ist. Erfasst werden soll daher eine um einen Kommanditanteil „erweiterte" Gesellschaft. Darum geht es bei der Anteilsübertragung aber nicht.[10] Hierfür spricht nunmehr auch der neue Wortlaut des Abs. 2, dem infolge des MoPeG der Zusatz „weiterer" hinzugefügt wurde. Daraus lässt sich schließen, dass der Gesetzgeber die Haftungsfolgen nicht für bereits bestehende Beteiligungen gelten lassen will.

> **Hinweis**
> Hier liegt ein Kernproblem des Falles, das bei genauer Lektüre des § 176 Abs. 1 und 2 HGB gesehen werden sollte. Beide Ansichten dürften vertretbar sein, solange problembewusst argumentiert wird.

B hat mithin keinen Anspruch gegen D aus §§ 176 Abs. 1, 2, 126 S. 1 HGB i. V. m. § 488 Abs. 1 S. 2 BGB auf Rückzahlung des Darlehens in Höhe von 150.000 €.

II. Anspruch gegen D aus § 171 Abs. 1 Hs. 1 HGB i. V. m. § 488 Abs. 1 S. 2 BGB

Ein Anspruch der B gegen D aus § 171 Abs. 1 HGB ist, da D die Einlageleistung durch X zugute kommt, gem. § 171 Abs. 1 Hs. 2 HGB ebenso ausgeschlossen wie bei Frage 1 (vgl. dort sub I 3).

III. Anspruch gegen X aus § 171 Abs. 1 Hs. 1 HGB i. V. m. § 488 Abs. 1 S. 2 BGB

In Betracht kommt ein Anspruch der B gegen X aus § 171 Abs. 1 Hs. 1 HGB i. V. m. § 488 Abs. 1 S. 2 BGB. Problematisch ist, dass dieser Anspruch erst am 10.6. und damit nach dem Ausscheiden des X am 1.6. begründet wurde. Grundsätzlich haftet X nach §§ 171 Abs. 1 Hs. 1, 161 Abs. 2, 137 Abs. 1 S. 1 HGB nur für Verbindlichkeiten, die bis zu seinem Ausscheiden aus der Gesellschaft (also bis zur Anteilsübertragung am 1.6.) begründet worden sind.

X muss sich aber nach § 15 Abs. 1 HGB so behandeln lassen, als ob er am 10.6. noch Gesellschafter gewesen wäre. Das Ausscheiden ist nach § 162 Abs. 2 HGB eine (in Angelegenheiten des X) eintragungspflichtige Tatsache, die am 10.6. nicht eingetragen und der B auch nicht bekannt war.

---

[10] Vgl. MünchKomm-HGB/*K. Schmidt*, § 176 Rn. 28, 60.
[11] S. dazu MünchKomm-HGB/*K. Schmidt*, § 128 Rn. 52 f.

X trifft mithin aufgrund negativer Handelsregisterpublizität eine persönliche Haftung, sodass B ein Anspruch auf Rückzahlung des Darlehens in Höhe von 150.000 € gem. § 171 Abs. 1 Hs. 1 HGB i. V. m. § 488 Abs. 1 S. 2 BGB zusteht.

Frage 3: Anspruch der U gegen Y auf Zahlung des erhöhten Entgelts

I. Anspruch aus § 171 Abs. 1 Hs. 1 HGB i. V. m. § 611 Abs. 1 BGB

U kann von Y die Zahlung des erhöhten Entgelts verlangen, wenn eine entsprechende Gesellschaftsverbindlichkeit besteht und Y hierfür haftet. Ein Anspruch der U gegen die Gesellschaft auf Zahlung des erhöhten Entgelts gegen die KG besteht.

Problematisch ist, ob die Forderung während der Mitgliedschaft des Y in der KG begründet wurde. Die Vereinbarung einer Gehaltserhöhung ist kein Neuabschluss des Vertrages. Vielmehr wurde das der Forderung zugrunde liegende Dauerschuldverhältnis (nämlich der Dienstvertrag zwischen der KG und U) bereits vor dem Ausscheiden des Y geschlossen. Die Grundlage für den späteren Anspruch auf das Entgelt wurde mithin bereits zu diesem Zeitpunkt gelegt.

Allerdings geht die Gehaltserhöhung auf eine Änderung des Dienstvertrages zurück, die erst nach dem Ausscheiden des Y vereinbart wurde. Forderungen aus einer solchen Vertragsänderung sind Neuverbindlichkeiten. Es fragt sich, ob ein ausgeschiedener Gesellschafter dafür haftet, wenn durch sie die bisherige Gesellschaftsschuld nach Inhalt oder Umfang erweitert wurde.[11]

Dagegen spricht entscheidend, dass der ausgeschiedene Gesellschafter hinsichtlich der Entstehung solcher Verbindlichkeiten keine Einwirkungsmöglichkeiten hat. Gegen seine Haftung neben den anderen Gesellschaftern lässt sich zudem eine entsprechende Anwendung von § 425 BGB anführen. Auch hier geht es um eine nachträgliche Erweiterung des Umfanges der Gesellschaftsverbindlichkeit. Der Anspruch auf das erhöhte Entgelt wurde daher erst nach dem Ausscheiden des Y begründet.

U hat somit hinsichtlich der Gehaltserhöhung keinen Anspruch gegen Y aus § 171 Abs. 1 HGB. Wohl aber haftet Y ihr in den zeitlichen Grenzen des § 137 HGB für das Entgelt in der zum Zeitpunkt seines Ausscheidens bestehenden Höhe.

II. Anspruch aus § 613a Abs. 2 BGB

Ein Anspruch aus § 613a Abs. 2 BGB scheidet bereits deshalb aus, weil im Ausscheiden des Gesellschafters Y kein Betriebsinhaberwechsel zu sehen ist.[12] Hinzu kommt, dass die speziellere Regelung des § 137 HGB nicht umgangen werden darf. Für eine entsprechende Anwendung des § 613a Abs. 2 BGB fehlt es an einer auf den Gesellschafterwechsel übertragbaren Grundwertung und, angesichts des § 137 HGB, bereits an einer planwidrigen Regelungslücke.

---

[12] Vgl. BAG NJW 1983, 2283; BGHZ 87, 286, 295 = NJW 1983, 2254, 2256.

Geburt der Eventimo-GmbH

4.1 Sachverhalt

A und B wollen in der Rechtsform einer GmbH eine größere Konzertagentur mit Vorverkaufsstelle betreiben. Unter der Firma Eventimo-GmbH mietet A mit Billigung des B am 2. Januar von V ein geeignetes Ladengeschäft zu einer monatlichen Miete von 5000 €.

In den folgenden vier Wochen gibt B mit Zustimmung des A, gleichfalls unter der Firma Eventimo-GmbH, bei dem Tischler T wiederholt die Herstellung verschiedener Ladenmöbel zum Gesamtpreis von 200.000 € in Auftrag. Bei diesen Geschäften bezeichnen sich A und B jeweils als Geschäftsführer der GmbH.

Am 10. April schließen A und B einen notariell beurkundeten Vertrag über die Errichtung der Eventimo-GmbH. In diesem Vertrag werden A und B unter Befreiung von den Beschränkungen des § 181 BGB zu Geschäftsführern mit Einzelvertretungsbefugnis bestellt.

Die Gesellschaft wird am 9. Mai in das Handelsregister eingetragen. Sie setzt die bisher betriebenen Geschäfte in den vorhandenen Geschäftsräumen fort. Am 19. Mai erklärt A im Namen der Eventimo-GmbH gegenüber B und gegenüber sich selbst, dass die Eventimo-GmbH die von A und B geschlossenen Geschäfte genehmige.

1. Auf den Anspruch des T sind bisher 10.000 € gezahlt. T möchte wissen, ob er von A, B oder der GmbH die Zahlung des ausstehenden Betrages von 190.000 € verlangen kann.
2. Die Eventimo-GmbH zahlt die Miete an V jeweils pünktlich. V möchte wissen, ob er von der GmbH die Räumung des Ladengeschäfts verlangen kann.

4.2 Lösungshinweise

Frage 1: Ansprüche des T auf Zahlung des (Rest-)Kaufpreises

I. Anspruch des T gegen die Eventimo-GmbH aus dem Werklieferungsvertrag, vgl. §§ 433 Abs. 2, 650 Abs. 1 S. 1 BGB

1. Werklieferungsvertrag zwischen T und der GmbH

Ein Anspruch auf Zahlung des restlichen Kaufpreises[1] (vgl. §§ 433 Abs. 2, 650 Abs. 1 S. 1 BGB) besteht, wenn zwischen T und der Eventimo-GmbH (im Folgenden: GmbH) ein Werklieferungsvertrag wirksam zustande gekommen ist.

B hat gegenüber T zum Ausdruck gebracht, für die GmbH zu handeln. Damit hat er den Rechtsträger des Unternehmens, für das er gehandelt hat, falsch bezeichnet. Da die GmbH zum Zeitpunkt des Vertragsschlusses noch nicht gegründet war, konnte sie nicht – jedenfalls nicht von Anfang an – Partei des Vertrages sein (vgl. § 11 Abs. 1 GmbHG).

Fraglich ist, welcher Rechtsträger in diesem Fall verpflichtet wird. Möglich ist eine Bindung des B allein, des B zusammen mit A oder eines Rechtsgebildes, das der Gründung der GmbH zeitlich vorgeht. Eine alleinige Verpflichtung von B und/oder A kommt nicht in Betracht, da hierfür jedenfalls der Rechtsbindungswille fehlt, §§ 133, 157 BGB.

Es kommt aber in Betracht, dass B den zum Zeitpunkt des Vertragsschlusses bestehenden wahren Rechtsträger aus dem unternehmensbezogenen Geschäft berechtigt und verpflichtet hat.[2] Dies ist die aus A und B bestehende sog. Vorgründungsgesellschaft. Dabei kann an dieser Stelle offen bleiben, ob es sich dabei um eine oHG oder eine GbR handelt (s. dazu sub III).

Daneben könnte die GmbH allerdings auch dann Partei des Werklieferungsvertrages geworden sein, wenn bereits bei Vertragsschluss konkludent vereinbart wurde, dass für den Fall der späteren Gründung und Eintragung der GmbH die dadurch entstehende Vor-GmbH bzw. die spätere GmbH Vertragspartner des T werden sollte. Ein solches Handeln im Namen einer noch nicht existierenden juristischen Person ist nicht von vornherein ausgeschlossen; vielmehr finden insoweit die §§ 177 ff. BGB entsprechende Anwendung.[3]

---

[1] Im Folgenden wird von „Kaufpreis" gesprochen, da § 650 Abs. 1 S. 1 BGB für Werklieferungsverträge in vollem Umfang auf die §§ 433 ff. BGB verweist.
[2] Vgl. BGHZ 91, 148, 152 = NJW 1984, 2164; *K. Schmidt*, HandelsR, § 4 IV 1 b [S. 143 f.].
[3] Vgl. *K. Schmidt*, GmbHR 1998, 613, 615.

Hinweis

Die Vorgründungsgesellschaft ist von der Vor-GmbH zu unterscheiden:

Bei einer Vorgründungsgesellschaft handelt es sich um eine Gesellschaftsform, die vor der Errichtung (also vor der notariellen Beurkundung) des GmbH-Gesellschaftsvertrages besteht. Sie kann bereits mit dem vorbereitenden gemeinsamen Zweck der Gesellschafter entstehen, der darin zu erblicken ist, eine GmbH zu gründen. Hierdurch kann eine Personengesellschaft zustande kommen und zwar je nach konkreter Ausgestaltung, eine GbR i. S. d. § 705 Abs. 2 Var. 1 oder 2 BGB oder eine oHG gem. § 105 Abs. 1 HGB.[4]

Demgegenüber liegt eine Vor-GmbH zwischen Errichtung und Eintragung der Gesellschaft als GmbH vor, vgl. §§ 2, 11, 13 GmbHG. Sie folgt also zeitlich auf die Vorgründungsgesellschaft. Nach h. M. ist die Vor-GmbH als Gesellschaft *sui generis* („eigener Art") einzuordnen. Durch die Nähe der Vor-GmbH zur GmbH sind die Bestimmungen des GmbHG anzuwenden, sofern keine Eintragung – die ja noch nicht erfolgt ist – vorausgesetzt wird. Die Vor-GmbH und GmbH sind identisch, woraus sich ergibt, dass alle Rechtsverhältnisse der Vor-GmbH auch die der GmbH sind.[5]

Für eine dahin gehende Auslegung gem. §§ 133, 157 BGB lässt sich anführen, dass B ausdrücklich im Namen einer GmbH gehandelt hat. Daraus könnte sich ergeben, dass er (auch) diese vertreten wollte. Zudem gibt es ein gewisses – für B erkennbares – Interesse des T daran, bei einer späteren Entstehung der GmbH (auch) diese zum Vertragspartner zu haben, weil er dadurch weiterhin (insbesondere nach einer etwaigen Veräußerung der Gesellschaftsanteile durch A und B) auf die Haftungsmasse des Unternehmens, mit dem er zunächst (vermeintlich) kontrahiert hatte, zugreifen kann.

Allerdings ist nicht anzunehmen, dass die GmbH an die Stelle der Vorgründungsgesellschaft treten (und letztere somit aus der vertraglichen Bindung entlassen werden) sollte. Aus der durch den Abschluss des Vertrages mit einer vermeintlichen GmbH dokumentierten Bereitschaft, sich mit einer GmbH als Vertragspartner einzulassen, lässt sich nicht auf den Willen des T schließen, durch den Vertragsschluss möglicherweise gewonnene weitere, unbeschränkt persönlich haftende Schuldner (nämlich die Gesellschafter der Vorgründungsgesellschaft) nachträglich wieder aus der Haftung zu entlassen.

In Betracht kommt daher allenfalls eine konkludente Abrede dahin, dass die spätere Vor-GmbH oder GmbH bei ihrer Entstehung neben der Vorgründungsgesellschaft in den Vertrag eintreten sollte. Indessen hätte dies für T die u. U. unerwünschte Konsequenz, dass er es mit mehreren Vertragspartnern zu tun hat. Ohne eine ausdrückliche Vereinbarung ist daher im Zweifel nicht anzunehmen, dass bereits vorab ein Vertragsbeitritt vereinbart werden sollte.

---

[4] MHLS/*Blath*, § 11 Rn. 14 ff.
[5] MHLS/*Blath*, § 11 Rn. 42 ff.

Mithin ist ein Vertrag zwischen der GmbH und T nicht zustande gekommen. Verpflichtet ist vielmehr die von A und B errichtete Vorgründungsgesellschaft, deren Geschäftszweck die Errichtung einer GmbH bei gleichzeitigem Betrieb einer Konzertagentur mit Vorverkaufsstelle ist.

> **Hinweis**
> Die Auslegung der Abreden als *essentialia negotii* verbindet Standardwissen des BGB AT mit Grundlagen des Körperschaftsrechts. Es kommt hier darauf an, zu erkennen, dass die Bindung der Parteien, der Vorgründungsgesellschaft oder der späteren GmbH von einer Auslegung nach §§ 133, 157 BGB abhängt. Dies sollte in der Bearbeitung deutlich werden.

Eine vertragliche Verpflichtung der GmbH gegenüber T bestand ursprünglich nicht.

2. Übergang der Verbindlichkeiten
Die Verbindlichkeit der Vorgründungsgesellschaft aus dem Werklieferungsvertrag kann aber auf die später gegründete GmbH übergegangen sein.

a) Automatischer Übergang auf Vorgesellschaft und GmbH
In Betracht kommt zunächst, dass die Verbindlichkeiten der Vorgründungsgesellschaft automatisch (*eo ipso*) auf die mit Abschluss des notariell beurkundeten Gesellschaftsvertrages vom 10. April entstandene Vor-GmbH (vgl. § 11 Abs. 1 GmbHG) und von dieser mit Eintragung auf die GmbH übergegangen sind. Zwischen der Vor-GmbH und der späteren GmbH besteht zwar Haftungskontinuität (s. Hinweis oben); die Verbindlichkeiten der Vor-GmbH treffen ohne weiteres auch die GmbH. Für das Verhältnis zwischen Vorgründungsgesellschaft und (Vor-)GmbH gilt das indessen nicht.

Die Vorgründungsgesellschaft ist weder Vorläufer der künftigen GmbH noch der Vor-GmbH. Sie geht deshalb bei Entstehung der Vor-GmbH nicht in diese über.[6] Verbindlichkeiten der Vorgründungsgesellschaft müssen daher durch besonderes Rechtsgeschäft übertragen werden. Dem steht auch nicht entgegen, dass eine etwaige persönliche Haftung der Gesellschafter gem. § 721 BGB oder § 126 HGB aus der Vorgründungsphase bestehen bleibt. Die Gesellschafter haben es in der Hand, im Einvernehmen mit dem Vertragsgegner ausdrücklich (nur) im Namen der künftigen GmbH zu kontrahieren und damit „haftungsrechtlich für Klarheit"[7] zu sorgen. Der Fortbestand ihrer persönlichen Haftung ist ihnen daher zumutbar.

---

[6] BGH NJW-RR 2001, 1042, 1043; vgl. auch BGHZ 91, 148, 151 = NJW 1984, 2164.
[7] *K. Schmidt*, GesR, § 34 III 2 c [S. 1015].

> **Hinweis**
> Hier ist scharf zwischen der Vorgründungsgesellschaft als eigenständiger Gesellschaft und der Vor-GmbH als werdender juristischer Person zu unterscheiden (s. insoweit den Hinweis oben). Die Verpflichtung der Vorgründungsgesellschaft ist daher nicht automatisch auf die GmbH übergegangen (Grundsatz der Diskontinuität).

b) Schuldübernahme durch die GmbH
Eine Schuld- oder Vertragsübernahme erfolgt nicht durch einseitige Erklärung des neuen Schuldners bzw. Vertragspartners, sondern setzt einen Vertrag voraus (vgl. §§ 414, 415 BGB). Die Verbindlichkeit der Vorgründungsgesellschaft ist daher nicht schon durch die von A für die GmbH erklärte einseitige „Genehmigung" auf die GmbH übergegangen.

Allerdings kann die „Genehmigung" durch A nach §§ 133, 157 BGB als Angebot der GmbH zum Abschluss eines Schuld- oder Vertragsübernahmevertrages zwischen der GmbH und der Vorgründungsgesellschaft auszulegen sein, das A konkludent im Namen der Vorgründungsgesellschaft angenommen hat.

> **Hinweis**
> Der richtige Partner des Schuld- oder Vertragsübernahmevertrages ist die Vorgründungsgesellschaft (und nicht A oder B). Das gilt auch dann, wenn man davon ausgeht, dass diese Gesellschaft mit der Entstehung der GmbH ihren Zweck erreicht hat und deshalb aufgelöst ist. Da die bloße Zweckerreichung bei der oHG kein gesetzlicher Auflösungsgrund ist (vgl. § 138 HGB), müsste man dafür – wenn man die Gesellschaft zutreffend als oHG einordnet (s. dazu sub III) – davon ausgehen, dass die Gesellschaft von vornherein nur für die Zeit bis zum Abschluss des GmbH-Vertrages eingegangen war (§ 138 Abs. 1 Nr. 1 HGB). Oder man ginge davon aus, dass die Gesellschafter ihre Absicht, Handelsgeschäfte mithilfe der oHG zu führen, ganz aufgegeben haben, die oHG sich deshalb mit Gründung der GmbH in eine GbR verwandelt und als solche nach §§ 729 Abs. 2 oder 740a Abs. 2 BGB aufgelöst ist.[8] Allerdings könnte man aus dem Umstand, dass der Mietvertrag mit V nicht gekündigt wurde, auf eine Fortsetzung der Gesellschaft (deren Zweck es zumindest wäre, der GmbH mithilfe des Mietvertrages die Mietsache zu verschaffen, s. dazu unten Frage 2) schließen. Wegen der fortbestehenden Verbindlichkeiten der Gesellschaft aus dem Werklieferungs- und dem Mietvertrag ist aber jedenfalls noch keine Vollbeendigung eingetreten (dazu kann es allenfalls bei einer reinen Vorgründungs-Innengesellschaft kommen).

---

[8] Vgl. Hopt/*Roth*, HGB, § 131 Rn. 9 f.

Indes hängt die Wirksamkeit einer Schuld- oder Vertragsübernahme von der Zustimmung des Gläubigers T ab. T hat nicht vorab in die Übernahme eingewilligt. Insbesondere ist seine Zustimmung zum Vertragsschluss aus den o. g. Gründen (vgl. 1.) kein Einverständnis mit einer Entlassung der Vorgründungsgesellschaft aus der Verbindlichkeit zu entnehmen. Auch für eine – im Übrigen erst nach einer Mitteilung i. S. d. § 415 Abs. 1 S. 2 BGB mögliche – Genehmigung durch T fehlen Anhaltspunkte. Die Verbindlichkeit ist daher auch nicht durch eine Schuld- oder Vertragsübernahme auf die GmbH übergegangen.

> **Hinweis**
> Es kann daher dahinstehen, ob der Übernahmevertrag außerdem noch nach § 177 Abs. 1 BGB (schwebend) unwirksam ist, weil A möglicherweise nicht die nötige Vertretungsmacht für die Gesellschaft hatte. Dass er als Vertreter beider Vertragsparteien auftritt, ist zwar unschädlich, da er von den Beschränkungen des § 181 BGB befreit ist. Zweifel an seiner Vertretungsmacht könnten sich aber aus der möglichen Auflösung der Gesellschaft (s. dazu den vorhergehenden Hinweis) ergeben, da diese zu einer Gesamtvertretungsmacht aller Gesellschafter führen würde (vgl. § 146 Abs. 1 S. 1 HGB, §§ 715, 720 Abs. 1, 736b Abs. 1 S. 1 BGB).

3. Schuldbeitritt der GmbH

Die „Genehmigung" durch A ist möglicherweise als Angebot der GmbH an die Vorgründungsgesellschaft auszulegen, der Schuld beizutreten, §§ 133, 157 BGB.

Der rechtsgeschäftliche Schuldbeitritt ist im BGB nicht geregelt. Seine Zulässigkeit ergibt sich aus § 311 Abs. 1 BGB. Auch bedarf es zu seiner Wirksamkeit keiner Zustimmung des Gläubigers, weil sich dessen Rechtsstellung ausschließlich verbessert.[9] Fraglich ist jedoch, ob die „Genehmigung" durch A als ein Angebot auf Abschluss eines solchen Schuldbeitritts auszulegen ist.

Dagegen spricht, dass A und B daran gelegen war, sich jeglicher Haftung zu entledigen und nicht nur eine zusätzliche Haftung der GmbH zu statuieren. Eine zusätzliche Haftung der GmbH würde A und B allenfalls den Vorteil bringen, dass sie nach einer eigenen Inanspruchnahme bei der GmbH Regress nehmen könnten; angesichts der für sie in den Grenzen des § 30 GmbHG ohnehin bestehenden Entnahmemöglichkeit ist dieser Vorteil indes nur als gering zu veranschlagen. Zu einer Haftungsbefreiung führt ein etwaiger Beitritt der GmbH indes nicht.

4. Ergebnis
Es bestehen keine Ansprüche des T gegen die GmbH.

II. Anspruch des T gegen B gem. § 11 Abs. 2 GmbHG
Ein Anspruch des T gegen B aus Handelndenhaftung (§ 11 Abs. 2 GmbHG) setzt voraus, dass diese Norm anwendbar ist.

---
[9] Grüneberg/*Grüneberg*, Überbl. v. § 414 Rn. 2.

Dagegen spricht, dass § 11 Abs. 2 GmbHG der Gläubigersicherung dienen soll; für diese besteht aber kein Bedürfnis, wenn – wie hier – eine persönliche Haftung der Vertragspartner begründet ist (s. dazu sub III).

Die Haftung richtet sich mithin nach dem Recht der Vorgründungsgesellschaft, nicht nach dem der noch nicht existenten Vor-GmbH.[10] Dies gilt auch dann, wenn die künftige GmbH bereits „im Keim" vorhanden ist oder schon „greifbare Ansätze" zur GmbH-Gründung vorliegen.[11] B haftet daher nicht nach § 11 Abs. 2 GmbHG.

III. Anspruch des T gegen A und B aus dem Werklieferungsvertrag, vgl. §§ 433 Abs. 2, 650 Abs. 1 S. 1 BGB i. V. m. § 126 S. 1 HGB

1. Vorgründungsgesellschaft als oHG i. S. v. § 105 HGB

Fraglich ist, ob die Vorgründungsgesellschaft als oHG einzuordnen ist. Dagegen spricht, dass Vorgründungsgesellschaften regelmäßig reine Innengesellschaften und damit nicht rechtsfähige Gesellschaften bürgerlichen Rechts i. S. d. §§ 705 Abs. 2 Var. 2, 740 ff. BGB sind, die allein auf die Errichtung der GmbH durch Abschluss des notariell beurkundeten Gesellschaftsvertrages gerichtet sind. Sobald dies erreicht ist, werden solche Gesellschaften wegen Zweckerreichung nach § 740a Abs. 2 BGB aufgelöst.

Hier hat die Vorgründungsgesellschaft jedoch die spätere Tätigkeit der GmbH vorbereitet. Sie betrieb – wie sich dem Sachverhalt entnehmen lässt – bereits vor der Eintragung Geschäfte und war mithin bereits Unternehmensträgerin.[12] Damit muss jedenfalls nach § 705 Abs. 2 Var. 1 BGB eine rechtsfähige GbR vorgelegen haben.

Weiter ist für diesen Fall zu berücksichtigen, dass nach Art und Umfang des Gewerbes, insbesondere angesichts der nicht unerheblichen Höhe der bereits eingegangenen Verbindlichkeiten, auf einen in kaufmännischer Weise eingerichteten Geschäftsbetrieb geschlossen werden kann. Mithin ist nach § 1 Abs. 2 HGB im Zweifel zu vermuten, dass ein solcher Geschäftsbetrieb erforderlich ist. Demnach handelte es sich – jedenfalls bis zur Gründung der GmbH (s. den Hinweis sub I 2 b; danach bestand möglicherweise nur noch eine GbR) – um eine oHG (vgl. § 105 Abs. 1 i. V. m. § 1 HGB).

> **Hinweis**
> Wer eine GbR annimmt, muss zunächst begründen, warum es sich um eine rechtsfähige und nicht um eine nicht rechtsfähige GbR handelt, und sodann die nachfolgende (Haftungs-)Prüfung auf § 721 S. 1 BGB stützen.[13]

---

[10] BGHZ 91, 148, 150 f. = NJW 1984, 2164; NJW-RR 2001, 1042 f.
[11] Abw. noch RGZ 122, 172, 174; BGH NJW 1982, 932.
[12] Zu diesem Problemkreis instruktiv, diesbezüglich jedoch a. A. *K. Schmidt*, GesR, § 34 III 2 b [S. 1012 ff.].
[13] Vgl. zur Abgrenzung von GbR und oHG zur alten Rechtslage im Vorgründungsstadium BGH NZG 2004, 663 ff.

2. A und B als Gesellschafter der oHG
Unabhängig von der Frage, ob die Vorgründungsgesellschaft bei Errichtung der GmbH wegen Zweckerreichung oder aufgrund eines konkludenten Gesellschafterbeschlusses aufgelöst sein soll (s. den Hinweis sub I 2 b), waren A und B im Zeitpunkt der Begründung der Verbindlichkeit Gesellschafter der oHG.

3. Verbindlichkeit der oHG
Ein Werklieferungsvertrag ist zwischen der oHG und T wirksam zustande gekommen; insbesondere hatte B Einzelvertretungsmacht nach § 124 Abs. 1 HGB. Aus diesem schuldet die oHG noch die Begleichung der Restforderung i. H. v. 190.000 €.

> **Hinweis**
> Hält man die Vorgründungsgesellschaft für eine rechtsfähige GbR, so gelangt man aufgrund der Zustimmung des A trotz der §§ 715, 720 Abs. 1 BGB zum selben Ergebnis.

4. Erlöschen der Verbindlichkeit mit Eintragung der GmbH in das Handelsregister
Wie bereits dargelegt, gehen die Verbindlichkeiten der Vorgründungsgesellschaft nicht ohne weiteres auf die Vor-GmbH und damit auch nicht bei Eintragung auf die GmbH über.

> **Hinweis**
> Auch eine etwaige Auflösung der oHG (s. Hinweis sub I 2 b) steht einer persönlichen Haftung nicht entgegen. Mangels Eintragung der Auflösung hat nämlich die Frist des § 151 HGB noch nicht zu laufen begonnen.

5. Ergebnis
A und B haften persönlich für die Verbindlichkeit der oHG i. H. v. 190.000 €.

Frage 2: Anspruch des V gegen die GmbH auf Herausgabe des Ladengeschäfts

I. Anspruch aus § 546 Abs. 1 BGB
Ein Anspruch des V auf Herausgabe des Ladengeschäfts aus einem Mietvertrag mit der GmbH scheitert jedenfalls daran, dass der Mietvertrag wie schon der Werklieferungsvertrag aus den oben (Frage 1 sub I 1) geschilderten Gründen nicht mit der späteren GmbH, sondern mit der Vorgründungsgesellschaft zustande gekommen ist.

II. Anspruch aus §§ 861 Abs. 1, 868, 869 BGB

Da ein Mietvertrag mit der oHG bestand, hatte V nach der Überlassung der Räume an die oHG noch mittelbaren Besitz. Dieser mittelbare Besitz wurde V möglicherweise dadurch entzogen, dass die oHG der Vor-GmbH die Räume überlassen hat. Jene Entziehung erfolgte aber mit dem Willen der oHG als unmittelbare Besitzerin und damit nicht durch verbotene Eigenmacht i. S. d. §§ 858 Abs. 1, 869 BGB.

V hat daher keinen Anspruch auf Herausgabe des Ladengeschäfts aus §§ 861 Abs. 1, 868, 869 BGB.

III. Anspruch aus § 985 BGB

Ein Anspruch des V gegen die GmbH auf Herausgabe des Ladengeschäfts an sich selbst (oder an die Vorgründungsgesellschaft) kann sich aus § 985 BGB ergeben. Dafür müsste eine Vindikationslage bestehen, V also Eigentümer und die GmbH Besitzerin ohne Recht zum Besitz sein.

1. Besitz der GmbH

Die GmbH übt über ihre Organe die tatsächliche Sachherrschaft über die Ladenräume aus, § 854 Abs. 1 BGB.

2. Eigentum des V

V ist Eigentümer des Mietobjektes, §§ 903, 1006 Abs. 1 BGB.

3. Recht zum Besitz

Problematisch ist allerdings, ob die GmbH ein Recht zum Besitz hat, § 986 BGB. Als Recht zum Besitz kommt jeder Behaltensgrund in Betracht. Ein solcher kann sich insbesondere aus Vereinbarungen wie dem vorliegenden Mietvertrag ergeben.

a) Recht zum Besitz aus einem Mietvertrag zwischen V und der GmbH

Da der Mietvertrag nur mit der Vorgründungsgesellschaft zustande gekommen ist und die Stellung als Vertragspartei von dieser nicht auf die Vor-GmbH und die GmbH übergegangen ist, kann die GmbH ein Recht zum Besitz gegenüber V nicht unmittelbar aus dem Mietvertrag ableiten. Ein Recht zum Besitz unmittelbar aus dem Mietvertrag steht damit (und zwar auch im Falle ihrer Auflösung, vgl. den Hinweis zu Frage 1 sub I 2 b)) allein der Vorgründungsgesellschaft zu.

b) Von der Vorgründungsgesellschaft abgeleitetes Recht zum Besitz

Die Überlassung der Räume an die GmbH könnte sich aber als eine dem Vertragszweck entsprechende Form der Gebrauchsüberlassung darstellen und der GmbH somit ein aus dem Mietvertrag der oHG abgeleitetes Besitzrecht (§ 986 Abs. 1 S. 1 Fall 2 BGB) vermitteln.

Dafür spricht, dass die Vermietung der Gewerberäume an die oHG zum Zweck des Betriebes einer Konzertagentur erfolgte. Auf jeden Fall durch den Mietvertrag gedeckt war daher eine Gebrauchsüberlassung an die Mitglieder und Angestellten der oHG. Allein dadurch, dass die Gesellschafter für die haftungsprivilegierte Fortsetzung des Geschäftsbetriebs eine juristische Person gegründet haben, kann sich hieran nichts ändern.[14]

Die maßgeblichen Entscheidungen über den Gebrauch der Mietsache liegen unverändert bei A und B, denen V das Ladengeschäft überlassen wollte. Damit dient der Gebrauch der Mietsache wirtschaftlich weiterhin den Personen, denen er vertragsgemäß zustehen soll. Will der Vermieter Ansprüche gegen seinen Mieter geltend machen, haftet ihm – teils unmittelbar in Form der GmbH, teils mittelbar durch die Zugriffsmöglichkeit auf die Anteile der juristischen Person über die Gesellschafter – dieselbe Vermögensmasse wie zur Zeit des Abschlusses des Mietvertrages. Insoweit gibt es daher auch kein Bedürfnis für die Gewährung eines Kündigungsrechtes wegen der Gebrauchsüberlassung an die GmbH, vielmehr handelt es sich um eine zulässige Gebrauchsüberlassung.

Der GmbH steht damit ein abgeleitetes Recht zum Besitz (§ 986 Abs. 1 S. 1 Fall 2 BGB) zu.

> **Hinweis**
> Wenn man kein abgeleitetes Recht der GmbH zum Besitz annimmt, kann V nicht die Herausgabe der Mietsache an sich selbst, sondern lediglich an die Vorgründungsgesellschaft verlangen (§ 986 Abs. 1 Satz 2 Fall 1 BGB).

4. Ergebnis
V hat keinen Anspruch auf Herausgabe des Ladengeschäfts.

IV. Ansprüche aus §§ 1004 Abs. 1, 823 Abs. 1, 812 Abs. 1 BGB
Ein Anspruch aus § 1004 Abs. 1 BGB scheitert an dessen Abs. 2, da V infolge des abgeleiteten Besitzrechts zur Duldung verpflichtet ist. Eine Herausgabe aus §§ 823 Abs. 1 i. V. m. 249 BGB scheidet schon mangels einer rechtswidrigen Rechtsgutsverletzung aus. Schließlich kommt auch ein Kondiktionsanspruch aus § 812 Abs. 1 BGB nicht in Betracht, da jedenfalls ein Rechtsgrund in Form des Mietvertrages bestünde. Mithin hat V daneben auch keine anderen Herausgabeansprüche.

Gesamtergebnis

A und B haften gegenüber T gesamtschuldnerisch auf Zahlung des ausstehenden Betrags von 190.000 €. Die GmbH haftet hierfür nicht.

V hat keinen Anspruch gegen die GmbH auf Herausgabe des Ladengeschäfts.

---

[14] Vgl. die dem Sachverhalt zugrunde liegende Entscheidung BGH NJW 1955, 1066.

Windige Einlagegeschäfte

5.1 Sachverhalt

Ausgangsfall

A, B und C wollen die X-Bauträger-GmbH mit einem Stammkapital von 300.000 € gründen. Der Gesellschaftsvertrag wird notariell beurkundet. Die Gesellschafter erfüllen ihre Bareinlageversprechen von jeweils 100.000 €. Zwei Monate später erwirbt die GmbH – wie vor der Gründung abgesprochen – von A einen Spezialkran mit einem Verkehrswert i. H. v. 100.000 zum Preis von 120.000 €. Die Transaktion wird ordnungsgemäß abgewickelt.

Noch vor Eintragung der GmbH im Handelsregister verlangt B namens der X-GmbH von A, seine Einlage i. H. v. 100.000 € erneut zu erbringen.

Zu Recht?

1. Abwandlung

Ändert sich die Rechtslage, wenn die GmbH nach Übereignung des Krans ordnungsgemäß in das Handelsregister eingetragen wurde?

2. Abwandlung

A hat – wie im Vorhinein unter den Gesellschaftern abgesprochen – nicht wie im Ausgangsfall einen Kran an die GmbH veräußert, sondern sich im Rahmen eines Dienstvertrages verpflichtet, umfangreiche Werbeleistungen zu erbringen und den Internetauftritt der GmbH zu erstellen.

Für entsprechende von ihm erbrachte Dienstleistungen rechnet A gegenüber der GmbH noch vor deren Eintragung den marktüblichen Betrag von 100.000 € ab, den diese auch begleicht. Die Einlagen wurden bereits voll geleistet.

Hat die GmbH einen Anspruch gegen A, seine Einlage erneut zu erbringen?

5.2 Lösungshinweise

Ausgangsfall: Einlageanspruch vor Eintragung

Anspruch der GmbH gegen A auf Leistung der Einlage i. H. v. 100.000 € aus dem Einlageversprechen im Gesellschaftsvertrag i. V. m. § 19 Abs. 1 GmbHG

Der GmbH kann gegen A ein Anspruch auf Leistung der versprochenen Einlage aus dem Gesellschaftsvertrag zustehen.

1. Anspruch entstanden

Mit Abschluss des Gesellschaftsvertrages ist der Anspruch der GmbH auf Einlageleistung entstanden (§ 14 GmbHG).

2. Anspruch erloschen (§ 362 BGB)

Der Anspruch kann gem. § 362 BGB dadurch erloschen sein, dass A seine Einlage erbracht hat (§§ 7 Abs. 2, 8 Abs. 2 GmbHG). Die Einlageleistung des A führt vor diesem Hintergrund grds. zum Erlöschen seiner Einlageschuld.

Etwas anderes kann sich freilich daraus ergeben, dass im Voraus unter den Gesellschaftern besprochen wurde, dass A nach Leistung seiner Einlage i. H. v. 100.000 € der Gesellschaft einen Kran von eben diesem Wert zum Preis von 120.000 € verkauft.

Die Geldeinlage eines Gesellschafters, die bei wirtschaftlicher Betrachtung und aufgrund einer im Zusammenhang mit der Übernahme der Geldeinlage getroffenen Abrede vollständig oder teilweise als Sacheinlage zu bewerten ist (*verdeckte Sacheinlage*), befreit diesen nicht von der Einlagepflicht (§ 19 Abs. 4 S. 1 GmbHG).

Mit dieser Klammerdefinition wollte der Gesetzgeber die vom BGH herausgearbeiteten Voraussetzungen der verdeckten Sacheinlage in das GmbHG aufnehmen.[1] Allerdings entspricht die Definition des § 19 Abs. 4 S. 1 GmbHG der benannten Rechtsprechung nicht exakt.[2] Nach dem BGH liegt eine verdeckte Sacheinlage dann vor, wenn „die gesetzlichen Regeln für Sacheinlagen dadurch unterlaufen werden, dass zwar eine Bareinlage vereinbart wird, die Gesellschaft aber bei wirtschaftlicher Betrachtung von dem Einleger aufgrund einer im Zusammenhang mit der Übernahme der Einlage getroffenen Absprache einen Sachwert erhalten soll".[3] Da der Gesetzgeber jedoch lediglich die Rechtsfolgen einer verdeckten Sacheinlage modifizieren, nicht aber deren Tatbestandsvoraussetzungen abweichend definieren wollte, bleibt es beim genannten Verständnis des BGH.

Wann ein solcher wirtschaftlicher Zusammenhang angenommen wird, durch den die Vorschrift des § 5 Abs. 4 GmbHG (Sachgründungsbericht) umgangen wird und in deren Folge der Regelungszweck – das Gebot der realen Kapitalaufbringung – leerläuft, war bereits nach alter und ist trotz der gesetzlichen Regelung auch nach

---
[1] Vgl. BT-Drucks. 16/6140, S. 40 (zu Nr. 17 lit. b und c).
[2] *Pentz*, in: FS K. Schmidt, 2009, S. 1265, 1273.
[3] St. Rspr.; BGH NZG 2008, 311 f.; NJW 2009, 2375.

neuer Rechtslage nicht abschließend geklärt. Dies beruht darauf, dass es Gesellschaftern nicht generell untersagt ist, entgeltliche Leistungen an die eigene Gesellschaft zu erbringen.

a) Zeitlicher und sachlicher Zusammenhang
Für den wirtschaftlichen Zusammenhang können eine zeitliche und sachliche Komponente als Indizien herangezogen werden. In zeitlicher Hinsicht wird dabei auf die Nähe zwischen der Erfüllung der ursprünglichen Bareinlageverpflichtung und der Rückzahlung abgestellt (bis ca. sechs Monate; es gibt aber keine starren Grenzen). Ein sachlicher Zusammenhang ist anzunehmen, wenn die Zahlungen in der Vorstellung der Gesellschafter ein einheitliches Geschäft darstellen.

Hier hatten die Gesellschafter das Umsatzgeschäft bereits im Vorfeld abgesprochen; der Leistungsaustausch erfolgte nur zwei Monate nach Einzahlung der Stammeinlage. Insoweit besteht ein enger zeitlicher und sachlicher Zusammenhang.

b) Subjektives Erfordernis
Auf zusätzliche subjektive Anforderungen, wie eine Umgehungsabsicht, kommt es nach herrschender Meinung nicht an.[4] Das wird damit begründet, dass die Rechtsumgehung als solche an die Rechtsgeltung und die Durchsetzbarkeit des Regelungsinhaltes einer Norm aus eigener Kraft anknüpft und nicht von einem subjektiven Element abhängen kann. Vor dem Inkrafttreten des MoMiG wurde vor allem auf Beweisschwierigkeiten verwiesen[5] und damit argumentiert, dass ein effektiver Gläubigerschutz nicht von subjektiven Erfordernissen abhängen könne.

Demgegenüber wurde teilweise eine Abrede zwischen den Gesellschaftern gefordert, die auf den wirtschaftlichen Erfolg einer Sacheinlage gerichtet ist.[6] Der zeitliche und sachliche Zusammenhang zwischen Bareinlage und Gegengeschäft sollte dabei eine tatsächliche Vermutung hinsichtlich einer solchen Abrede begründen.[7]

Nach einer anderen Auffassung, die sowohl der Rechtssicherheit und der Effektivität des Umgehungstatbestandes als auch den Beweisschwierigkeiten am ehesten gerecht wird, genügt in subjektiver Hinsicht bereits eine erkennbare Bereitschaft zur Verschleierung einer Sacheinlage ohne entsprechende Vereinbarung, wenn mit ihrer Verwirklichung den Umständen nach zu rechnen war.

Somit ist einem subjektiven Erfordernis – sofern man ein solches fordert – hier nach allen Ansichten Genüge getan.

c) Anrechnung des Vermögensgegenstandes
Nach § 19 Abs. 4 S. 3 GmbHG ist auf die fortbestehende Bareinlagepflicht der Wert des Vermögensgegenstandes, auf den sich die Sacheinlage bezieht, anzurechnen. In-

---
[4] BGHZ 110, 47, 63 ff. = NJW 1990, 982; BeckOK-GmbHG/*Ziemons*, § 19 Rn. 157.
[5] Hachenburg/Ulmer/*Ulmer*, GmbHG, § 5 Rn. 146.
[6] OLG Hamm DB 1992, 2131; zumindest für den Fall, dass es an einem engen zeitlichen Zusammenhang fehlt, auch BGHZ 132, 133, 139 = NJW 1996, 1286.
[7] BGHZ 125, 141, 143 f. = NJW 1994, 1477; BGHZ 132, 133, 139 = NJW 1996, 1286.

dessen sieht § 19 Abs. 4 S. 4 GmbHG vor, dass die Anrechnung nicht vor Eintragung der GmbH ins Handelsregister erfolgt. Eine solche Eintragung hat hier im Ausgangsfall nicht stattgefunden. Mithin besteht die Bareinlagepflicht ungemindert i. H. v. 100.000 € fort.

> **Hinweis**
> Zur Berechnung des Anrechnungsbetrages bei der hier vorliegenden sog. verdeckten gemischten Sacheinlage s. unten bei Variante 1.

d) Zwischenergebnis
Folglich ist der Anspruch der GmbH auf Leistung der Einlage i. H. v. 100.000 € nicht gem. § 362 BGB erloschen; er besteht fort.

3. Erlöschen des Anspruchs nach § 389 BGB
In Betracht kommt, dass A den Anspruch durch Aufrechnung gem. §§ 387, 389 BGB zum Erlöschen bringen kann. A steht nach § 812 Abs. 1 S. 2 Fall 2 BGB ein Anspruch auf Rückzahlung der geleisteten Bareinlage i. H. v. 100.000 € zu, weil die Bareinlage keine Befreiungswirkung zur Folge hatte.[8]

Fraglich ist allerdings, ob er mit dieser Forderung gegen die Einlageforderung der GmbH aufrechnen kann.

a) Aufrechnungslage
Es stehen einander zwei gleichartige Ansprüche gegenüber und der Rückzahlungsanspruch des A ist fällig, sodass eine Aufrechnungslage i. S. von § 387 BGB besteht.

b) Aufrechnungsverbot
Der Aufrechnung steht allerdings das Verbot des § 19 Abs. 2 S. 2 GmbHG entgegen.

Danach kann der Gesellschafter nicht gegen den Einlageanspruch der Gesellschaft aufrechnen, solange nicht die Anrechnung dieser Forderung auf die Einlageverpflichtung nach § 5 Abs. 4 GmbHG vereinbart worden ist. Hierfür müssen sodann der Gegenstand der Sacheinlage und der Nennbetrag des Geschäftsanteils, auf den sich die Sacheinlage bezieht, im Gesellschaftsvertrag festgesetzt werden. Bei dem Rückzahlungsanspruch handelt es sich jedoch nicht um einen Verrechnungsanspruch infolge einer vorab vereinbarten (unechten) Sacheinlage, weshalb das Aufrechnungsverbot grundsätzlich greift. Somit unterfällt der Bereicherungsanspruch des Gesellschafters bei (fehlgeschlagener) verdeckter Sacheinlage dem Aufrechnungsverbot.[9]

---

[8] Vgl. dazu *Priester*, ZIP 1996, 1025, 1028 f.; *K. Schmidt*, GesR § 37 II 4 b (S. 1124); *Pentz*, in: FS K. Schmidt, 2009, S. 1265, S. 1276.
[9] BGH NJW 1998, 1951, 1953.; MüKo-GmbHG/*Schwandtner*, § 19 Rn. 86.

c) Zwischenergebnis
Eine Aufrechnung befreit den A nicht von seiner Einlageschuld.

4. Geltendmachung des Einlageanspruchs
Zur Geltendmachung des Anspruchs auf die Einlage bedarf es eines Beschlusses der Gesellschafterversammlung (§ 46 Nr. 2 GmbHG). Bei der Fassung dieses Beschlusses unterliegt A, da es sich um die Entscheidung über die Geltendmachung eines Anspruches gegen ihn handelt, gem. § 47 Abs. 4 S. 2 GmbHG einem Stimmverbot.[10] Erforderlich ist mithin ein Beschluss von B und C, dessen Fassung hier zu unterstellen ist.

5. Ergebnis
A bleibt zur Zahlung verpflichtet.

1. Abwandlung: Einlageanspruch nach Eintragung
Anspruch der GmbH gegen A auf Leistung der Einlage i. H. v. 100.000 € aus dem Einlageversprechen im Gesellschaftsvertrag i. V. m. § 19 Abs. 1 GmbHG

Fraglich ist, ob der Gesellschaft auch nach Eintragung ein Anspruch auf Leistung der versprochenen Einlage aus dem Gesellschaftsvertrag zusteht.

> **Hinweis**
> Nach der bis zur Novellierung von § 19 Abs. 4 GmbHG durch das MoMiG geltenden, durch die Rechtsprechung des BGH geprägten Rechtslage, bestand der Anspruch auf Leistung der Bareinlage auch nach der Registereintragung der GmbH ungekürzt fort.

1. Anspruch entstanden
Wie dargelegt ist der Anspruch mit Abschluss des Gesellschaftsvertrages entstanden.

2. Anspruch erloschen (§ 362 BGB)
In Betracht kommt wiederum, dass der Anspruch durch die Zahlung i. H. v. 100.000 € gem. § 362 BGB erloschen ist (§§ 7 Abs. 2, 8 Abs. 2 GmbHG).

a) Verdeckte Sacheinlage
Für den Zeitpunkt nach Eintragung der Gesellschaft sieht § 19 Abs. 4 S. 3 i. V. m. S. 4 GmbHG eine Anrechnung des im Wege der verdeckten Sacheinlage an die GmbH geflossenen Wertes vor (sog. Anrechnungslösung). Nach dem Wortlaut jener Regelung ist der Wert des Krans von 100.000 € auf die in gleicher Höhe bestehende Einlageschuld anzurechnen.

---

[10] Vgl. Noack/Servatius/Haas/*Noack*, GmbHG § 47 Rn. 93.

b) Verdeckte gemischte Sacheinlage

Etwas anderes kann daraus folgen, dass der Wert des Krans zwar der Einlageforderung entspricht, nicht aber des durch die GmbH im Rahmen des Verkehrsgeschäftes gezahlten Preises von 120.000 €.

Dabei handelt es sich um den Fall einer sog. verdeckten gemischten Sacheinlage. Eine solche liegt dann vor, wenn der Gesellschafter im Fall einer deklarierten Bareinlage aufgrund einer vorangegangenen Vereinbarung einen Vermögensgegenstand an die Gesellschaft veräußert und die von der GmbH gezahlte Gegenleistung den Nennbetrag des vom Erwerber übernommenen Geschäftsanteils übersteigt.[11] Der Einleger darf jedoch von der Einlageverpflichtung nur dann befreit werden, wenn der Wert des verdeckt eingelegten Vermögensgegenstandes nicht nur die Einlageverbindlichkeit, sondern den Gesamtbetrag der von der Gesellschaft gezahlten Vergütung erreicht oder übersteigt.[12] Anderenfalls stünde derjenige, der eine verdeckte gemischte Sacheinlage leistet, besser als derjenige, der die Transaktion gegenüber dem Registergericht offenlegt.

Daher muss § 19 Abs. 4 GmbHG dahingehend ausgelegt werden, dass der Wert des verdeckt eingelegten Vermögensgegenstandes mindestens dem Betrag entsprechen muss, der aufgrund des Verkehrsgeschäftes aus der Gesellschaft abgeflossen ist. Verbleibt eine Differenz, so besteht die Bareinlagepflicht in dieser Höhe fort.[13]

Daher ist entgegen dem Wortlaut des § 19 Abs. 4 GmbHG nicht der gesamte Wert des Krans i. H. v. 100.000 € anzurechnen, sondern lediglich der Wert abzüglich der Differenz zwischen Kaufpreis und Wert.

c) Zwischenergebnis

Es ergibt sich eine Differenz von 20.000 €, die vom Wert i. H. v. 100.000 € abgezogen werden muss. Mithin ist die Einlageforderung lediglich i. H. v. 80.000 € erloschen.

3. Ergebnis

Die Gesellschaft hat nach der Eintragung der Gesellschaft noch einen Einlageanspruch i. H. v. 20.000 € gegen A.

2. Abwandlung: Der Dienstleistungsvertrag

Anspruch der GmbH gegen A auf Leistung der Einlage i. H. v. 100.000 € aus dem Einlageversprechen im Gesellschaftsvertrag i. V. m. § 19 Abs. 1 GmbHG

Der Gesellschaft kann gegen A ein Anspruch auf Leistung der versprochenen Einlage aus dem Gesellschaftsvertrag zustehen.

1. Anspruch entstanden

Der Anspruch ist wirksam zustande gekommen.

---

[11] Goette/Habersack/*Winter*, Das MoMiG in Wissenschaft und Praxis, Kap. 2 Rn. 2.34 (S. 68).

[12] Goette/Habersack/*Winter*, Das MoMiG in Wissenschaft und Praxis, Kap. 2 Rn. 2.36 (S. 68).

[13] Goette/Habersack/*Winter*, Das MoMiG in Wissenschaft und Praxis, Kap. 2 Rn. 2.37 (S. 69).

2. Anspruch erloschen, § 362 BGB

a) Verdeckte Sacheinlage, § 19 Abs. 4 GmbHG
Fraglich ist wiederum, ob der Einlageleistung des A Erfüllungswirkung beizumessen ist oder ob es aufgrund des Vorliegens einer verdeckten Sacheinlage und der fehlenden Eintragung der GmbH nicht zur Tilgung der Einlageschuld kommt.

Als verdeckte Sacheinlage kommt hier die Erbringung der Werbe- und Internetleistungen aus dem Dienstvertrag zwischen A und der Gesellschaft in Betracht. Zum einen besteht ein enger zeitlicher und sachlicher Zusammenhang zwischen der Erfüllung der ursprünglichen Bareinlageverpflichtung und der Rückzahlung. Zum anderen liegt unstreitig auch eine diesbezügliche Absprache vor, sodass ein etwaiges subjektives Erfordernis erfüllt wäre.

Fraglich ist jedoch, ob die Dienstleistung des A Gegenstand einer verdeckten Sacheinlage sein kann. Dies können nach dem BGH nur sacheinlagefähige Leistungen sein.[14] Im vorliegenden Fall handelt es sich jedoch bei den nach dem Vertrag zu erbringenden Leistungen nicht um Sach-, sondern um Dienstleistungen.

Gem. § 27 Abs. 2 AktG können Verpflichtungen zu Dienstleistungen nicht Gegenstand von Sacheinlagen oder Sachübernahmen sein, was nach überwiegender Meinung im GmbH-Recht entsprechend gilt.[15] Der Grund dafür liegt darin, dass die Durchsetzung von Dienstleistungsverpflichtungen auf Schwierigkeiten stößt (vgl. §§ 887, 888 Abs. 3 ZPO) und sie deshalb als Einlagen nicht geeignet sind. Außerdem würde dem funktionellen Charakter der Einlagepflicht zur Bar- oder Sacheinlage nicht hinreichend Genüge getan, da der Einlageanspruch lediglich mit einer obligatorischen Forderung ausgetauscht würde, ohne dass es zu einem Zuwachs der Haftungssumme käme.

Daher hätte A den im wirtschaftlichen Ergebnis erstrebten Erfolg einer Sacheinlage nicht rechtmäßig unter Beachtung der dafür geltenden Vorschriften erreichen können. Das ist aber bei Dienstleistungen nicht der Fall. Die Rechtsordnung kann die dem Bareinlageschuldner nachteiligen Folgen des Rechts der verdeckten Sacheinlage nicht an die Nichteinhaltung eines Verfahrens knüpfen, das sie selbst für den betreffenden Vorgang nicht bereitstellt.

Mithin liegt keine verdeckte Sacheinlage im Sinne des § 19 Abs. 4 GmbHG vor, sodass die Bareinlage des A seine Einlageschuld in voller Höhe tilgt.

b) Hin- und Herzahlen, § 19 Abs. 5 GmbHG
In Betracht kommt, dass der Erfüllungswirkung die Vorschrift des § 19 Abs. 5 GmbHG entgegensteht, da die Dienstleistung des A keinen sacheinlagefähigen Gegenstand darstellt.

---

[14] BGHZ 165, 113, 116 f - NJW 2006, 509; BGHZ 165, 352, 356 = NJW 2006, 906; ebenso Wicke, § 19 Rn. 23; *Habersack*, in: FS Priester, 2007, S. 157, 163; im Ansatz auch *Bayer*, GmbHR 2004, 445, 451, 453.

[15] Vgl. Großkomm-GmbHG/*Ulmer/Casper*, § 5 Rn. 73 f.; Scholz/*Veil*, GmbHG, § 5 Rn. 51; *Habersack*, in: FS Priester, 2007, S. 157, 161 f.

Hinweis
Vor Inkrafttreten des MoMiG betrachteten Rechtsprechung[16] und Lehre[17] Fälle, bei denen der Einlagebetrag sogleich als Darlehen an den Gesellschafter oder an ihm nahestehende Personen zurückfloss, als einen Verstoß gegen den Grundsatz der realen Kapitalaufbringung. Es fehle insbesondere auch an der freien Verfügungsmöglichkeit der Geschäftsführer i. S. d. § 8 Abs. 2 GmbHG.[18] Rechtsfolge eines solchen unzulässigen „Hin- und Herzahlens" war demnach die Nichterfüllung der Einlagepflicht, ohne dass zusätzlich Bereicherungsansprüche bestanden, als seien zwischen dem zur Einlage verpflichteten Gesellschafter (Inferent) und der GmbH keine Zahlungen geflossen.[19] Mit der Regelung des § 19 Abs. 5 GmbHG hat der Gesetzgeber die Fallgruppe des „Hin- und Herzahlens" kodifiziert, allerdings in einer von der früheren Rechtsprechung abweichenden Weise.

Gem. § 19 Abs. 5 S. 1 GmbHG kommt einer Einlageleistung, bei der vorab eine Leistung an den Gesellschafter verabredet wurde, die wirtschaftlich einer Rückzahlung der Einlage entspricht und die nicht als verdeckte Sacheinlage im Sinne von Abs. 4 zu beurteilen ist, dann Erfüllungswirkung zu, wenn die Leistung durch einen vollwertigen Rückgewähranspruch gedeckt ist, der jederzeit fällig ist oder durch fristlose Kündigung seitens der Gesellschaft fällig gestellt werden kann.

Für den Eintritt der Erfüllungswirkung bedarf es zudem der Offenlegung im Handelsregister.[20] Dies geht aus § 19 Abs. 5 S. 2 GmbHG nicht eindeutig hervor, da dort lediglich die Pflicht zur Offenlegung statuiert wird, nicht aber eine Rechtsfolge bei Ausbleiben derselben. Richtigerweise ist es den Gesellschaftern aber zuzumuten, die Leistung bei der Anmeldung anzugeben, um die Erfüllungswirkung zu erzielen.

aa) Leistung der Bareinlage
Die Bareinlage wurde ordnungsgemäß an die Gesellschaft geleistet.

bb) Subsidiarität
Wie dargelegt, stellt die Verknüpfung der Einlageleistung mit der Dienstleistung keine Sacheinlage i. S. v. § 19 Abs. 4 GmbHG dar.

cc) Offenlegung
Es fehlt an einer Offenlegung im Handelsregister gem. § 19 Abs. 5 S. 2 i. V. m. S. 1 GmbHG.

---

[16] BGHZ 165, 113, 116 = NJW 2006, 509; BGHZ 165, 352, 355 f. = NJW 2006, 906.
[17] Ausf. *Bayer* GmbHR 2004, 445, 451.
[18] *Schröder*, Die Reform des GmbH-Rechts, S. 73.
[19] BGHZ 165, 113, 116 = NJW 2006, 509; BGHZ 165, 352, 355 f. = NJW 2006, 906; *Bayer* GmbHR 2004, 445, 452.
[20] BGH NJW 2009, 2375 Rn. 16.

dd) Absprache über Rückerhalt der Einlage

Zudem handelt es sich, da die Verpflichtung der Gesellschaft zur Zahlung für die Erbringung einer Dienstleistung des A im Voraus abgesprochen wurde, um eine Einlageleistung, bei der vor der Einlage eine Leistung an den Gesellschafter vereinbart worden ist.

ee) Wirtschaftliche Rückzahlung der Einlage

Fraglich ist, ob die Erfüllung der Zahlungsverpflichtung aus dem Dienstvertrag wirtschaftlich einer Rückzahlung der Einlage i. S. v. § 19 Abs. 5 GmbHG entspricht, sodass A im Ergebnis von seiner Einlagepflicht nicht frei geworden wäre.

Beim „Hin- und Herzahlen", das § 19 Abs. 5 GmbHG erfassen soll, handelt es sich um Fälle einer verdeckten Finanzierung der Einlagemittel durch die GmbH.[21]

Vorliegend fand indessen weder eine verdeckte Finanzierung noch ein bloßer Austausch der Einlageforderung gegen eine andere schuldrechtliche Forderung der GmbH statt. Die Lage ist nicht anders als für den Fall zu beurteilen, bei dem ein Gesellschafter-Geschäftsführer Inferent ist. Diesem kann es nicht verwehrt sein, ein Gehalt für seine Tätigkeit zu vereinbaren und zu beziehen, auch wenn dies in zeitlichem Zusammenhang mit der Einlageleistung geschieht. Soweit er oder ein sonstiger Inferent die Einlagemittel nicht für seine Zwecke „reserviert", sondern in den Geldkreislauf der Gesellschaft einspeist, ist das – ohnehin nur für den Betrag der Mindesteinzahlung gem. §§ 7 Abs. 2, 56a GmbHG geltende – Erfordernis einer Einzahlung zu „endgültig freier Verfügung der Geschäftsführer" (§§ 8 Abs. 2, 57 Abs. 2 GmbHG) nicht berührt. Dieses Erfordernis ist vielmehr erfüllt, sobald die Leistung aus dem Vermögen des Inferenten ausgeschieden und der GmbH derart zugeflossen ist, dass sie uneingeschränkt für Gesellschaftszwecke verwendet werden kann. Zu Zwecken der GmbH werden Einlagemittel auch dann verwendet, wenn sie ihr erbrachte Dienstleistungen eines Gesellschafters bezahlt, die sie ansonsten anderweitig hätte einkaufen müssen.

Mithin liegt keine Rückzahlung der Einlage i. S. v. § 19 Abs. 5 GmbHG vor.

ff) Zwischenergebnis

Dem Erlöschen des Einlageanspruchs steht § 19 Abs. 5 GmbHG nicht entgegen.

3. Ergebnis

Es besteht kein Einlageanspruch gegen A.

---

[21] BGH NJW 2009, 2375 Rn. 16.

Luftfracht-GmbH in Turbulenzen

6.1 Sachverhalt

Die M-GbR besteht aus den beiden Gesellschaftern A und B, die jeweils zu 50 % Gesellschafter sind. A und B haben sich mit der Investitions-GbR im Jahr 2019 vorgenommen, unternehmerisch tätig zu werden. Seit her sind sie sich aber uneinig, wie ihr Business-Plan genau aussehen und wie mit der Aufnahme weiterer Gesellschafter umgegangen werden soll. Die Geschäfte sollten daher zunächst noch nicht aufgenommen werden. Gleichwohl sind sie auf die C-Luftfracht-GmbH aufmerksam geworden, die ihnen als ein geeignetes Investment erscheint. Daher wenden sie sich unter dem Namen der Investitions-GbR an G und M, die jeweils zu 50 % an der im Jahr 2020 gegründeten C-Luftfracht-GmbH beteiligt sind, und teilen ihnen das Beteiligungsinteresse der Investitions-GbR mit. Das passt G und M sehr gut, da M ohnehin seit längerem plant, aus der Gesellschaft auszuscheiden. Wie geplant, so geschehen: Die Parteien einigen sich schnell und die Investitions-GbR erwirbt den Anteil des M.

Anschließend überlässt G der C-Luftfracht-GmbH zum 1. Mai ein von dieser dringend benötigtes Grundstück mit Aufbauten mietweise für 5 Jahre. Zu diesem Zeitpunkt wäre der GmbH aufgrund ihrer finanziellen Situation die Anmietung eines solchen Grundstücks von Dritten nicht möglich gewesen.

G selbst hat (als Geschäftsführer) auf die Einforderung der Miete wegen der schlechten finanziellen Situation der Gesellschaft mit Ausnahme der Monate Mai und Juni, in denen er selbst dringend Geld brauchte, stets verzichtet.

Im April des Folgejahres stellt G wegen drohender Zahlungsunfähigkeit der C-Luftfracht-GmbH beim zuständigen Amtsgericht Insolvenzantrag. Das Insolvenzverfahren wird daraufhin eröffnet. Er fordert nun vom Insolvenzverwalter I die restliche Miete für dieses und das davorliegende Jahr. Außerdem verlangt er das Grundstück heraus.

I lehnt beides ab. Er fordert seinerseits von B die Rückerstattung der Miete für die Monate Mai und Juni; zudem will I das Grundstück zugunsten der Masse

veräußern. Er meint, zumindest habe die Gesellschaft Anspruch auf (mietfreie) Nutzungsüberlassung bis zum Ende der Laufzeit. Auch bezweifle er, dass die Investitions-GbR Gesellschafter der C-Luftfracht-GmbH geworden ist.
Wie ist die Rechtslage?

6.2 Lösungshinweise

I. Anspruch des G auf Zahlung der vereinbarten Miete aus dem Mietvertrag, vgl. § 535 Abs. 2 BGB

G hat gegen die C-Luftfracht-GmbH (im Folgenden: GmbH) einen Anspruch auf Zahlung der ausstehenden Miete für dieses und das Vorjahr, wenn zwischen ihm und der GmbH ein wirksamer Mietvertrag besteht und die Geltendmachung der Forderung nicht durch einen Auszahlungsnachrang gehindert ist.

1. Wirksamer Beitritt der Investitions-GbR

Zunächst ist fraglich, ob die Investitions-GbR wirksamer Gesellschafter der C-Luftfracht-GmbH geworden ist. Grundsätzlich kann jede rechtsfähige natürliche oder juristische Person einer GmbH als Gesellschafterin beitreten. Das gilt auch für die rechtsfähige GbR.[1] Dafür müsste die Investitions-GbR eine rechtsfähige GbR sein.

Dies richtet sich nach § 705 Abs. 2 BGB, wonach Rechtsfähigkeit anzunehmen ist, wenn die Gesellschaft nach dem gemeinsamen Willen der Gesellschafter am Rechtsverkehr teilnehmen soll. Das Vorliegen dieses Willens ist vorliegend nicht unproblematisch. Nach dem Sachverhalt waren sich die Gesellschafter A und B noch nicht über gewisse grundlegende Fragen der Investitions-GbR einig. Daher sollten die Geschäfte noch nicht aufgenommen werden. Daraus lässt sich gem. §§ 133, 157 BGB schließen, dass die Investitions-GbR noch nicht am Rechtsverkehr teilnehmen sollte. Dann würde es sich aber lediglich gem. § 705 Abs. 2 Var. 2 BGB um eine nicht rechtsfähige GbR handeln, die nicht Gesellschafter einer GmbH werden kann.

Indes könnte sich Gegenteiliges daraus ergeben, dass die Investitions-GbR mit dem Anteilserwerbsangebot nach außen hin aufgetreten ist. So regelt § 705 Abs. 3 BGB, dass der gemeinsame Wille zur Teilnahme am Rechtsverkehr vermutet wird, wenn der Gegenstand der Gesellschaft der Betrieb eines Unternehmens unter gemeinschaftlichen Namen ist. Davon kann vorliegend ausgegangen werden, da die Investitions-GbR als Erwerberin an die Gesellschafter der C-Luftfracht-GmbH herangetreten ist und sich als Investorin ausgegeben hat. Da der Wille des A und B zu diesem Zeitpunkt nicht ermittelbar ist und auch sonst die Vermutung nicht widerlegt sein dürfte, kann davon ausgegangen werden, dass die Investitions-GbR mit dem Erwerbsinteresse als rechtsfähig mit allen Rechten und Pflichten geworden ist.

---
[1] Altmeppen, GmbHG, § 1 Rn. 34.

Folglich ist die Investitions-GbR wirksame Gesellschafterin der C-Luftfracht-GmbH geworden, die nun aus G und der Investitions-GbR mit Anteilen von je 50 % besteht.

> **Hinweis**
> Der Beitritt der Investitions-GbR ist für den Anspruch des B gegen die GmbH an sich nicht entscheidungserheblich. Da der Sachverhalt aber die diesbezüglichen Bedenken des I ausdrücklich anspricht, ist die Gesellschafterstellung kurz abzuhandeln. Insofern sind die Ausführungen hier aus didaktischen Gründen etwas ausführlicher gehalten.

2. Mietvertrag zwischen GmbH und G
Zwischen der GmbH und G besteht ein Mietvertrag über das Betriebsgrundstück. Der sich daraus ergebende Anspruch auf Zahlung der Miete ist auch fällig.

3. Nachrangigkeit der Mietforderung
G kann seine Forderung möglicherweise dann nicht geltend machen, wenn sie als nachrangig i. S. v. § 39 InsO einzuordnen ist.

Nachrangigkeit ist einerseits gem. § 39 Nr. 5 InsO dann anzunehmen, wenn es sich um eine Forderung handelt, die auf Rückgewähr eines Gesellschafterdarlehens gerichtet ist oder um eine Forderung aus einer Rechtshandlung, die einem solchen Darlehen wirtschaftlich entspricht. Andererseits könnte in der Überlassung auch ein Fall des § 39 Nr. 4 InsO, also eine unentgeltliche Leistung des Gesellschafters nach § 134 InsO, zu sehen sein. Dies ist umstritten.

Nach einer Ansicht spricht für die Unentgeltlichkeit, dass aufgrund des eigenkapitalersetzenden Charakters ein Rangrücktritt vorliege, der zur Wertlosigkeit führe.[2] Nach einer anderen Ansicht ist das Stehenlassen unter § 39 Nr. 5 InsO einzuordnen, da wirtschaftlich betrachtet eine gestundete Forderung eine Darlehensgewährung darstelle.[3]

Allerdings steht sowohl der Einordnung unter § 39 Nr. 5 InsO als auch derjenigen unter § 39 Nr. 4 InsO der Sinn und Zweck von § 135 Abs. 3 InsO entgegen. Zwar muss demnach der Gesellschafter, der der Gesellschaft einen Gegenstand zur Nutzung überlassen hat, diesen ggf. während des Insolvenzverfahrens bis zur Dauer von einem Jahr der Gesellschaft belassen. Allerdings hat er einen Anspruch auf einen angemessenen Ausgleich gem. § 135 Abs. 3 S. 2 InsO, den er auch nicht nachrangig geltend machen muss, sondern der vielmehr eine Masseverbindlichkeit gem. § 53 InsO darstellt. Wenn der Gesellschafter aber selbst nach Eröffnung des Insolvenzverfahrens einen solchen vollwertigen Anspruch hat, so wäre es widersinnig, denselben Anspruch aus einem Zeitraum vor Insolvenzeröffnung als nachrangig i. S. v. § 39 Nr. 4, 5 InsO anzusehen.

---
[2] So BGH NJW-RR 2009, 1563 ff. (zum alten Recht).
[3] *Gehrlein*, BB 2008, 846, 850; *Habersack*, ZIP 2007, 2145.

> **Hinweis**
> Hier dürfte auch eine andere Ansicht vertretbar sein. Sinn und Zweck des § 135 Abs. 3 InsO ist es, durch die Nutzungsüberlassung der Schuldnerin das weitere Wirtschaften zu ermöglichen. Die Entgeltpflicht dient als Ausgleich für den Gesellschafter, der nicht über Gebühr beansprucht werden soll. Darauf aufbauend lässt sich hier vertreten, dass es bei der Miete für Mai und Juni um die Gewährung von Liquidität als darlehensähnlichen Vorgang geht, was von der Nutzungsüberlassung und dem damit einhergehenden Ausgleich abzugrenzen wäre. Die Finanzierungsentscheidung in der drohenden Insolvenz ruft unter diesem Blickwinkel die Finanzierungsfolgenverantwortung des Gesellschafters aufgrund des Gefahrenpotenzials für die Gläubiger hervor.

4. Ergebnis
Demnach fallen nach vorzugswürdiger Ansicht gestundete Forderungen aus Nutzungsüberlassung nicht unter § 39 Nr. 4, 5 InsO.[4] Mithin besteht ein Anspruch auf Zahlung der ausgebliebenen Miete.

II. Anspruch des G auf Rückgabe des Grundstücks

1. Anspruch aus § 546 Abs. 1 BGB
Für einen Anspruch aus § 546 Abs. 1 BGB müsste das Mietverhältnis durch Kündigung seitens des G beendet worden sein. Das ist nicht ersichtlich. Zudem hat G wegen der vor Einleitung des Insolvenzverfahrens aufgelaufenen Mietrückstände ohnehin kein Kündigungsrecht nach § 543 Abs. 2 S. 1 Nr. 3, S. 2 BGB (vgl. § 112 Nr. 1 InsO). Mithin besteht kein vertraglicher Rückgabeanspruch nach § 546 Abs. 1 BGB.

2. Anspruch aus § 985 BGB
Möglicherweise steht dem G ein Herausgabeanspruch aus § 985 BGB zu.

a) B als Eigentümer
G war ursprünglich Eigentümer (§§ 903, 1006 BGB). Eine rechtsgeschäftliche Übertragung des Eigentums auf die GmbH gem. §§ 925 S. 1, 873 BGB hat nicht stattgefunden.

b) Gesellschaft als Besitzer
Die Gesellschaft übt mittels ihrer Organe die tatsächliche Sachherrschaft über das Grundstück aus, § 854 BGB.

---
[4] S. auch *K. Schmidt*, DB 2008, 1727; *Heckschen*, Das MoMiG in der notariellen Praxis, 2009, Rn. 721; a. A. *Poepping*, BKR 2009, 150, 152; *Gehrlein*, BB 2008, 846.

c) Kein Recht zum Besitz
Der GmbH steht aber gem. § 986 Abs. 1 S. 1 Fall 1 BGB ein Recht zum Besitz zu. Es besteht weiterhin ein gültiger Mietvertrag zwischen der GmbH und G (s. o.).

> **Hinweis**
> Zu einem anderen Ergebnis gelangt man, wenn die Erklärungen des I gem. § 109 Abs. 1 InsO als Kündigungserklärung von Seiten der GmbH ausgelegt werden (was nicht im Interesse der Gesellschaft läge, die das Grundstück ja gerade weiter benutzen will). Dann stünde aber der Gesellschaft für ein Jahr gem. § 135 Abs. 3 InsO ein Nutzungsrecht als Behaltensgrund zu (s. dazu noch der Hinweis sogleich).

d) Ergebnis
G kann nicht gem. § 985 BGB die Herausgabe des Grundstücks verlangen.

> **Hinweis**
> Würde der Mietvertrag kurz nach Eröffnung des Insolvenzverfahrens auslaufen, so hätte G zwar grundsätzlich einen Herausgabeanspruch gegen die Gesellschaft. Allerdings stünde dem wohl § 135 Abs. 3 InsO entgegen. Danach kann der Aussonderungsanspruch während der Dauer des Insolvenzverfahrens, höchstens aber für eine Zeit von einem Jahr ab der Eröffnung des Insolvenzverfahrens nicht geltend gemacht werden, wenn der Gegenstand für die Fortführung des Unternehmens des Schuldners von erheblicher Bedeutung ist. Für die Zeit bis zur Herausgabe würde G aber einen Ausgleich erhalten.

III. Anspruch des I gegen G aus §§ 143 Abs. 1, 135 Abs. 1 Nr. 2, 129, 39 Abs. 1 Nr. 5 InsO auf Rückzahlung der Miete für die Monate Mai und Juni

Möglicherweise steht dem I ein Anspruch gegen G auf Rückzahlung der geleisteten Mieten für die Monate Mai und Juni in die Insolvenzmasse zu. Als Grundlage kommt der insolvenzrechtliche Rückgewähranspruch nach §§ 143 Abs. 1, 135 Abs. 1 Nr. 2, 129, 39 Abs. 1 Nr. 5 InsO in Betracht.

1. Aktivlegitimation
I müsste als Insolvenzverwalter zunächst zur Geltendmachung des Anspruches berechtigt sein. Der Insolvenzverwalter ist gem. § 80 Abs. 1 InsO Partei kraft Amtes. Er macht die Ansprüche der Schuldnerin im eigenen Namen zu Gunsten der Insolvenzmasse geltend. Damit kann I die Ansprüche der GmbH geltend machen.

2. Anfechtungsbefugnis/Geltendmachung des Anfechtungsrechts
Als Insolvenzverwalter ist I gem. § 129 Abs. 1 InsO anfechtungsbefugt. Er hat ein der GmbH zustehendes Anfechtungsrecht auf prozessualem Wege, also insbesondere durch Klage, geltend zu machen. Anfechtungsgegner ist der Empfänger der anfechtbaren Leistung, hier also B.

3. Anfechtungsgrund
Ferner müsste die Mietzahlung für die Monate Mai und Juni eine anfechtbare Rechtshandlung gem. § 135 Abs. 1 Nr. 2 InsO sein. Die Zahlung erfolgte hier an den Gläubiger und Gesellschafter B innerhalb der Jahresfrist (vgl. § 139 Abs. 1 S. 1 InsO zur Fristberechnung).

Des Weiteren müsste die Mietzahlung eine Rechtshandlung darstellen, die für die Forderung eines Gesellschafters auf Rückgewähr eines Darlehens im Sinne des § 39 Abs. 1 Nr. 5 InsO oder für eine gleichgestellte Forderung Befriedigung gewährt hat. Dies ist, wie bereits dargelegt, zu verneinen. Im Übrigen verneinen selbst diejenigen, die eine Anwendbarkeit von § 39 Abs. 1 Nr. 5 InsO auf gestundete Ansprüche aus Nutzungsüberlassung bejahen, eine Anfechtbarkeit nach § 135 Abs. 1 Nr. 2 InsO.[5]

Mithin liegt kein Anfechtungsgrund vor.

c) Ergebnis
Es besteht kein Anspruch auf Rückzahlung der für die Monate Mai und Juni gezahlten Miete nach neuem Recht.

> **Hinweis**
> § 145 InsO nimmt auch die Rechtsnachfolger in die Pflicht; für nahestehende Dritte (verbundene Unternehmen) vgl. § 138 InsO.

---

[5] *Poepping*, BKR 2009, 150, 152; *Gehrlein*, BB 2008, 846.

Maschinenbau-GmbH in Nöten 7

7.1 Sachverhalt

Die 2018 gegründete D-GmbH fertigt Abfüllanlagen für die Verpackungsindustrie. Das Stammkapital von 1 Mio. € wird von den Gesellschaftern A und B zu je 40 % und von C zu 20 % gehalten, wobei A und B ihre Einlagen bei Gründung voll leisten, während C nur die Hälfte seiner Einlage erbringt. Einziger – und von den Beschränkungen des § 181 BGB befreiter – Geschäftsführer ist C.

In jüngerer Zeit laufen die Geschäfte schlecht. Ab Juli 2020 ist das Netto-Aktivvermögen der Gesellschaft, was die Gesellschafter grob fahrlässig verkannt haben, unter die Stammkapitalzahl gesunken. Gleichwohl beschließen die Gesellschafter Anfang 2021 eine Ausschüttung in Höhe von je 50.000 € für A und B und 25.000 € für C, die sie unmittelbar nach der Beschlussfassung durchführen.

Während des Jahres 2021 verschlechtert sich die Ertragslage der Gesellschaft weiter. Als im April 2021 ein Hauptabnehmer der D-GmbH, die X-AG, Insolvenz anmeldet und damit eine bislang in voller Höhe (500.000 €) aktivierte Forderung der D-GmbH gegen die X-AG als uneinbringlich abgeschrieben werden muss, droht der D-GmbH neben der Überschuldung aufgrund der ausbleibenden Gegenleistung auch die Zahlungsunfähigkeit.

Da von den Banken keine weiteren Kredite mehr zu erhalten sind, gewährt A der D-GmbH Ende April 2021 ein taglich kundbares, zinsloses Darlehen in Höhe von 400.000 €. Die Zahlungsunfähigkeit ist damit abgewendet. Gleichzeitig beschließen die Gesellschafter, da sie jetzt die durch den Wegfall der Forderung gegen die X-AG noch verschlimmerte bilanzielle Schieflage erkannt haben, eine Reihe von Sparmaßnahmen, darunter den Verkauf der unternehmenseigenen Pkw, um die Sanierung der D-GmbH in die Wege zu leiten. Einer der Pkw (Zeitwert im Mai 2021: 30.000 €; Buchwert: 20.000 €) wird allerdings mit Billigung der Mitgesellschafter Anfang Mai 2021 zum symbolischen Preis von 1 € an B verkauft und übereignet. Den Kaufpreis zahlt B sofort.

Ab März 2022 ist eine dauerhafte Erholung der Nachfrage zu verzeichnen, sodass die D-GmbH während des restlichen Jahres 2022 gute Geschäfte macht. Auch die drohende Überschuldung wird dadurch ausgeräumt. Bereits im Februar 2023 entspricht das auch weiterhin steigende Nettoaktivvermögen der Gesellschaft erstmals seit Juli 2022 wieder dem Stammkapital.

Gleichzeitig beschließen die Gesellschafter im Mai 2023 mehrheitlich, nunmehr auch von C die Erfüllung der Resteinlageverpflichtung zu verlangen. Dieser erklärt daraufhin namens der GmbH sich selbst gegenüber die Aufrechnung mit einer ihm unstreitig zustehenden Forderung aus Umsatzgeschäften mit der GmbH nach Gründung in Höhe von 100.000 €.

Durch diese Vorgänge im Gesellschafterkreis beunruhigt, überlegt die kreditgebende Hausbank der D-GmbH im Juni 2023, ob aus den geschilderten Vorgängen gegebenenfalls Ansprüche der D-GmbH gegen A, B und C gepfändet und überwiesen werden können. Sie will deshalb wissen, ob solche Ansprüche überhaupt entstanden sind. Insbesondere meint sie, dass B den Pkw zurückgeben müsse.

A, B und C meinen, dass ihnen gegenüber keine Ansprüche bestehen. Darüber hinaus erklärt A ordnungsgemäß die Kündigung des der Gesellschaft im April 2021 gewährten Darlehens (das zurückgezahlt werden könnte, ohne dass das Vermögen unter die Stammkapitalzahl sinkt) und rechnet hilfsweise gegenüber eventuellen Zahlungsansprüchen der D-GmbH auf. Überdies erklärt B, dass er keinesfalls das Auto zurückgeben, sondern nur die Wertdifferenz zahlen wolle.

Bestehen Ansprüche der D-GmbH gegen ihre Gesellschafter?

7.2 Lösungshinweise

Überblick zur zeitlichen Entwicklung
Für eine rechtlich zutreffende Begutachtung ist es Grundvoraussetzung, die Geschehnisse vollumfänglich und zutreffend zu erfassen. Das erfordert bei längeren Sachverhalten mit mehreren zeitlichen Vorgängen besondere Sorgfalt. Hier kann es tunlich sein, eine Tabelle oder einen Zeitstrahl zu fertigen, um sich einen Überblick zu verschaffen und diesen zu behalten.

Juli 2020	Nettoaktivvermögen sinkt unter die Stammkapitalzahl
Anfang 2021	Ausschüttung an die Gesellschafter entsprechend ihrer Kapitalbeteiligung
April 2021	Darlehensgewährung an die GmbH durch A
Mai 2021	Verkauf des Pkw an B
Februar 2023	Nettoaktivvermögen entspricht wieder der Stammkapitalzahl
Mai 2023	Einforderung der Resteinlage und Aufrechnung durch C
Juni 2023	Kündigung des Darlehens durch A und Aufrechnungserklärung

> **Hinweis**
> Die Hausbank kann die Ansprüche der GmbH gegen ihre Gesellschafter zur Befriedigung ihrer eigenen Ansprüche aus § 488 Abs. 1 S. 2 BGB nach §§ 829, 835 ZPO pfänden und sich überweisen lassen, wenn der Gesellschaft solche Ansprüche zustehen.

I. Ansprüche der D-GmbH gegen A, B und C in Bezug auf die Ausschüttung Anfang 2021

1. Anspruch der D-GmbH gegen A auf Rückzahlung von 50.000 € aus § 31 Abs. 1 i. V. m. § 30 Abs. 1 GmbHG

Ein Anspruch der GmbH auf Rückzahlung von 50.000 € gegen A kann sich aus § 31 Abs. 1 i. V. m. § 30 Abs. 1 GmbHG ergeben.

a) Voraussetzungen
Voraussetzung für den Anspruch ist ein Verstoß gegen den Kapitalerhaltungsgrundsatz gem. § 30 Abs. 1 GmbHG. Nach dieser Vorschrift darf das zur Erhaltung des Stammkapitals erforderliche Vermögen nicht an die Gesellschafter ausgezahlt werden.

aa) Beeinträchtigung des Stammkapitals
Bereits im Juli 2020 deckte das Vermögen der D-GmbH nicht mehr das Stammkapital. Die an A als Gesellschafter ausgeschütteten 50.000 € waren damit zur Erhaltung des Stammkapitals erforderlich (§ 31 Abs. 1 GmbHG). Eine Ausnahme nach § 30 Abs. 1 S. 2 GmbHG ist offensichtlich nicht erfüllt.

bb) Gutgläubigkeit des Empfängers
Der Anspruch der GmbH kann durch § 31 Abs. 2 GmbHG auf das zur Befriedigung der Gläubiger Erforderliche begrenzt sein. Dazu muss A beim Empfang der Ausschüttung in gutem Glauben gewesen sein. Maßstab für die Gutgläubigkeit ist § 932 Abs. 2 BGB.

A war bösgläubig, wenn ihm bekannt oder aufgrund von grober Fahrlässigkeit unbekannt war, dass durch die Auszahlung das Vermögen der Gesellschaft unter die Stammkapitalzahl sank. A erkannte zum Zeitpunkt der Zahlung zwar nicht, dass das Vermögen der GmbH unter ihre Stammkapitalzahl sank. Dies beruhte aber auf einer grob fahrlässigen Unkenntnis der finanziellen Situation der Gesellschaft. Mithin war A bösgläubig und eine Begrenzung des Anspruchs aus § 31 Abs. 2 GmbHG erfolgt nicht.

cc) Rechtfertigung durch Gesellschafterbeschluss
Fraglich ist, ob der Anfang 2021 gefasste Beschluss die Ausschüttung an A rechtfertigen kann. Der Gesellschafterbeschluss ist kein Ergebnisverwendungsbeschluss i. S. v. §§ 29 Abs. 1, 3, 46 Nr. 1 GmbHG (dafür gibt § 29 Abs. 1 S. 1 Var. 1 i. V. m.

§ 30 Abs. 1 GmbHG einen ersten Hinweis), denn ein verteilungsfähiger Gewinn liegt nicht vor. Aber auch abgesehen hiervon kann der (Ausschüttungs-)Beschluss dann keine rechtfertigende Wirkung entfalten, wenn er sich als nichtig erweist.

Die Nichtigkeit von Beschlüssen der Gesellschafterversammlung einer GmbH ist in vorsichtiger Anlehnung an das Aktienrecht zu bestimmen.[1] Ausgangspunkt ist daher grundsätzlich § 241 AktG, der mit den erforderlichen Anpassungen analog auf das GmbH-Recht anwendbar ist. Auf eine Nichtigkeit des Gesellschafterbeschlusses gem. § 241 Nr. 3 AktG kommt es hier jedoch nicht an, wenn er gegen die §§ 30, 31 GmbHG verstößt und dies zur Nichtigkeit führt.

Da der Ausschüttungsbeschluss gegen jene Normen verstößt und es sich um zwingende gläubigerschützende Vorschriften handelt, ist er nichtig.[2] Auf die innere Motivation der Gesellschafter kommt es dabei nicht an. Die grob fahrlässige Verkennung der Unterbilanz steht der Nichtigkeit des Beschlusses daher nicht entgegen.

Ein nichtiger Beschluss kann keine Rechtfertigung für eine entgegen § 30 Abs. 1 GmbHG vorgenommene Ausschüttung bilden.

Folglich ist die Zahlung an A auch nicht durch den Anfang 2021 gefassten Beschluss gerechtfertigt.

dd) Zwischenergebnis
Ein Anspruch der GmbH gegen A auf Rückzahlung aus § 31 Abs. 1 GmbHG ist entstanden. A musste daher – jedenfalls solange die Unterbilanz fortbestand – die an ihn ausgeschütteten 50.000 € zurückzahlen, soweit das erforderlich war, um das Stammkapital wieder „aufzufüllen".[3]

b) Fortfall des Anspruches durch Auffüllung des Stammkapitals
Der Anspruch ist möglicherweise fortgefallen, als das zur Deckung des Stammkapitals erforderliche Vermögen im Februar 2023 anderweitig wieder aufgefüllt werden konnte.

Dafür spricht, dass das von den §§ 30, 31 GmbHG geschützte Gläubigerinteresse an der Erhaltung der Haftungsmasse mit der Wertaufholung befriedigt ist.[4] Dem kann nicht entgegengehalten werden, die Gesellschafter könnten sich ohnehin über Weisungen an ihre Geschäftsführer entsprechender Bilanzierungs- und Bewertungspolitik bedienen, um eine wertmäßige Aufholung des durch §§ 30, 31 GmbHG geschützten Stammkapitals zu erreichen. Vielmehr können die Geschäftsführer im Rahmen des Erlaubten Wahlrechte in der Bilanz ausüben.

---

[1] BGHZ 51, 209, 210 f. = WM 1969, 176; BGHZ 134, 364, 365 = NJW 1997, 1510.
[2] Vgl. Noack/Servatius/Haas/*Noack*, GmbHG, Anh. § 47 Rn. 53; *K. Schmidt*, GesR, § 37 III 1 f (S. 1137), s. aber auch § 36 III 4 c bb (S. 1105); restriktiver Rowedder/Pentz/*Pentz*, GmbHG, § 30 Rn. 52; ähnlich Noack/Servatius/Haas/*Kersting*, GmbHG, § 29 Rn. 72; s. a. *Emde*, ZIP 2000, 59, 63: „Evidenz"; *Geißler*, GmbHR 2003, 394, 398.
[3] Vgl. BGHZ 81, 252, 259 = NJW 1981, 2570. Der Anspruch gegen den Zahlungsempfänger ist also nicht auf den Betrag der Stammeinlage beschränkt.
[4] In diesem Sinne noch die frühere (Zweckerreichungs-)Rechtsprechung; s. nur BGH NJW 1988, 139, 140 (Elektroplan).

Andererseits ergibt sich aus dem Wortlaut des § 31 Abs. 1 GmbHG nicht, dass der Erstattungsanspruch vom Fortbestand der Unterbilanz abhängig sein soll. Anspruchsvoraussetzung ist danach ausschließlich die Verletzung des § 30 Abs. 1 GmbHG im Zeitpunkt der Auszahlung.

Auch der Zweck der Norm spricht gegen einen automatischen Fortfall des Rückzahlungsanspruchs: Der Anspruch aus § 31 Abs. 1 GmbHG dient der Wiederaufbringung des durch die verbotene Auszahlung verletzten Stammkapitals. Er ist deshalb funktional mit dem Einlageanspruch der Gesellschaft zu vergleichen. Auch für diesen Anspruch spielt es aber wegen des Grundsatzes der realen Kapitalaufbringung keine Rolle, ob das Stammkapital der Gesellschaft möglicherweise bereits auf andere Weise gedeckt ist.[5]

Zudem würde eine Abhängigkeit der Erstattungsforderung vom Fortbestand der Unterbilanz faktisch eine Verwertung jener Forderung unmöglich machen. Der Erstattungsschuldner könnte dem Erwerber der Forderung in diesem Falle entgegenhalten, dass sie inzwischen aufgrund der Zahlung des Veräußerungsentgelts oder der Tilgung der Gesellschaftsverbindlichkeit als Gegenleistung für die Übertragung der Forderung – und einer damit verbundenen Wiederauffüllung des Stammkapitals – erloschen sei. Die Gesellschaft wäre dann zur Rückzahlung des erhaltenen Entgelts an den Forderungserwerber verpflichtet, sodass das Stammkapital wieder angegriffen wäre. Dies wäre wirtschaftlich sinnlos.[6] Die Auffüllung des zur Deckung des Stammkapitals erforderlichen Vermögens hat den Anspruch der GmbH gegen A daher nicht zum Erlöschen gebracht.

Hinweis
Bei entsprechender Argumentation ist auch die Gegenmeinung gut vertretbar.[7] Das Problem sollte aber diskutiert werden.

c) Erlöschen des Anspruchs gem. § 389 BGB
Möglicherweise ist der Anspruch der GmbH durch Aufrechnung gem. § 389 BGB erloschen. Dem steht auch § 388 S. 2 BGB nicht entgegen, auch wenn die Aufrechnung nur hilfsweise erklärt wurde. Damit wurde die Aufrechnung nämlich nur von einer (zulässigen) Rechtsbedingung abhängig gemacht.

aa) Aufrechnungslage
Eine Aufrechnungslage besteht. A und die GmbH haben einen Darlehensvertrag geschlossen. Das Darlehen wurde valutiert; die Rückzahlung ist mit ordnungsgemäßer Kündigung fällig. Folglich besteht ein Anspruch des A gegen die D-GmbH auf

---
[5] BGHZ 144, 336, 342 = NJW 2000, 2577 (Balsam/Procedo II); s. auch BGHZ 193, 96 Rn. 28 = ZIP 2012, 1071.
[6] BGHZ 144, 336, 342 f. = NJW 2000, 2577 (Balsam/Procedo II); vgl. auch BGHZ 144, 336 = NZG 2000, 883 (Balsam/Procedo I); NZG 2000, 888 (Balsam/Procedo III).
[7] Vgl. dazu *Wagner/Spernac-Wolfer*, NZG 2001, 9 ff.; *Altmeppen*, NZG 2000, 887 f.; *Servatius*, GmbHR 2000, 1028 ff.

Rückzahlung der Valuta i. H. v. 400.000 € aus dem Darlehensvertrag, vgl. § 488 Abs. 1 S. 2 BGB. Einreden hat die D-GmbH nicht.

> **Hinweis**
> Insbesondere spielt es (nach Abschaffung des § 32a a. F. und Schaffung des § 30 Abs. 1 S. 3 GmbHG) keine Rolle mehr, dass das Darlehen ursprünglich eigenkapitalersetzenden Charakter hatte.

bb) Aufrechnungsverbot

Der Aufrechnung kann allerdings ein Aufrechnungsverbot entgegenstehen. In Betracht kommt hier § 19 Abs. 2 S. 2 GmbHG in entsprechender Anwendung.

Für eine solche Analogie lässt sich der enge funktionale Zusammenhang der Vorschriften über die Kapitalaufbringung mit den Regeln über den Eigenkapitalersatz (s. o.) anführen. § 31 Abs. 4 GmbHG enthält zwar eine eigenständige Regelung hinsichtlich des Erlasses eines Anspruchs aus §§ 31 Abs. 1, 30 GmbHG, ohne dass darüber hinaus ein Aufrechnungsverbot angeordnet wird.[8] Diesen Unterschied zu § 19 Abs. 2 GmbHG könnte man allerdings auch als bloß redaktionelles Versehen betrachten und die Analogie daher zulassen.[9]

Gegen eine entsprechende Anwendung des § 19 Abs. 2 S. 2 GmbHG spricht indessen der Zweck dieser Vorschrift. Es besteht Einigkeit darüber, dass eine Aufrechnung *seitens der GmbH* erfolgen kann, wenn die Gegenforderung des Gesellschafters vollwertig, fällig und liquide ist. Dies gilt nach § 19 Abs. 2 S. 2 GmbHG aber nicht für den umgekehrten Fall, nämlich denjenigen einer Aufrechnung durch den Gesellschafter. Hintergrund dieser Regelung ist die Vorstellung, dass der Wegfall einer fälligen und liquiden Verbindlichkeit für die GmbH auch dann nicht der Aufbringung von Barkapital gleichkommt, wenn die Gesellschaft solvent, die Gegenforderung des Gesellschafters also vollwertig ist. Das Aufrechnungsverbot steht insoweit in engem Zusammenhang mit der Formstrenge bei der Sachgründung, vgl. § 19 Abs. 5 GmbHG. Dieser Gedanke hat aber im Rahmen der Kapital*erhaltung* keinen Platz und kann bei einem Anspruch aus §§ 30 Abs. 1, 31 Abs. 1 GmbHG mithin keine Anwendung finden.[10] Zudem ist zu beachten, dass die §§ 30, 31 GmbHG keinen Anspruch auf eine bestimmte gegenständliche Zusammensetzung des das Stammkapital deckenden Vermögens geben sollen. Insoweit bleibt es der Privatautonomie der Parteien (Gesellschafter und GmbH) überlassen, wie sie das Stammkapital auffüllen, solange dies nur durch „volles Entgelt",[11] d. h. im wirtschaftlichen Sinn durch Wertausgleich in Höhe der Unterdeckung, geschieht. Ein Aufrechnungsverbot besteht bei einem Anspruch aus § 31 GmbHG somit gerade nicht. Für eine entsprechende Anwendung des § 19 Abs. 2 S. 2 GmbHG ist mithin kein Raum.

---

[8] Vgl. Noack/Servatius/Haas/*Servatius*, GmbHG, § 31 Rn. 26; Altmeppen, GmbHG, § 31 Rn. 31.
[9] BGHZ 146, 105, 107 f. = NJW 2001, 830 (unter Aufgabe der vorherigen Rspr.; gegen Analogie noch BGHZ 69, 274, 282 = NJW 1978, 160); Lutter/Hommelhoff/*Hommelhoff*, GmbHG, § 31 Rn. 27 ff.; *Ulmer*, in: FS 100 Jahre GmbHG (1992), S. 363, 380 ff.
[10] Vgl. Altmeppen, GmbHG, § 31 Rn. 32.
[11] BGHZ 69, 274, 282 = NJW 1978, 160.

d) Ergebnis

Der Anspruch ist durch Aufrechnung erloschen. Folglich besteht kein Anspruch der D-GmbH gegen A aus § 31 Abs. 1 i. V. m. § 30 Abs. 1 GmbHG wegen der Ausschüttung Anfang 2021.

2. Anspruch der D-GmbH gegen A auf Rückzahlung von 50.000 € aus § 812 Abs. 1 S. 1 Var. 1 BGB

In Betracht kommt ein Rückzahlungsanspruch aus § 812 Abs. 1 S. 1 Var. 1 BGB. Problematisch ist hier allein, ob A das durch Leistung der D-GmbH erlangte Eigentum und den Besitz an den Geldscheinen (bei unbarer Leistung: die Forderung gegen seine Bank) ohne Rechtsgrund erlangt hat. Rechtsgrund für die Zahlung kann der Anfang 2021 gefasste Ausschüttungsbeschluss sein.

a) Anwendbarkeit neben §§ 30, 31 GmbHG

Die Anwendung des § 812 BGB wird nicht durch einen Vorrang der § 31 Abs. 1 GmbHG zwingend ausgeschlossen. Ein Bereicherungsanspruch scheidet zwar regelmäßig tatbestandlich aus, wenn eine Auszahlung auf der Grundlage eines wirksamen Verpflichtungsgeschäfts – und damit mit Rechtsgrund – erfolgte. Der Verstoß eines solchen Verpflichtungsgeschäfts gegen § 30 Abs. 1 GmbHG führt nämlich nicht automatisch zu dessen Nichtigkeit. Auch ist § 30 Abs. 1 GmbHG ist nach zutreffender Ansicht kein Verbotsgesetz i. S. d. § 134 BGB (s. dazu unten sub II 2 a).[12] Da die Auszahlung vorliegend jedoch durch den nichtigen Beschluss – als Verpflichtungsgeschäft – veranlasst wurde und somit die Auszahlung nicht isoliert steht,[13] kann § 812 BGB daneben angewendet werden. Die §§ 30, 31 GmbHG schließen nämlich weitergehende (Bereicherungs-)Ansprüche aufgrund gleichzeitig verwirklichter Tatbestände nicht aus.[14]

> **Hinweis**
> Es ist mit entsprechender Argumentation gleichfalls gut vertretbar, § 812 BGB unter konkurrenzrechtlichen Gesichtspunkten nicht neben §§ 30, 31 GmbHG anzuwenden. Zu stützen wäre dies auf den nach einem solchen Verständnis abschließenden Charakter der kapitalschützenden Vorschriften des GmbH-Rechts.[15] Nach dieser Ansicht wäre § 812 BGB nur dann neben §§ 30, 31 GmbHG anwendbar, wenn die rechtsgrundlose Auszahlung nichts mit dem Verstoß gegen die Kapitalschutzvorschriften zu tun hätte.

---

[12] BGHZ 136, 125, 129 ff. = NJW 1997, 2599; MünchKomm-GmbHG/*Ekkenga*, § 30 Rn. 285; BeckOK GmbHG/*Schmolke*, § 30 Rn. 206.

[13] Dies ist aber möglich *Geißler*, GmbHR 2003, 394, 398.

[14] Altmeppen, GmbHG, § 31 Rn. 45; BeckOK GmbHG/*Schmolke*, § 31 Rn. 12; Noack/Servatius/Haas/*Servatius*, GmbHG, § 31 Rn. 4; Scholz/*Verse*, GmbHG, § 31 Rn. 31; aus BGHZ 136, 125, 130 f. = NJW 1997, 2599 ergibt sich nichts anderes, da es dort (nur) um die Frage geht, ob das der Auszahlung zugrunde liegende obligatorische Geschäft nichtig sein muss, damit der Anwendungsbereich der §§ 812 ff. BGB eröffnet ist (s. a. unten sub II 2 a).

[15] So wohl auch auslegbar BGHZ 136, 125, 130 f. = NJW 1997, 2599; s. i. Ü. MünchKomm-GmbHG/*Ekkenga*, § 31 Rn. 40.

b) Durch Leistung ohne Rechtsgrund

Der Beschluss über die Ausschüttung ist unter Verletzung von § 30 Abs. 1 GmbHG gefasst worden und daher analog § 241 Nr. 3 AktG nichtig (s. o. I 1 a cc). Damit ist die Ausschüttung als zweckgerichtete Mehrung fremden Vermögens rechtsgrundlos erfolgt.[16]

c) Erlöschen des Anspruchs gem. § 389 BGB

Der Anspruch ist aber ebenso wie der aus §§ 30, 31 GmbHG gem. § 389 BGB durch Aufrechnung erloschen.

d) Ergebnis

Die D-GmbH hat daher gegen A keinen Anspruch aus § 812 Abs. 1 S. 1 Var. 1 BGB auf Rückzahlung der 50.000 €.

3. Anspruch der D-GmbH gegen B auf Rückzahlung von 50.000 € aus § 31 Abs. 1 i. V. m. § 30 Abs. 1 GmbHG

Ein Anspruch auf Rückzahlung von 50.000 € gegen B ergibt sich aus § 31 Abs. 1 i. V. m. § 30 Abs. 1 GmbHG. Es gilt das oben unter I 1 Gesagte.

4. Anspruch der D-GmbH gegen B auf Rückzahlung von 50.000 € aus § 812 Abs. 1 S. 1 Var. 1 BGB

Zudem steht der GmbH aus den unter I 2 genannten Gründen ein Anspruch gegen B aus § 812 Abs. 1 S. 1 Var. 1 BGB zu.

5. Anspruch der D-GmbH gegen C auf Rückzahlung von 25.000 € aus § 31 Abs. 1 i. V. m. § 30 Abs. 1 GmbHG und aus § 812 Abs. 1 S. 1 Var. 1 BGB

Es gilt das unter I 1 und 2 Ausgeführte entsprechend: Die GmbH kann einen Rückzahlungsanspruch in Höhe von 25.000 € auf beide Anspruchsgrundlagen stützen.

6. Anspruch der D-GmbH gegen C auf Schadensersatz aus § 43 Abs. 2, Abs. 3 S. 1 GmbHG

In Betracht kommt gegen C noch ein Anspruch auf Schadensersatz aus § 43 Abs. 2, Abs. 3 S. 1 GmbHG.

a) C als Geschäftsführer; Sorgfaltspflichtverletzung

C ist Geschäftsführer der D-GmbH. Die Auszahlung der zur Erhaltung eines dem Stammkapital entsprechenden Vermögens erforderlichen Summe (hier: 125.000 €) stellt eine Sorgfaltspflichtverletzung dar.[17]

---

[16] Vgl. *K. Schmidt*, GesR, § 37 III 1 f (S. 1137).
[17] Vgl. Altmeppen, GmbHG, § 43 Rn. 119.

b) Verschuldensvermutung

Da die Auszahlung kausal für den Schaden in Form des Liquiditätsabflusses der Gesellschaft ist, wird das Verschulden des C vermutet.[18] Es gilt § 93 Abs. 2 S. 2 AktG analog.[19] Auch kann C seine (ohnehin grob fahrlässige) Unkenntnis von der Unterbilanz angesichts der ihn gem. §§ 41, 42 Abs. 1 GmbHG treffenden Pflichten nicht entlasten.

c) Entlastung durch Beschluss

aa) Entlastungwirkung eines Beschlusses
Soweit die Pflichtverletzung auf einem Beschluss aller Gesellschafter beruht, wirkt dieser grundsätzlich entlastend (vgl. § 43 Abs. 3 S. 3 GmbHG im Umkehrschluss), wenn der Ersatzanspruch nicht zur Gläubigerbefriedigung erforderlich ist.[20]

Hier lag der Auszahlung durch C ein Beschluss aller Gesellschafter aus dem Jahr 2021 zugrunde. Auch ist der Anspruch der Gesellschaft gegen C nicht zur Befriedigung der Gläubiger erforderlich, denn die finanzielle Situation der D-GmbH hat sich seit März 2022 nachhaltig verbessert.

bb) Wirksamkeit des gefassten Beschlusses
Entlastende Wirkung kann allerdings nur ein wirksamer Beschluss entfalten. Während die Anfechtbarkeit eines Beschlusses nur dann schadet, wenn die Ausführung desselben in der Schwebezeit im Hinblick auf die Aussichten des Anfechtungsprozesses als ermessensfehlerhaft gelten muss,[21] kann ein nichtiger Beschluss den Geschäftsführer im Hinblick darauf nicht entlasten, dass er für ihn von Anfang an keine Bindungswirkung entfalten konnte.[22]

Der Beschluss, Anfang 2021 eine Auszahlung vorzunehmen, obwohl die Auszahlungsbeträge zur Erhaltung eines dem Stammkapital entsprechenden Vermögens erforderlich waren, ist in analoger Anwendung von § 241 Nr. 3 AktG nichtig (s. o. I 1 a cc).

cc) Zwischenergebnis
Folglich entlastet der Beschluss C nicht. Damit ist ein Rückzahlungsanspruch in Höhe des gesamten Auszahlungsbetrages von 125.000 € entstanden.

d) Erlöschen des Anspruchs nach §§ 389, 422 Abs. 1 S. 2 BGB

Der Anspruch kann gem. §§ 389, 422 Abs. 1 S. 2 BGB durch die Aufrechnung des A erloschen sein. Hinsichtlich der von A nach § 31 Abs. 1 GmbHG geschuldeten

---

[18] Vgl. zu dieser Vermutung BGH ZIP 1980, 776 f.; eingehend *Goette*, ZGR 1995, 648 ff.
[19] BGH ZIP 1980, 776 f.; NJW 1986, 54, 55; GroßKomm-GmbHG/*Paefgen*, § 43 Rn. 166.
[20] BGHZ 31, 258, 278 = WM 1960, 41; BGHZ 122, 333, 336 = NJW 1993, 1922.
[21] Dem Geschäftsführer steht nach h. M. kein Anfechtungsrecht gem. § 245 Nr. 5 AktG analog zu, vgl. BGHZ 76, 159 = NJW 1980, 1527; BeckOK-GmbHG/*Leinekugel*, § 47 Anh. Rn. 156; Noack/Servatius/Haas//*Noack*, GmbHG, Anh. § 47 Rn. 140.
[22] MünchKomm-GmbHG/*Fleischer*, § 43 Rn. 347.

50.000 € sind A und C Gesamtschuldner gem. § 31 Abs. 6 GmbHG. Die wirksame Aufrechnung durch A kommt daher nach § 422 Abs. 1 Satz 2 BGB auch C zugute. Der Anspruch ist daher in Höhe von 50.000 € erloschen.

e) Geltendmachung des Anspruchs

Die Geltendmachung des Anspruchs setzt grundsätzlich einen Beschluss der Gesellschafterversammlung gem. § 46 Nr. 8 GmbHG voraus. Ohne einen solchen (gültigen) Beschluss müsste eine entsprechende Zahlungsklage der GmbH als unbegründet zurückgewiesen werden; eine etwaige freiwillige Zahlung durch den Geschäftsführer wäre rechtsgrundlos erfolgt und könnte nach § 812 Abs. 1 S. 1 Var. 1 BGB zurückgefordert werden.[23] Allerdings gilt dies nicht für den Fall, dass ein Drittgläubiger in den Anspruch vollstrecken und ihn sich überweisen lassen will (§§ 829, 835 ZPO).[24]

f) Ergebnis

Die GmbH hat – sofern ein entsprechender Beschluss gefasst wird oder ein Drittgläubiger Zugriff nimmt – einen Anspruch gegen C aus § 43 Abs. 2 GmbHG auf Rückzahlung von 75.000 €.

7. Anspruch der D-GmbH gegen C auf Schadensersatz aus § 280 Abs. 1 BGB i. V. m. § 611 Abs. 1 BGB

§ 43 GmbHG nimmt nach h. M. als Spezialnorm die allgemeine Vertragshaftung in sich auf.[25]

8. Anspruch der D-GmbH gegen C auf Schadensersatz aus § 15b Abs. 4 S. 1 InsO

Ein Anspruch aus § 15b Abs. 4 S. 1 InsO scheitert schon daran, dass aus dem Sachverhalt – zum Zeitpunkt der Geltendmachung – weder eine Überschuldung noch Zahlungsunfähigkeit zu entnehmen ist.

9. Anspruch der D-GmbH gegen A aus § 823 Abs. 2 BGB i. V. m. § 266 Abs. 1 Var. 2 StGB

Für einen Anspruch aus § 823 Abs. 2 BGB i. V. m. § 266 Abs. 1 Var. 2 StGB müsste C mit der Ausschüttung eine Untreue (in der Variante des Treubruchs) begangen haben. Da C ausweislich des Sachverhaltes grob fahrlässig und damit vorsatzlos handelte, fehlt es daran hier.

---

[23] BGHZ 28, 355, 359 = NJW 1959, 194; OLG Köln GmbHR 1975, 274, 275.
[24] Vgl. Altmeppen, GmbHG, § 46 Rn. 90.
[25] BGH NJW-RR 1989, 1255; s. BeckOK-GmbHG/*Pöschke*, § 43 Rn. 9 ff.

Hinweise
Die Gesellschafter haften i. Ü. unter den Voraussetzungen des § 31 Abs. 1, 3 GmbHG *pro rata* für nicht einbringliche Rückzahlungsansprüche gegen ihre Mitgesellschafter, allerdings nur, wenn dies zur Befriedigung der Gesellschaftsgläubiger erforderlich ist (nach dem Sachverhalt besteht für diese Annahme allerdings kein Anlass), und beschränkt auf die Stammkapitalzahl.[26]

Nicht summenmäßig beschränkt (und nicht mit der Haftung aus § 31 GmbHG zu verwechseln) ist eine mögliche Schadensersatzhaftung der Gesellschafter, wenn sie das für die Erhaltung des Stammkapitals erforderliche Vermögen rechtswidrig und schuldhaft aushöhlen.[27] Der Gesellschafter, der durch zustimmende Mitwirkung an einem Gesellschafterbeschluss eine Auszahlung entgegen § 30 Abs. 1 GmbHG veranlasst, ist der Gesellschaft auch zum Ersatz für diejenigen Zahlungen verpflichtet, die an Mitgesellschafter geflossen sind.[28] Allerdings hat der BGH in einem späteren Urteil eine solche Haftung unter Hinweis auf die vorrangige Wertung des § 31 Abs. 3 GmbHG (summenmäßige Beschränkung auf die Höhe des Stammkapitals) zurückgenommen und auf existenzgefährdende Eingriffe begrenzt.[29] Eine schuldhafte Schutzpflicht- oder Treuepflichtverletzung kann hier allerdings aus den Sachverhaltsangaben nicht hergeleitet werden.

II. Ansprüche der D-GmbH gegen B und C in Bezug auf den Verkauf des Pkw an B

1. Anspruch der D-GmbH gegen B aus § 31 Abs. 1 i. V. m. § 30 Abs. 1 GmbHG

a) „Zahlung" i. S. v. § 30 Abs. 1 GmbHG
Ein Anspruch aus § 31 Abs. 1 GmbHG setzt eine „Zahlung" entgegen § 30 Abs. 1 GmbHG voraus. Daran fehlt es hier möglicherweise angesichts dessen, dass die Leistung der GmbH an B hier nicht in einer Geldzahlung, sondern in der Übergabe und Übereignung gem. § 929 S. 1 BGB des Pkw bestand.

Der Begriff der „Zahlung" ist jedoch wegen der ansonsten vielfältig bestehenden Umgehungsmöglichkeiten weit zu verstehen. Zahlung meint danach jede auf dem Gesellschaftsverhältnis beruhende Leistung, die wirtschaftlich das Gesellschaftsvermögen ohne eine adäquate Gegenleistung verringert.[30]

---

[26] Vgl. Noack/Servatius/Haas/*Servatius*, GmbHG, § 31 Rn. 23 f.; a. A. *K. Schmidt*, GesR, § 37 III 3 b [S. 1143 f.].

[27] BGHZ 93, 146 = NJW 1985, 1030; einschränkend BGHZ 142, 92 = NJW 1999, 2817; BGHZ 150, 61 = NJW 2002, 1803.

[28] BGHZ 93, 146, 149 = NJW 1985, 1030.

[29] BGHZ 142, 92, 96 = NJW 1999, 2817.

[30] Unstr.; s. nur Noack/Servatius/Haas/*Servatius*, GmbHG, § 30 Rn. 33.

Hier hat die D-GmbH dem Gesellschafter B einen Pkw veräußert. Zwar sind auch an Nichtgesellschafter Fahrzeuge veräußert worden, es ist lebensnah aber davon auszugehen, dass bei einem symbolischen Preis von 1 € die Gesellschafterstellung des B maßgeblich für den Verkauf war. Eine Zahlung i. S. v. § 31 Abs. 1 GmbHG liegt mithin vor.

b) Beeinträchtigung des zur Erhaltung des Stammkapitals erforderlichen Vermögens

Der Pkw war Teil des Gesellschaftsvermögens und diente im Mai 2021 auch noch der Erhaltung eines dem Stammkapital entsprechenden Vermögens. Durch das Darlehen des A war zwar die Zahlungsunfähigkeit abgewendet, das Stammkapital war aber erst im Februar 2023 wieder aufgefüllt.

c) Bösgläubigkeit des Empfängers

B war auch nicht gutgläubig (s. o.).

d) Inhalt des Anspruchs

Problematisch ist der Inhalt des Anspruchs.

aa) Wahlrecht des B

Zunächst stellt sich die Frage, ob der Anspruch der GmbH (nur) auf die gegenständliche Rückgängigmachung der „Zahlung", hier also: auf Rückgabe und -übereignung des Pkw, gerichtet ist[31] oder ob B wahlweise auch durch Zahlung der Differenz zwischen dem Kaufpreis und dem Wert des Wagens (zu dessen Berechnung s. sogleich unter bb) erfüllen kann. B hat deutlich gemacht, dass er den Pkw nicht rücküberegnen, sondern lediglich die Wertdifferenz erbringen wolle. Es ist fraglich, ob ihm ein solches Wahlrecht zusteht.

Für ein Wahlrecht des Gesellschafters spricht zunächst, dass die §§ 30, 31 GmbHG im Unterschied zu §§ 57 Abs. 3, 58 AktG keine bestimmte gegenständliche Zusammensetzung des Gesellschaftsvermögens verlangen.[32] Vielmehr erfordern sie nur die wertmäßige Erhaltung der Haftungsmasse zugunsten der Gläubiger. Dem Zweck des Auszahlungsverbotes wird also auch durch eine Erstattung des Differenzbetrages ausreichend Rechnung getragen. Allerdings kann der Gesellschaft im Hinblick darauf nicht von vornherein ein Anspruch auf die Wertdifferenz zustehen, dass damit dem Gesellschafter im Ergebnis eine höhere Gegenleistung (hier: die Zahlung des Marktpreises für den Pkw) und damit ein anderes Austauschgeschäft als mit der GmbH vereinbart aufgedrängt würde.[33]

Dagegen spricht jedoch bereits der Wortlaut der Bestimmung.[34] Außerdem gestaltet sich die Durchsetzbarkeit eines wertbezogenen Erstattungsanspruchs schwie-

---

[31] Zur h. M. vgl. BGHZ 176, 62 Rn. 9 = NZG 2008, 467; MünchKomm-GmbHG/*Ekkenga*, § 31 Rn. 6; Lutter/Hommelhoff/*Hommelhoff*, GmbHG, § 31 Rn. 8; Scholz/*Verse*, GmbHG, § 31 Rn. 17.
[32] Noack/Servatius/Haas/*Servatius*, GmbHG § 31 Rn. 16.
[33] Zum Vorstehenden vgl. K. *Schmidt*, GesR, § 37 III 2 c [S. 1140 f.].
[34] BGHZ 176, 62 Rn. 9 = NZG 2008, 467.

riger für die Gesellschaft, als die gegenständliche Rückübertragung.[35] Mithin führt auch die Rückgewähr *in natura* zum wertmäßigen Schutz des Vermögens der Gesellschaft, ist also kein zwingendes Argument für einen kategorischen Wertersatz.[36] Zudem erscheint das Wahlrecht nur auf den ersten Blick vorteilhaft für den erstattungspflichtigen Gesellschafter, der unter Umständen ein Entgelt für den erhaltenen Gegenstand in Form des Wertausgleichs zu zahlen hat. Durch die Rückgewährpflicht wird die Gesellschaft auch nicht schutzlos Wertverlusten ausgesetzt. In diesem Fall hat der erstattungspflichtige Gesellschafter nämlich einen entsprechenden Verlust auszugleichen.[37]

Die zuletzt genannte Ansicht gilt jedoch nicht ausnahmslos. So ist für den vorliegenden Fall zu berücksichtigen, dass der Wert eines Kfz als Erstattungsgegenstand in der Regel einfach zu bestimmen sein wird. Die soeben angeführten und grundsätzlich berechtigten Bedenken greifen dann nicht durch. Unter diesen Umständen ist dem erstattungspflichtigen Gesellschafter daher eine Ersetzungsbefugnis (*facultas alternativa*) zuzubilligen.[38] Überzeugender ist es vorliegend also, dem B die Wahl zu lassen, ob er das Gesellschaftsvermögen durch eine gegenständliche Rückgängigmachung der „Zahlung" oder durch Erstattung des Differenzbetrages wieder auffüllen möchte.

bb) Maßstab der Ersetzungsbefugnis (*Facultas Alternativa*)
Weitergehend ist fraglich, ob B zur Zahlung von 19.999 € (= der Differenz zum Buchwert) oder zur Zahlung von 29.999 € (= der Differenz zum Zeitwert) verpflichtet ist.

Für die Differenz zum Zeitwert spricht, dass dieser Wert sich zum Zeitpunkt der Zahlung tatsächlich im Gesellschaftsvermögen befand. Im Falle der Liquidation der Gesellschaft stünde eben dieser Wert der Insolvenzmasse zur Verfügung.

Für die Differenz zum Buchwert spricht jedoch entscheidend, dass es sich bei einer GmbH, die Abflüsse aus dem Gesellschaftsvermögen entgegen § 30 GmbHG zu verkraften hat, weiter um eine wirtschaftende Gesellschaft handelt. Insofern kann eine Zahlung i. S. v. § 30 GmbHG auch nur als laufender Geschäftsvorgang bilanziert werden. Dann aber kann auch nur der Abfluss des Buchwertes vermerkt werden. Selbst wenn zur verbesserten Transparenz eine Zwischenbilanz auf den Auszahlungszeitpunkt gebildet wird, soll damit kein echter Vermögensstatus[39] angegeben werden, also auch kein Ansatz der Vermögensgegenstände zu Verkehrs- bzw. Liquidationswerten erfolgen.[40] Schließlich ist es unstimmig, bei der Berechnung der Unterbilanz auf den Buchwert abzustellen, bei der Berechnung der Höhe

---

[35] BGHZ 176, 62 Rn. 9 = NZG 2008, 467; BeckOK GmbHG/*Schmolke*, § 31 Rn. 34.
[36] Scholz/*Verse*, GmbHG, § 31 Rn. 17.
[37] BGHZ 122, 333 = NJW 1993, 1922, 1923; BGHZ 176, 62 = NZG 2008, 467 Rn. 10.
[38] BeckOK GmbHG/*Schmolke*, § 31 Rn. 37; Lutter/Hommelhoff/*Hommelhoff*, GmbHG, § 31 Rn. 8; wohl ebenso Scholz/*Verse*, GmbHG, § 31 Rn. 17.
[39] Überschuldungsbilanz, wie sie für den Fall des § 64 GmbHG zu bilden ist; vgl. Noack/Servatius/Haas/*Haas*, GmbHG, § 64 Rn. 105.
[40] BGHZ 109, 334, 337 ff. = NJW 1990, 1109; BGHZ 76, 326, 335 = NJW 1980, 1524.

des damit korrespondierenden Rückzahlungsanspruches aber die Aufdeckung der stillen Reserven zu fordern. Somit folgt die Berechnung den allgemeinen Bilanzierungsvorschriften für die Jahresbilanz unter Fortführung der Buchwerte.[41] Daher ist für die Berechnung der (geringere) Buchwert anzusetzen. Die von B (bei einer entsprechenden Wahl des B) zu erstattende Wertdifferenz beträgt daher 19.999 €.

e) Fortfall des Anspruchs durch „Auffüllung" des Stammkapitals
Für den Fortfall des Anspruchs gilt das oben (I 1 b) Ausgeführte.

f) Ergebnis
Die D-GmbH hat gegen B – nach dessen Wahl – aus § 31 Abs. 1 i. V. m. § 30 Abs. 1 GmbHG einen Anspruch auf Rückzahlung von 19.999 € oder auf Rückgabe und Rückübereignung des Pkw.

2. Anspruch der D-GmbH gegen B aus § 812 Abs. 1 S. 1 Var. 1 BGB
Auch hier (s. bereits oben I 2) ist allein fraglich, ob der Kaufvertrag als Rechtsgrund für die Veräußerung des Pkw – an dem B Besitz und Eigentum erlangt hat – zwischen der D-GmbH und B wirksam ist.

> **Hinweis**
> Wer sich oben gegen eine parallele Anwendung von § 812 BGB neben §§ 30, 31 GmbHG entschieden hat, kann vorliegend dennoch kurz darauf abstellen, dass ein Anspruch aus Leistungskondiktion jedenfalls aufgrund eines bestehenden Rechtsgrund scheitern würde.

a) Nichtigkeit des Kaufvertrages gem. § 134 BGB i. V. m. § 30 Abs. 1 GmbHG
In Betracht kommt eine Nichtigkeit des Kaufvertrages nach § 134 BGB i. V. m. § 30 Abs. 1 GmbHG. Die Veräußerung des Pkw verstieß – wie oben unter 1 festgestellt – gegen das Auszahlungsverbot des § 30 GmbHG. Allerdings enthalten die §§ 30, 31 GmbHG nach ganz überwiegender Meinung einen speziellen gesellschaftsrechtlichen Rückabwicklungstatbestand und stellen kein Verbotsgesetz i. S. v. § 134 BGB dar.[42]

Selbst bei bewusster Zuwiderhandlung der Gesellschafter soll sich aus § 134 BGB i. V. m. § 30 GmbHG weder die Nichtigkeit des Verfügungs- (dann wäre überdies vorrangig § 985 BGB zu prüfen), noch des Verpflichtungsgeschäfts ergeben,[43] weil für die Beurteilung einer Unterschreitung der Stammkapitalzahl nicht der Abschluss des Geschäfts, sondern erst der Zeitpunkt der Erfüllung maßgebend ist.

---

[41] Vgl. dazu BGHZ 109, 334, 337 = NJW 1990, 1109, 1110.
[42] Noack/Servatius/Haas/*Servatius*, GmbHG, § 31 Rn. 4; BGHZ 136, 125 = NJW 1997, 2599, 2600.
[43] BGHZ 136, 125, 129 = NJW 1997, 2599.

Der speziellere Tatbestand des § 31 GmbHG sichert die Rückabwicklung des Verfügungsgeschäfts ohne die mit Blick auf das Abstraktionsprinzip ohnehin zweifelhafte Nichtigkeitsfolge. Schließlich spricht auch § 33 Abs. 2 S. 3 GmbHG gegen die Nichtigkeit der Geschäfte nach § 134 BGB.

Damit ist der Kaufvertrag nicht gem. § 134 BGB i. V. m. § 30 Abs. 1 GmbHG nichtig.

b) Schwebende Unwirksamkeit des Vertrages gem. § 177 Abs. 1 BGB
Der Kaufvertrag kann allerdings gem. § 177 Abs. 1 BGB (schwebend) unwirksam sein. Dazu muss C Vertreter ohne Vertretungsmacht (*falsus procurator*) gewesen sein.

aa) Verletzung des Gleichbehandlungsgrundsatzes
Ein Mangel der Vertretungsmacht kann sich zunächst dann ergeben, wenn die Veräußerung des Pkw den Grundsatz der Gleichbehandlung der Gesellschafter (vgl. §§ 19 Abs. 1, 24, 26 Abs. 2, 3, 29 Abs. 3, 31 Abs. 3, 47 Abs. 2, 72 GmbHG) verletzte. Rechtsgeschäfte, die den Gleichbehandlungsgrundsatz verletzen, fallen nach verbreiteter Ansicht schon nicht unter die Organvertretungsmacht des Geschäftsführers. Hier beruhte der Vertragsschluss freilich auf einer einstimmigen Entscheidung aller Gesellschafter. Der Gleichbehandlungsgrundsatz ist daher nicht verletzt.

bb) Verstoß gegen § 30 Abs. 1 GmbHG
Möglicherweise führt aber der Verstoß gegen § 30 Abs. 1 GmbHG dazu, dass C keine Vertretungsmacht hatte: Wenn man davon ausgeht, dass sich die Vertretungsmacht des Geschäftsführers nicht auf Rechtsgeschäfte erstreckt, die auf eine durch § 30 GmbH verbotene Auszahlung gerichtet sind, so kann dies – da § 37 Abs. 2 S. 1 GmbHG nicht für Rechtsgeschäfte mit Gesellschaftern gilt bzw. hier jedenfalls die Voraussetzungen für einen Missbrauch der Vertretungsmacht erfüllt sind – auch dem Geschäftsführer entgegengehalten werden.[44]

Nach zutreffender Ansicht gehen indes die §§ 30, 31 GmbHG den Regeln über die Überschreitung bzw. den Missbrauch der Vertretungsmacht vor, soweit sich der Missbrauch ausschließlich aus einer bewussten Überschreitung der Kapitalerhaltungsregelungen ergibt. § 30 GmbH dient nur dem Gläubigerschutz, soll aber die Zuständigkeitsordnung innerhalb der GmbH nicht berühren.[45]

Auch aus § 30 Abs. 1 GmbHG ergibt sich daher kein Mangel der Vertretungsmacht des C.

cc) Zwischenergebnis
Der Vertrag ist nicht gem. § 177 Abs. 1 BGB unwirksam.

---

[44] Zum Missbrauch der Vertretungsmacht s. Altmeppen, GmbHG, § 30 Rn. 152; Rowedder/Pentz/*Pentz*, GmbHG, § 30 Rn. 56 f.
[45] *Joost*, ZHR 148 (1984), 27, 30; *Schön*, ZHR 159 (1995), 351, 366.

c) Ergebnis

Die Übergabe und Übereignung des Pkw erfolgte damit mit Rechtsgrund. Ein Anspruch der GmbH aus § 812 Abs. 1 S. 1 Var. 1 BGB auf Rückgabe des Pkw besteht nicht.

3. Anspruch der D-GmbH gegen C aus § 43 Abs. 2 i. V. m. Abs. 3 S. 1 GmbHG

Hinsichtlich eines Anspruchs der D-GmbH gegen C aus § 43 Abs. 2 i. V. m. Abs. 3 S. 1 GmbHG gilt das oben unter I 6 Ausgeführte. Auch der (konkludente) Beschluss über die Veräußerung des Pkw kann wegen seiner Nichtigkeit (§ 241 Nr. 3 AktG analog i. V. m. §§ 30, 31 GmbHG) keine entlastende Wirkung entfalten. C haftet für den Differenzbetrag i. H. v. 19.999 € neben B gesamtschuldnerisch.

> **Hinweis**
> A und B haften in ihrer Eigenschaft als Gesellschafter in Bezug auf die Veräußerung des PKW nur nach § 31 Abs. 1, 3 GmbHG (s. o.; vgl. aber auch den Hinweis sub I a. E. zur Schadensersatzpflicht der Gesellschafter gegenüber der GmbH).

III. Die Resteinlageforderung

1. Anspruch der D-GmbH gegen C auf Leistung der Resteinlage i. H. v. 100.000 € aus dem Einlageversprechen, § 19 Abs. 1 GmbHG

a) Entstehung des Anspruchs

Ausweislich des Sachverhalts hat C eine Stammeinlage i. H. v. 200.000 € übernommen, auf die er nur die Hälfte eingezahlt hat. Ein Anspruch der GmbH auf Leistung der Resteinlage i. H. v. 100.000 € besteht also fort.

b) Geltendmachung

Zur Geltendmachung dieses Anspruchs bedarf es gem. § 46 Nr. 2, 8 GmbHG eines Beschlusses der Gesellschafterversammlung. Dabei unterliegt C einem Stimmverbot nach § 47 Abs. 4 S. 2 GmbHG (vgl. Fall Nr. 5). Die Gesellschafterversammlung hat mehrheitlich einen Beschluss zur Geltendmachung des Anspruches gefasst, vgl. § 47 Abs. 1 i. V. m. Abs. 2 GmbHG.

c) Erlöschen des Anspruchs durch Aufrechnung der GmbH, §§ 389, 387 BGB

In Betracht kommt allerdings, dass der Anspruch der D-GmbH durch die Aufrechnung der GmbH nach §§ 389, 387 BGB erloschen ist.

7.2 Lösungshinweise

aa) Aufrechnungserklärung, § 388 S. 1 BGB
C hat als Geschäftsführer für die GmbH (§§ 35 Abs. 1, 36 Abs. 1 GmbHG) die Aufrechnung gem. § 388 S. 1 BGB erklärt.

Die Tatsache, dass C auch Erklärungsempfänger ist, schadet, da C von den Beschränkungen des § 181 BGB befreit ist, hier nicht.

bb) Aufrechnungslage
Dem Anspruch der GmbH auf Zahlung der Resteinlage steht ein fälliger und einredefreier Anspruch des C aus einem Umsatzgeschäft gegenüber. Auf die Problematik der Vollwertigkeit braucht angesichts der nunmehr guten finanziellen Situation der GmbH nicht eingegangen zu werden; der Anspruch ist vollwertig und liquide.[46] Auch handelte es sich um keine Altforderung, die den Regelungen des § 19 Abs. 4, 5 GmbHG unterfiele.[47] Der Anspruch der GmbH ist mit Abschluss des Gesellschaftsvertrages fällig und spätestens mit entsprechender Beschlussfassung auch einredefrei. Folglich besteht auch eine Aufrechnungslage.

> **Hinweis**
> Zu Ausführungen über eine verdeckte Sacheinlage besteht mangels entsprechender Anhaltspunkte im Sachverhalt und eines fehlenden zeitlichen und sachlichen Zusammenhangs kein Anlass.

cc) Aufrechnungsverbot analog § 19 Abs. 2 S. 2 GmbHG
Der Aufrechnung durch die GmbH kann allerdings ein Aufrechnungsverbot entgegenstehen.

Da hier der von den Beschränkungen des § 181 BGB befreite Geschäftsführer C für die GmbH und nicht für sich die Aufrechnung erklärt hat, greift das Aufrechnungsverbot des § 19 Abs. 2 S. 2 GmbHG nicht unmittelbar ein.

Sinn und Zweck der Vorschrift sprechen indessen für eine analoge Anwendung auf den Fall, dass wie hier der geschäftsführende Gesellschafter von den Beschränkungen des § 181 BGB befreit ist.[48] Für C macht es nämlich keinen Unterschied, für wen er die Aufrechnung erklärt. Anderenfalls könnten sich jeder Gesellschafter oder die Gesellschafter untereinander durch Bestellung zum Geschäftsführer unter gleichzeitiger Befreiung vom Selbstkontrahierungsverbot von der Einlageverpflichtung befreien.[49]

Beschränkungen ergäben sich lediglich durch die Regeln zur verdeckten Sacheinlage und zur Vollwertigkeit einer aufrechenbaren Forderung. Da der betroffene

---
[46] Zu den allg. Anforderungen an die Aufrechnung durch die Gesellschaft s. BeckOK-GmbHG/*Ziemons*, § 19 Rn. 121 ff.
[47] Noack/Servatius/Haas/*Servatius*, § 19 Rn. 34, 36.
[48] Noack/Servatius/Haas/*Servatius*, § 19 Rn. 40; a. A. BGHZ 152, 37 (44) = NJW 2002, 3774 (3776).
[49] Vgl. OLG Hamm ZIP 1988, 1057 f. = GmbHR 1988, 310, für wechselseitige Erklärung mehrerer geschäftsführender Gesellschafter.

Gesellschafter bei Beschlussfassung der Gesellschafterversammlung über die Aufrechnung nicht mit abstimmen dürfte, unterliefe eine Aufrechnung durch den Gesellschafter-Geschäftsführer zudem das Stimmverbot.[50] Die Erklärung der Aufrechnung durch den geschäftsführenden Gesellschafter ist ungeachtet der Befreiung vom Selbstkontrahierungsverbot nicht mit dem strikten Gläubigerschutz des § 19 Abs. 2 GmbHG zu vereinbaren.[51]

Folglich besteht ein Aufrechnungsverbot analog § 19 Abs. 2 S. 2 GmbHG.

> **Hinweis**
> Die Gegenansicht ist hier – zusammen mit der Rspr. des BGH – gut vertretbar.

d) Ergebnis

Damit ist die Forderung der D-GmbH gegen C auf Leistung der Resteinlage i. H. v. 100.000 € aus dem Einlageversprechen im Gesellschaftsvertrag i. V. m. § 19 Abs. 1 GmbHG nicht durch die Aufrechnung erloschen (dasselbe gilt freilich für die Forderung des C gegen die D-GmbH auf Erfüllung seiner Forderung aus den Umsatzgeschäften).

2. Ansprüche gegen A und B

Unter den Voraussetzungen des § 24 S. 1 GmbHG, also bei Uneinbringlichkeit, haften A und B *pro rata* für die Resteinlage des C.

---

[50] Noack/Servatius/Haas/*Servatius*, § 19 Rn. 40.
[51] OLG Düsseldorf NJW-RR 1993, 1257, 1258; OLG Frankfurt GmbHR 1993, 652; OLG Hamburg NJW-RR 1990, 741 f. = ZIP 1990, 789.

Bedenkliche Beschlüsse

8.1 Sachverhalt

1. Teil

A ist Inhaber eines Einzelunternehmens, der „V-Computertechnik". Er möchte dieses Unternehmen in der Rechtsform einer GmbH weiterführen. Zur Beratung über die gesellschaftsrechtlichen und steuerlichen Rahmenbedingungen wendet er sich an den Rechtsanwalt und Steuerberater R, dem er ein Honorar von 7500 € zahlt. Sodann errichtet er vor dem Notar N den Gesellschaftsvertrag. Die Notarkosten betragen 2500 €, die A sogleich bezahlt.

Das Stammkapital der nunmehr „V-Computertechnik-GmbH" beträgt 50.000 €; zum Geschäftsführer wird G bestellt. Nach Eintragung überweist G dem A auf dessen Verlangen als Auslagenersatz 10.000 €. A protokolliert diese Entscheidung ordnungsgemäß und unterschreibt das Protokoll.

Das Vermögen der Gesellschaft sinkt durch die Auszahlung auf 45.000 €. Aufgrund eines unerwarteten Nachfrageeinbruchs wird kurze Zeit später über das Vermögen der Gesellschaft das Insolvenzverfahren eröffnet.

Insolvenzverwalter I möchte wissen, ob er Ansprüche gegen A oder G geltend machen kann.

2. Teil

Außerdem ist A Gesellschafter der A-GmbH, an der neben ihm noch B, C und D zu gleichen Teilen beteiligt sind. In einer Gesellschafterversammlung der A-GmbH werden mit den Stimmen von A, B und C und gegen diejenige des D folgende Beschlüsse gefasst und durch den Vorsitzenden verkündet:

1. Ein der Gesellschaft gehörendes Grundstück soll an die B-GmbH, deren Gesellschafter A, B und C sind und die eigens zu diesem Zweck gegründet wurde, zu einem angemessenen Preis verkauft werden. Wie kann D gegen diesen Beschluss vorgehen?
2. A, der zugleich Geschäftsführer der A-GmbH ist, wird für das abgelaufene Geschäftsjahr Entlastung erteilt. Ein Beschluss auf Abberufung des A wird nur von C und D unterstützt, A und B stimmen dagegen. D meint, der Abberufungsbeschluss sei gleichwohl zustande gekommen; schließlich hätte A nicht mitstimmen dürfen. Hat D Recht?

8.2 Lösungshinweise

1. Teil

I. Anspruch des I gegen A auf Rückzahlung der 10.000 €

> **Hinweis**
> Mit dem Inkrafttreten des MoMiG sind gesetzliche Sonderbestimmungen für die Errichtung einer GmbH durch nur eine Person weggefallen (vgl. § 7 Abs. 2 S. 3 GmbHG a. F.; zur Protokollierung von Beschlüssen gilt weiterhin die Sondervorschrift des § 48 Abs. 3 GmbHG). Für den hier zu beurteilenden Fall der Einbringung eines Einzelunternehmens ist statt der Einpersonengründung auch die Ausgliederung zur Neugründung auf eine GmbH nach den §§ 152, 158 ff. UmwG ein praktisch gangbarer Weg.

1. Aktivlegitimation des I zur Geltendmachung von Ansprüchen der V-GmbH, § 80 Abs. 1 InsO

I ist als Insolvenzverwalter Partei kraft Amtes; er kann somit gem. § 80 Abs. 1 InsO Ansprüche der V-Computertechnik-GmbH (im Folgenden: V-GmbH) im eigenen Namen mit Wirkung für und gegen die Insolvenzmasse geltend machen. Voraussetzung ist daher, dass der V-GmbH ein Anspruch gegen A zusteht.

2. Ansprüche der V-GmbH gegen A

a) Anspruch aus §§ 30 Abs. 1, 31 Abs. 1 GmbHG auf Rückzahlung von 10.000 €
Ein Anspruch der V-GmbH gegen A auf Rückzahlung von 10.000 € aus §§ 30 Abs. 1, 31 Abs. 1 GmbHG setzt voraus, dass es sich bei der Zahlung jenes Betrages durch die V-GmbH an A um eine nach diesen Vorschriften verbotene Rückzahlung handelte. Letzteres ist der Fall, soweit durch die Zahlung das Vermögen der V-GmbH unter die Stammkapitalzahl fiel.

Die GmbH hatte ein Stammkapital von 50.000 €. Ihr Vermögen sank durch die Zahlung auf 45.000 €, mithin um 5000 € unter den Betrag des Stammkapitals. In-

8.2 Lösungshinweise

sofern kommt ein Anspruch unter dem Gesichtspunkt der verbotenen Rückzahlung von vornherein nur in diesem Umfang in Betracht.

Allerdings handelte es sich dabei dann nicht um eine durch § 30 Abs. 1 GmbHG verbotene Auszahlung, wenn dem A bereits vor der Überweisung der 10.000 € ein Anspruch gegen die GmbH auf Erstattung des Gründungsaufwandes zustand, der durch die Zahlung lediglich erfüllt wurde. Ein vertraglicher Anspruch des A gegen die GmbH bestand zu diesem Zeitpunkt nicht, da vor dem Auszahlungsbeschluss keine Vereinbarung über den Gründungsaufwand getroffen wurde.

> **Hinweis**
> Es kommt daher an dieser Stelle auch nicht darauf an, welche Anforderungen an die Begründung eines solchen Anspruches im Gesellschaftsvertrag zu stellen sind (zu § 26 AktG analog s. sogleich sub 2). Zu unterscheiden ist die Frage nach dem Ersatz des Gründungsaufwands von der Leistung von Einlagen, die nach § 19 GmbHG eigenen Vorschriften unterliegt. Es geht hier nämlich nicht darum, dass A seinen Aufwand als Einlage erbringen möchte.

Auch die Gründungsvorschriften des GmbHG enthalten keine Anspruchsgrundlage für den Ersatz von Gründungskosten. In Betracht kommt noch ein Anspruch aus berechtigter Geschäftsführung ohne Auftrag (§§ 677, 683 S. 1, 670 BGB). Dafür müsste es sich jedoch für A um die Führung eines fremden Geschäfts mit Fremdgeschäftsführungswillen und im Interesse der Gesellschaft gehandelt haben.

Die Errichtung der Gesellschaft war indessen kein Geschäft der – bei Entstehung der Aufwendungen noch gar nicht existierenden – Gesellschaft, sondern ausschließlich ein Eigengeschäft des A. Auch handelte es sich nicht um ein Geschäft der Vor-GmbH, die als Gesellschaft *sui generis* der GmbH vorausgeht und in diese übergeht, wenn alle Entstehungsvoraussetzungen erfüllt sind. Dahingehend mangelte es dem A jedenfalls an einem Fremdgeschäftsführungswillen. Soweit das Vermögen der GmbH unter 50.000 € gemindert wurde, verstieß die Zahlung an A daher gegen § 30 Abs. 1 GmbHG.

Der GmbH steht mithin ein Anspruch auf Rückzahlung von 5000 € aus §§ 30 Abs. 1, 31 Abs. 1 GmbHG zu, den T im eigenen Namen gegen A geltend machen kann.

b) Anspruch aus § 812 Abs. 1 S. 1 Var. 1 BGB auf Rückzahlung von 10.000 €

Ein auf die Leistungskondiktion (§ 812 Abs. 1 S. 1 Var. 1 BGB) gestützter Anspruch der V-GmbH gegen A auf Zahlung von 10.000 € setzt voraus, dass A in dieser Höhe durch eine Leistung der GmbH rechtsgrundlos bereichert ist. Der Kondiktionsanspruch besteht ohne weiteres, wenn die gegen §§ 30, 31 GmbHG verstoßende Zahlung aufgrund eines nicht mit dem Verstoß gegen die Kapitalschutzvorschriften beruhenden Mangel unwirksam und damit ohne Rechtsgrund erfolgt ist (vgl. Fall 7 sub I. 2. a).

aa) Leistung der V-GmbH

A hat durch die Banküberweisung und damit durch eine bewusste und gewollte Vermögensverfügung (Leistung) der V-GmbH, gem. § 35 GmbHG wirksam vertreten durch ihren Geschäftsführer G, eine Forderung in Höhe von 10.000 € gegen seine Bank erlangt.

> **Hinweis**
> Das gilt auch dann, wenn man § 26 Abs. 3 Satz 1 AktG analog anwendet (s. dazu sogleich) und deshalb dingliche (Erfüllungs-)Geschäfte, die auf die Erstattung des Gründungsaufwandes gerichtet sind, für unwirksam hält. Dass A infolge der Überweisung einen Anspruch gegen seine eigene Bank erhält, wird dadurch nicht gehindert.

bb) Rechtsgrund

Die Leistungskondiktion entfällt, wenn für diese Überweisung ein Rechtsgrund bestand. Als Rechtsgrund kommt jeder Behaltensgrund in Betracht. Da A vor der Auszahlung keinen Anspruch auf Erstattung seines Gründungsaufwandes hatte (s. o. sub a), kommt als Rechtsgrund allein der Auszahlungsbeschluss der Gesellschafterversammlung (d. h. die Entscheidung des Alleingesellschafters A, sich die 10.000 € auszahlen zu lassen) in Betracht. Der Beschluss genügt den Formerfordernissen des § 48 Abs. 3 GmbHG.

> **Hinweis**
> Auf die umstrittene Frage, ob sich der Gesellschafter auf einen nicht formgerecht protokollierten Beschluss berufen kann,[1] kommt es daher nicht an.

Möglicherweise ist der Beschluss allerdings im Hinblick auf seinen Inhalt unwirksam.

(1) Unwirksamkeit des Beschlusses analog § 241 Nr. 3 Var. 2 AktG i. V. m. § 30 Abs. 1 GmbHG

Der Beschluss kann analog § 241 Nr. 3 Var. 2 AktG i. V. m. § 30 Abs. 1 GmbHG unwirksam sein. § 241 Nr. 3 Var. 2 AktG ist auf die GmbH, für die eine vergleichbare Regelung fehlt, entsprechend anwendbar.[2]

Beschlüsse einer GmbH-Gesellschafterversammlung, die durch ihren Inhalt gläubigerschützende Vorschriften verletzen, sind daher nichtig. Soweit der Beschluss eine Auszahlung von mehr als 5000 € zum Gegenstand hat, verletzt er § 30

---

[1] Vgl. dazu Noack/Servatius/Haas/*Noack*, GmbHG, § 48 Rn. 48 ff.
[2] Noack/Servatius/Haas/*Noack*, GmbHG, Anh. § 47 Rn. 51.

Abs. 1 GmbHG (s. o. 1) und damit eine dem Gläubigerschutz dienende Vorschrift. Er ist daher insoweit analog § 241 Nr. 3 Var. 2 AktG nichtig.

(2) Unwirksamkeit des Beschlusses wegen Verstoßes gegen § 26 AktG (analog)
Der Auszahlungsbeschluss ist zudem möglicherweise wegen Verstoßes gegen § 26 AktG analog in vollem Umfang unwirksam. Nach § 26 Abs. 2 AktG ist der Gründungsaufwand in der Satzung gesondert festzusetzen. Eine solche Festsetzung ist hier nicht erfolgt. Nach § 26 Abs. 3 AktG sind auf die Erstattung der Gründungskosten gerichtete Verträge und Rechtshandlungen, die ohne eine solche Festsetzung erfolgen, der Gesellschaft gegenüber unwirksam.

Versteht man „Rechtshandlung" i. S. v. Abs. 3 weit, so werden davon auch auf die Auszahlung gerichtete Gesellschafterbeschlüsse erfasst. Dagegen lässt sich freilich anführen, dass § 26 Abs. 3 S. 1 AktG (ausschließlich) als Regelung der zivilrechtlichen Folgen im Verhältnis Gesellschaft – Gesellschafter verstanden werden kann, von der die Wirksamkeit interner Rechtsakte der GmbH nicht berührt wird.[3]

Jedenfalls sind solche Beschlüsse aber bei der Aktiengesellschaft nach § 241 Nr. 3 Var. 2 AktG im Hinblick darauf nichtig, dass § 26 Abs. 2 AktG (schwerpunktmäßig) dem Gläubigerschutz dient und eine Auszahlung ohne entsprechende Satzungsgrundlage dem ebenfalls gläubigerschützenden Verbot des § 57 Abs. 1 AktG zuwiderläuft.

Der Auszahlungsbeschluss ist daher unwirksam, wenn diese Regeln für die GmbH entsprechend gelten. Dies setzt eine planwidrige Regelungslücke bei vergleichbarer Interessenlage voraus. Die Voraussetzungen einer Analogie werden nach allgemeiner Meinung hinsichtlich § 26 Abs. 2 AktG jedenfalls insoweit bejaht, als ein Anspruch eines GmbH-Gesellschafters auf Erstattung seines Gründungsaufwandes nur bestehen kann, wenn dies in der Satzung festgesetzt ist.[4]

Dafür spricht, dass auch bei der Errichtung einer GmbH ein Bedürfnis danach besteht, bestimmte für die Gesellschaftsgläubiger gefährliche Belastungen des Gesellschaftsvermögens im Gründungsstadium im Gesellschaftsvertrag offen zu legen und hierdurch zu begrenzen. Zudem deutet der Wortlaut von § 9a Abs. 1 („[…] die nicht unter den Gründungsaufwand aufgenommen ist, […]") und § 82 Abs. 1 Nr. 1 GmbHG darauf hin, dass auch das GmbHG von einem Festsetzungserfordernis ausgeht.

Zwar kommen der Satzungsstrenge und Publizität bei der AG eine größere Bedeutung zu als bei der GmbH. Indessen besteht auch in einer personalistisch ausgestalteten GmbH ein Interesse an (Innen-)Publizität und damit Klarheit darüber, welcher Gesellschafter in welcher Höhe Auslagen in Bezug auf die Errichtung der Gesellschaft hatte. Allein das unterschiedliche Gewicht der Publizität bei AG und GmbH steht einer Analogie aber nicht entgegen.

Aus der geschilderten Analogie zu § 26 Abs. 2 AktG ergibt sich freilich noch nicht zwingend, dass auch ein nach der Eintragung gefasster Beschluss, durch den

---

[3] So wohl Koch, AktG, § 26 Rn. 7.
[4] Vgl. BGHZ 107, 1, 3 ff. = NJW 1989, 1610, 1611; Noack/Servatius/Haas/*Servatius*, GmbHG, § 5 Rn. 57a; vgl. *K. Schmidt*, GesR, § 34 II 2 f (S. 1004).

einem Alleingesellschafter der Gründungsaufwand zugesprochen wird, unwirksam ist. Bedenken gegen eine so strenge Folge könnten sich aus dem unterschiedlichen Umfang der Kapitalerhaltungsvorschriften bei GmbH und AG ergeben: Bei der GmbH ist das Gesellschaftsvermögen nicht schlechthin, sondern nur nach Maßgabe der §§ 30, 31 GmbHG vor dem Zugriff der Gesellschafter geschützt. Das gilt auch für die Einpersonen-Gesellschaft.

Das GmbHG hindert den Gesellschafter also nicht daran, ohne besonderen Grund auf das Gesellschaftsvermögen zuzugreifen, solange dadurch das zur Erhaltung des Stammkapitals erforderliche Vermögen nicht angegriffen wird. Man könnte argumentieren, dass der Gesellschafter nicht allein deshalb engeren Schranken unterliegen darf, weil er eine (nach § 30 Abs. 1 GmbHG unbedenkliche) Auszahlung ausdrücklich als Erstattung des Gründungsaufwandes deklariert. Zudem stehen bei der eingliedrigen GmbH im Innenverhältnis keine Publizitätsinteressen in Rede.

Für die Unwirksamkeit eines solchen Beschlusses auch bei der GmbH spricht allerdings folgende Überlegung: Das Festsetzungserfordernis analog § 26 Abs. 2 AktG ist nicht (wie § 30 GmbHG) den Kapitalerhaltungs-, sondern den Kapitalaufbringungsvorschriften zuzuordnen. Die Gründungskosten sind daher Teil der unverzichtbaren Haftungsmasse, die jedermann aufzubringen hat, der sich unter den Schutz der Haftungsbegrenzung des § 13 Abs. 2 GmbHG begeben will.

Eine offene Erstattung dieser Kosten ohne entsprechende Festsetzung in der Satzung muss daher auch bei der GmbH unzulässig sein; ein darauf gerichteter Beschluss ist analog § 241 Nr. 3 Var. 2 i. V. m. § 26 Abs. 2 AktG nichtig.

> **Hinweis**
> So vertritt es wohl auch das überwiegende Schrifttum (ohne freilich auf die hier behandelte Konstellation ausdrücklich einzugehen).[5] Der BGH hat in einer Entscheidung[6] allerdings angedeutet, dass er § 30 Abs. 1 GmbHG als einzige Grenze für Zugriffe einverständlich handelnder Gesellschafter (und Alleingesellschafter) ansieht. Auch die Wirksamkeit des Auszahlungsbeschlusses lässt sich daher gut vertreten.

Der Auszahlungsbeschluss ist daher auch insoweit unwirksam, als er nur eine Erstattung des Gründungsaufwandes bis zur Höhe von 5000 € zum Gegenstand hat. Die (gesamte) Auszahlung durch G erfolgte mithin ohne rechtlichen Grund.

---

[5] Vgl. etwa Noack/Servatius/Haas/*Servatius*, GmbHG, § 5 Rn. 57a; MünchKomm-GmbHG/*Schwandtner*, § 5 Rn. 292 ff.
[6] BGHZ 142, 92, 95 f. = NJW 1999, 2817 (jedoch ohne unmittelbaren Bezug zum Gründungsaufwand).

8.2 Lösungshinweise

cc) Ergebnis
Der V-GmbH steht gegen A ein Rückzahlungsanspruch in Höhe von 10.000 € aus § 812 Abs. 1 S. 1 Var. 1 BGB zu, den I nach § 80 Abs. 1 InsO geltend machen kann.

II. Ansprüche des I gegen G auf Schadensersatz wegen der Auszahlung der 10.000 € an A

1. Anspruch aus § 43 Abs. 2, Abs. 3 S. 1 Var. 1 GmbHG
Ein Schadensersatzanspruch des I gegen G aus § 43 Abs. 2 GmbHG setzt voraus, dass G als Geschäftsführer entgegen der Sorgfalt eines ordentlichen Geschäftsmannes eine unrechtmäßige Zahlung vorgenommen hat und hierdurch der GmbH ein Schaden entstanden ist.

Da die Auszahlung an A unrechtmäßig erfolgte und das Gesellschaftsvermögen entsprechend gemindert hat (s. o. I 1), liegt eine Pflichtverletzung vor, durch die der Gesellschaft ein Schaden entstanden ist. Soweit die Überweisung 5000 € übersteigt, liegt zudem eine Auszahlung entgegen § 30 Abs. 1 GmbHG vor, die unter § 43 Abs. 3 S. 1 Var. 1 GmbHG fällt.

Allerdings könnte der Beschluss der Gesellschafterversammlung (d. h. die Anweisung durch A) für G entlastend wirken (vgl. auch Fall 7 sub I 6). Grundsätzlich kommt Gesellschafterbeschlüssen, wie sich im Umkehrschluss aus § 43 Abs. 3 S. 3 GmbHG ergibt, eine entlastende Wirkung zu.

Indessen ist der Beschluss hier, soweit er gegen § 30 GmbHG verstößt, nichtig. Ein nichtiger Beschluss wirkt aber von vornherein nicht entlastend. Zudem hätte der Beschluss selbst dann, wenn man ihn für wirksam hielte, nach § 43 Abs. 3 S. 3 GmbHG keine entlastende Wirkung: Danach kommt bei Verstößen gegen § 30 Abs. 1 GmbH eine Entlastung nicht in Betracht, soweit der Ersatz zur Befriedigung der Gläubiger erforderlich ist. Diese Voraussetzung ist hier im Hinblick auf die Insolvenz der Gesellschaft erfüllt. Der Beschluss hebt die Haftung des G daher jedenfalls insoweit nicht auf, als er § 30 GmbHG verletzt.

Verstöße gegen § 26 AktG (analog) werden von § 43 Abs. 3 S. 3 GmbHG unmittelbar nicht erfasst. In Betracht kommt aber, dass jene Norm insoweit analog anzuwenden ist. Dafür spricht entscheidend, dass bei der Verletzung von Vorschriften über die Kapitalaufbringung (wie § 26 AktG) einem Gesellschafterbeschluss keine weitergehende Entlastungswirkung zukommen kann als bei der Verletzung von Kapitalerhaltungsvorschriften. G wird durch den Beschluss daher auch nicht entlastet, soweit letzterer nur auf die Auszahlung bis zur Höhe von 5000 € gerichtet ist.

Demnach haftet G der V-GmbH trotz der Anweisung des A neben diesem auf Schadensersatz i.H.v. 10.000 €.

2. Anspruch aus § 280 Abs. 1 BGB i. V. m. dem Anstellungsvertrag, vgl. § 611 BGB
Aus einer zugleich verwirklichten Verletzung des Dienstvertrages ergeben sich keine Ansprüche. Die spezialgesetzliche Organhaftung nach § 43 GmbHG nimmt die Verletzung des Dienstvertrages in sich auf (vgl. Fall Nr. 7).

2. Teil

Frage 1: Die Anfechtung des Beschlusses zur Grundstücksveräußerung

Das GmbHG regelt nicht, welche Rechtsbehelfe einem überstimmten Gesellschafter gegen fehlerhafte Beschlüsse der Gesellschafterversammlung zustehen. Diese Lücke ist zu füllen, indem jedoch grundsätzlich die aktienrechtlichen Regeln über die Anfechtung und die Nichtigkeit von Beschlüssen der Hauptversammlung (§§ 241 ff. AktG) analog herangezogen werden.

In Betracht kommt hier die Erhebung einer Anfechtungsklage, die analog § 246 Abs. 2 AktG gegen die GmbH zu richten ist.

I. Anfechtungsbefugnis

Die Begründetheit einer Anfechtungsklage setzt voraus, dass D anfechtungsbefugt ist. Man könnte erwägen, insoweit § 245 AktG heranzuziehen und grundsätzlich zu fordern, dass D in der Versammlung seinen Widerspruch zur Niederschrift erklärt hat (§ 245 Abs. 1 Nr. 1 AktG).

Indessen passt § 245 AktG nicht für die GmbH. Eine GmbH hat typischerweise einen weniger weit gespannten Mitgliederkreis als eine AG. Das Bedürfnis nach einer Einschränkung des Kreises der Anfechtungsbefugten ist daher geringer. Mithin unterliegt das Beschlussverfahren in der GmbH generell keinen mit dem AktG vergleichbaren formellen Voraussetzungen. Für die Anfechtungsbefugnis genügt es deshalb, dass D Gesellschafter ist.[7]

II. Anfechtungsfrist

Auch die Monatsfrist des § 246 Abs. 1 AktG (deren Einhaltung ebenfalls eine Voraussetzung für die Begründetheit der Anfechtungsklage wäre) entfaltet im GmbH-Recht keine strikte Wirkung. Der Gesellschafter ist lediglich gehalten, die Klage in angemessener Frist zu erheben. Die Monatsfrist ist daher lediglich als Richtwert heranzuziehen.[8]

Da hier keine Anhaltspunkte für ein unangemessen langes Zuwarten des D ersichtlich sind, ist davon auszugehen, dass er die Klage noch fristgerecht erheben kann.

III. Anfechtungsgrund analog § 243 Abs. 1 AktG

1. Gesetzesverletzung

Ein Anfechtungsgrund setzt analog § 243 Abs. 1 AktG eine Gesetzesverletzung voraus. In Betracht kommt hier ein Verstoß gegen § 47 Abs. 4 S. 2 GmbHG.

a) Grundsatz: § 47 Abs. 1 GmbHG

Nach § 47 Abs. 1 GmbHG entscheidet grundsätzlich die Stimmenmehrheit über die Annahme eines Antrages. Hier ist das Beschlussergebnis mit 3:1 Stimmen festgestellt, der Antrag also angenommen worden.

---

[7] Noack/Servatius/Haas/*Noack*, GmbHG, Anh. § 47 Rn. 136.
[8] BGHZ 111, 224, 225 f. = NJW 1990, 2625; Noack/Servatius/Haas/*Noack*, GmbHG, Anh. § 47 Rn. 9 f.

b) Stimmverbot nach § 47 Abs. 4 S. 2 GmbHG (Insichgeschäft)
In Betracht kommt, dass gem. § 47 Abs. 4 S. 2 GmbHG ein Stimmverbot für die jeweils an der B-GmbH beteiligten Gesellschafter A, B und C bestand. An sich handelt es sich hier um ein gewöhnliches Austauschgeschäft mit einem Dritten (B-GmbH). § 47 Abs. 4 S. 2 GmbHG greift für die Gesellschafter der B-GmbH daher nicht unmittelbar ein.

> **Hinweis**
> Handelt der unzulässigerweise mit abstimmende Gesellschafter zugleich als Vertreter der GmbH, so greift im Außenverhältnis § 181 BGB (sofern keine Befreiung in der Satzung erteilt wurde) ein. Im Innenverhältnis gilt hingegen § 181 BGB nicht, da der Beschluss keinen Vertrag darstellt.[9]

c) Stimmverbot analog § 47 Abs. 4 S. 2 GmbHG
Ausdrücklich nimmt das Gesetz zwar nur demjenigen Gesellschafter das Stimmrecht, der selbst mit der GmbH ein Rechtsgeschäft abschließt. In bestimmten Fällen ist aber eine analoge Anwendung der Norm geboten, um ihren Regelungsgehalt nicht leer laufen zu lassen.

Das gilt insbesondere für die hier zu beurteilende Konstellation, dass mehrere Gesellschafter sich an der Abstimmung beteiligen, die sämtliche Anteile der anderen Gesellschaft halten, mit der das Geschäft geschlossen werden soll. Auch hier besteht jene Interessenkollision, die § 47 Abs. 4 S. 2 GmbHG abwehren soll. Hinzu kommt, dass die Gesellschaft eigens von A, B und C zu diesem Zweck gegründet wurde. Es kann keinen Unterschied machen, ob A, B und C das Grundstück selbst kaufen oder ob sie es über die von ihnen beherrschte B-GmbH erwerben.

A, B und C hätten daher an der Abstimmung über die Grundstücksveräußerung nicht teilnehmen dürfen. Ein Verstoß gegen § 47 Abs. 4 S. 2 GmbHG in entsprechender Anwendung liegt somit vor.

> **Hinweis**
> Unschädlich ist eine bloße Minderheitsbeteiligung in der anderen Gesellschaft, da diese vom Regelungsgedanken des § 47 Abs. 4 S. 2 GmbHG nicht erfasst wird. Es kommt am Ende darauf an, dass sich A, B und C in diesem Fall lediglich das „Rechtskleid" der B-GmbH zunutze machen, obgleich sie allein wirtschaftlich davon profitieren.

2. Relevanz des Verstoßes
Ein Gesetzesverstoß berechtigt nur dann zur Anfechtung, wenn er für den Beschluss relevant war. Dies erfordert grundsätzlich keine Kausalität. Allerdings ist das Merk-

---
[9] Allerdings kann § 181 BGB bei Gesellschafterbeschlüssen dann anwendbar sein, wenn der Beschluss satzungsändernden Charakter hat; s. Noack/Servatius/Haas/*Noack*, GmbHG, § 47 Rn. 60.

mal der Relevanz (auch) bei Verfahrensverstößen jedenfalls erfüllt, wenn der Verstoß für den Beschluss kausal war. Hier wäre der Beschluss ohne die Mitwirkung von A, B und C nicht zustande gekommen. Ein Anfechtungsgrund liegt damit vor.

IV. Ergebnis
Die Anfechtung hat Aussicht auf Erfolg.

Frage 2: Zustandekommen des Abberufungsbeschlusses

I. Stimmverbot des A
Für das Zustandekommen des Beschlusses, mit dem A als Geschäftsführer abberufen wurde, kommt es allein darauf an, ob A stimmberechtigt war. § 47 Abs. 4 S. 2 GmbHG legt nahe, dass A hier nicht an seiner eigenen Abberufungsabstimmung teilnehmen konnte („Insichgeschäft").

Allerdings entfaltet § 47 Abs. 4 GmbHG grundsätzlich keine Verbotswirkung im Rahmen der korporativen Willensbildung, an der alle Mitglieder notwendig gemeinsam mitwirken können sollen.[10] So genannte Sozialakte sind im Hinblick auf das Partizipationsinteresse jedes Gesellschafters vom Stimmverbot ausgenommen. Dazu zählt auch die Abberufung aus einer Organstellung.[11]

> **Hinweis**
> Weitere Beispiele in diesem Zusammenhang sind etwa die Bestellung zum Geschäftsführer,[12] ferner die Beschlussfassung über den dazu gehörigen Anstellungsvertrag.[13]

Folglich bestand für A kein Stimmverbot nach § 47 Abs. 4 GmbHG. Für den Abberufungsbeschluss fehlt es somit – da auch B gegen die Abberufung gestimmt hat – an der notwendigen Mehrheit (vgl. § 47 Abs. 1 GmbHG).

II. Ergebnis
D geht zu Unrecht davon aus, dass der Beschluss wirksam (und bestandskräftig) zustande gekommen ist.

---

[10] *K. Schmidt*, GesR, § 21 II 2 a aa [S. 609]; Noack/Servatius/Haas/*Noack*, GmbHG, § 47 Rn. 82 ff.
[11] Noack/Servatius/Haas/*Noack*, GmbHG, § 47 Rn. 84.
[12] RGZ 74, 276, 279; BGHZ 18, 205, 210 = NJW 1955, 1716.
[13] RGZ 74, 276, 280.

Hinweis
Etwas anderes gilt, wenn die Abberufung aus wichtigem Grund erfolgen soll. Dies ändert zwar nichts an der Einordnung der Beschlussfassung als Sozialakt, aber der betreffende Geschäftsführer wäre zugleich „Richter in eigener Sache". Für diesen Fall des § 47 Abs. 4 GmbHG gibt es indessen weder die Möglichkeit der Abbedingung qua Satzung (arg. §§ 136, 23 Abs. 5 AktG), noch gelten für ihn die für Sozialakte anerkannten Einschränkungen (s. o. zum Insichgeschäft).

Verunglückte Sanierung

9.1 Sachverhalt

P, der persönlich haftende Gesellschafter des international tätigen Anlagenbauers H-KGaA, weiß seit Sonnabend, dem 01.02., dass durch spekulativen Devisenhandel, mit dem ursprünglich die Absicherung gegen Währungsrisiken beabsichtigt war, der H Millionenverluste in Höhe eines Vielfachen des Grundkapitals entstanden sind. Der Vorsitzende des Aufsichtsrates G, der in der H aufgrund seiner Person und seiner finanziellen Beteiligung in Höhe von über 84 % des Grundkapitals das Sagen hat, wurde darüber von P noch am selben Tag informiert.

P und G nehmen umgehend Sanierungsverhandlungen mit der angesichts der Höhe der Verluste allein in Betracht kommenden Unternehmensgruppe D auf. Die Verhandlungen scheitern am Donnerstag, den 20.02., in den frühen Morgenstunden endgültig.

Am Nachmittag des 21.02. nimmt eine Prokuristin zur Begleichung laufender Forderungen den Dispositionskredit auf einem Geschäftskonto der Gesellschaft bei der Landes- und GirozentraleA in Anspruch. Das Konto wird durch die Transaktion mit 10.000 € belastet.

Nach weiteren Besprechungen zwischen P und G, in denen G zunächst noch für weiteres Zuwarten eintritt, stellt P schließlich am Montag, den 24.02., Antrag auf Eröffnung des Insolvenzverfahrens über das Vermögen der H. Dem Antrag wird stattgegeben. Das zuständige Insolvenzgericht bestätigt nun zutreffend die Ordnungsmäßigkeit des Beschlusses der Gläubigerversammlung, wonach die Gläubigerbefriedigung mit einer Quote von 45 % erfolgen soll.

A verlangt von P persönlich Zahlung ihres Forderungsausfalls und meint, dass auch G wegen Verletzung seiner Pflichten als Aufsichtsratsmitglied und wegen seiner Stellung innerhalb der H hafte. Ferner erwägt A eine Inanspruchnahme der Unternehmensgruppe D.

Zu Recht?

> **Bearbeitervermerk**
> Auf §§ 227 und 254 InsO wird hingewiesen.

9.2 Lösungshinweise

I. Ansprüche von A gegen P

1. Anspruch von A gegen P als persönlich haftender Gesellschafter der KGaA aus § 488 Abs. 1 S. 2 BGB, § 278 Abs. 1 und 2 AktG, §§ 161 Abs. 2, 126 S. 1 HGB

In Betracht kommt, dass A den P unter dem Gesichtspunkt der akzessorischen Haftung für die Schulden der KGaA in Anspruch nehmen kann. Voraussetzung hierfür ist zunächst, dass eine Gesellschaftsschuld besteht.

Der von der A gewährte Dispositionskredit stellt sich zwar als Darlehen i. S. v. § 488 Abs. 1 BGB dar, jedoch begrenzt sich die persönliche akzessorische Haftung des P allein auf die erzwingbare Gesellschaftsschuld der H-KGaA, und diese ist durch den gerichtlich festgestellten Insolvenzplan auf die Quote (45 %) beschränkt, vgl. §§ 227, 254 InsO. Zudem wäre auch ohne einen Insolvenzplan gem. § 93 InsO der Insolvenzverwalter für die Geltendmachung der Forderung zuständig.

2. Anspruch von A gegen P aus § 823 Abs. 2 BGB i. V. m. § 15a Abs. 1 InsO

Möglicherweise ergibt sich eine persönliche Haftung des P aber aus einem deliktischen Anspruch. In Betracht kommt § 823 Abs. 2 BGB i. V. m. § 15a Abs. 1 InsO.

a) Schutzgesetzcharakter

Dies setzt zunächst voraus, dass § 15a Abs. 1 InsO ein Schutzgesetz zugunsten des A ist. Angesichts der individualschützenden Wirkung dieser Pflicht wird dies zugunsten der Gläubiger allgemein angenommen.[1]

b) Zahlungsunfähigkeit/Überschuldung

Entscheidend ist damit, ob P seine Pflicht zur rechtzeitigen Stellung eines Insolvenzantrages verletzt hat. Dies setzt nach § 15a Abs. 1 InsO zunächst die Zahlungsunfähigkeit oder Überschuldung der Gesellschaft voraus. Ob ein Schuldner zahlungsunfähig ist, ergibt sich aus der Legaldefinition des § 17 Abs. 2 InsO. Danach ist Zahlungsunfähigkeit i. d. R. anzunehmen, wenn der Schuldner seine Zahlungen eingestellt hat. Ob hier sogenannte „Zeitpunkt-Illiquidität" vorliegt, lässt der Sachverhalt allerdings nicht zweifelsfrei erkennen.

---

[1] Vgl. nur BGHZ 75, 96, 106 = NJW 1979, 1823 (Herstatt); BGHZ 126, 181, 190 = NJW 1994, 2220 (betr. GmbH); Großkomm-AktG/*Habersack/Foerster*, § 92 Rn. 100; MünchKomm-AktG/*Spindler*, § 92 Rn. 101.

In Betracht kommt insofern aber das Merkmal der Überschuldung. Für juristische Personen ist nach § 19 InsO neben der Zahlungsunfähigkeit auch die Überschuldung Insolvenzantragsgrund. Nach § 19 Abs. 2 InsO ist die Gesellschaft überschuldet, wenn ihr Vermögen (Aktiva) die bestehenden Verbindlichkeiten (Passiva) nicht mehr deckt, es sei denn, es liegt eine positive Fortführungsprognose vor.

Zur Ermittlung dieses Zustandes sind nicht die §§ 242 ff. HGB anzuwenden. Vielmehr werden auf der Passivseite nur die Verbindlichkeiten ausgewiesen (also nicht Grundkapital, Rücklagen, Gewinnvortrag oder Jahresüberschuss; Darlehen sind selbst dann zu passivieren, wenn es sich um Aktionärsdarlehen handelt und sie eigenkapitalersetzenden Charakter haben). Auf der Aktivseite sind stille Reserven aufzulösen. Ferner ist eine Fortführungsprognose zu treffen. Ist diese negativ, so liegt eine Überschuldung im Rechtssinne vor.

Angesichts der Millionenverluste ist eine Überschuldung der H-KGaA zu bejahen. Anhaltspunkte für eine positive Fortführungsprognose bestehen gerade im Hinblick auf die einzig in Betracht kommenden Sanierungschancen durch die D-Gruppe nicht.

c) Antragsfrist

P hat am 24.02. einen Insolvenzantrag gestellt. Fraglich ist insoweit, ob P hiermit noch die Drei-Wochen-Frist des § 15a Abs. 1 S. 1 InsO eingehalten hat. Nach streng objektiver Ansicht beginnt diese mit dem objektiven Eintrittsdatum der Überschuldung.[2] Diese Sichtweise berücksichtigt nicht, dass die Drei-Wochen-Frist gerade der Sanierung des Unternehmens dienen soll.

Ob positive oder – was wegen des Gläubigerschutzes vorzugswürdig ist – pflichtgemäße Kenntnis den Fristbeginn auslöst, kann hier, da kein Anhaltspunkt für ein Auseinanderfallen besteht, letztlich offen bleiben.

Maßgeblicher Zeitpunkt war hier der 01.02. Den Antrag hat P am 24.2. gestellt. Fraglich ist daher, ob die Antragstellung noch fristgerecht erfolgte. Für die Fristberechnung gelten die §§ 187 Abs. 1, 188 Abs. 2 BGB. Danach liegt das Ende der nach Wochen bestimmten Frist (§ 188 Abs. 2 BGB) am 22.02. um 24.00 Uhr. Dieser Tag war ein Sonnabend. Am Montag früh hat P den Insolvenzantrag gestellt. Nach § 193 BGB war dies noch fristgerecht.

Aber auch ein am Freitag gestellter Antrag wäre möglicherweise verspätet gewesen. So ist es nicht Sinn und Zweck des § 15a Abs. 1 S. 1 InsO, eine starre Drei-Wochen-Frist zu gewähren, sondern Handlungsspielraum für real durchsetzbare Sanierungsmöglichkeiten zu eröffnen.[3] Hier scheiterten die Sanierungsversuche endgültig bereits am Donnerstag, den 20.02. Bis dahin bestanden reale Sanierungschancen; nicht aber über diesen Zeitpunkt hinaus. Somit hätte P bereits an jenem Donnerstag ohne weiteres Zuwarten den Antrag stellen müssen und nicht erst nach Ablauf der Der-Wochen-Frist am 22.02. Da er dies unterlassen hat, liegt eine Verletzung der Insolvenzantragspflicht vor. P handelte dahingehend auch schuldhaft i. S. v. § 276 BGB.

---

[2] So aber Godin-Whilhelmi, AktG, § 92 Rn. 7.
[3] Kölner Komm-AktG/*Mertens/Cahn*, Anh. § 92 Rn. 21.

d) Schaden

P muss den aus dieser Pflichtverletzung entstandenen Schaden nach § 249 Abs. 1 BGB ausgleichen. Als Schaden ist jede Einbuße rechtlich geschützter Interesse zu erblicken, der im Wege der Differenzhypothese zu ermitteln ist und dessen Ersatzfähigkeit sich grundsätzlich nach dem Grundsatz der Naturalrestitution richtet. Besonderheiten ergeben sich im Insolvenzverfahren. So ist fraglich, welchen Schadensumfang der Normzweck des § 15a Abs. 1 InsO abdeckt.

Die frühere Rechtsprechung[4] erblickte den Schaden des Gläubigers in der Differenz zwischen der jetzt maßgeblichen Vergleichsquote und der bei rechtzeitiger Antragstellung erzielbaren Quote. Dieser Ansicht nach soll § 15a Abs. 1 InsO lediglich einen weiteren Kapitalverzehr verhindern, der in der Verminderung der vom Gläubiger zu beanspruchenden Quote liegt. Danach hätte A lediglich Anspruch auf den Betrag, der ihm bei rechtzeitiger Antragstellung zugesprochen worden wäre.

Diese Ansicht hat der BGH unter dem Eindruck einiger Kritik aufgegeben.[5] Nunmehr wird darauf abgestellt, ob der Gläubiger das Geschäft mit der Gesellschaft bei rechtzeitiger Antragstellung überhaupt abgeschlossen hätte.

Die zuletzt genannte Ansicht ist interessengerecht. Sie entspricht der Anerkennung von § 15a Abs. 1 InsO als Schutzgesetz auch zugunsten derjenigen, die nach Eintritt der Insolvenzantragspflicht Forderungen gegen die Gesellschaft erworben haben. Von dem Moment an, in dem eine Sanierung nicht mehr erreichbar ist, besteht kein Interesse der Neugläubiger mehr an der Erhöhung der Insolvenzquote. Auch besteht die Verpflichtung des Unternehmensträgers und seiner Organe, neu hinzukommende Kunden auf eine Überschuldung hinzuweisen. Damit werden zwar die Altgläubiger auf den Quotenschaden verwiesen, nicht aber die Neugläubiger. Diese können ihren Schaden selber geltend machen; er besteht neben einem etwaigen vom Insolvenzverwalter zu erhebenden Schadensersatzanspruch der Gesellschaft gegen den Vorstand. Schließlich besteht der Normzweck des § 15a Abs. 1 InsO auch darin, insolvenzreife Gesellschaften vom Markt fern zu halten, um wirtschaftliche Schäden Dritter zu vermeiden (Markträumungsfunktion).[6]

Die A hat der H-KGaA die Möglichkeit zur fortlaufenden Inanspruchnahme des Dispositionskredites erst gewährt, nachdem die Antragspflicht entstanden war. Es ist lebensnah davon auszugehen, dass dies in Kenntnis der beträchtlichen Überschuldung nicht geschehen wäre. Da die Forderungen der Gläubiger mit einer Quote von 45 % bedient wurden und die Gesamtforderung der A 10.000 € beträgt, liegt der Schadensumfang bei 5500 €.

Da es sich nicht um die Haftung des Komplementärs für Schulden der Gesellschaft handelt, sondern um die Haftung für eigene Pflichtverletzung, bleibt der Anspruch auch von der Insolvenz unberührt. Insbesondere hindert die Vorschrift des § 92 InsO nicht die Geltendmachung durch A. Hiernach ist der Insolvenzverwalter

---

[4] BGHZ 29, 100, 104 ff. = NJW 1959, 623; BGH GmbHR 1985, 83 f.
[5] BGHZ 126, 181, 192 = NJW 1994, 2220 („Abschied vom Quotenschaden"); zur vorherigen Rechtslage s. *Wilhelm*, ZIP 1993, 1833 ff.
[6] BGHZ 126, 181, 192 ff. = NJW 1994, 2220; *Bork*, ZGR 1995, 505, 512 ff.; *Goette*, DStR 1994, 1048, 1052; *Lutter*, DB 1994, 129, 135.

zwar für die Geltendmachung der Ansprüche der Altgläubiger zuständig, nicht aber für diejenigen der Neugläubiger. Anders als bei den Altgläubigern, die infolge der Insolvenzverschleppung regelmäßig einen einheitlichen Quotenverringerungsschaden und insofern einen Gesamtgläubigerschaden erleiden, besteht grundsätzlich kein einheitlicher Quotenschaden der Neugläubiger, der einer Geltendmachung durch den Insolvenzverwalter zugänglich wäre.[7]

Folglich hat A gegen P einen Anspruch auf Zahlung von 5500 €, den sie selbst geltend machen kann.

3. Anspruch von A gegen P aus § 93 Abs. 2, 5 AktG i. V. m. §§ 278 Abs. 1, 3, 283 Nr. 3 AktG

P haftet als persönlich haftender Gesellschafter wie ein Vorstandsmitglied nach § 93 Abs. 2 AktG (§ 283 Nr. 3 AktG). Damit A diesen Anspruch der Gesellschaft gegen P geltend machen kann, muss entweder ein Fall des § 93 Abs. 3 AktG vorliegen oder aber P muss seine organschaftlichen Pflichten in besonders gröblicher Weise verletzt haben (§ 93 Abs. 5 S. 2 AktG). Ein Verstoß gegen § 93 Abs. 3 Nr. 1 bis 9 AktG ist nicht ersichtlich.

> **Hinweis**
> Es kommt allein ein Verstoß gegen § 93 Abs. 3 Nr. 6 AktG aF in Betracht, der jedoch mit Wirkung zum 1. Januar 2021 durch das StaRuG aufgehoben und rechtsformneutral in § 15b InsO verschoben wurde. Dahingehend ist zweifelhaft, ob die Eingehung einer Verbindlichkeit – hier die Inanspruchnahme des Darlehens – eine Zahlung ist.[8] Bei entsprechend weitem Verständnis wird man dies bejahen können, wenn man in der Belastung des Gesellschaftskontos infolge der Rückzahlungsverpflichtung einen Vermögensabfluss erblicken mag.[9] Jedenfalls aber ist diese nicht durch P veranlasst worden. Vielmehr liegt die ursächliche Pflichtverletzung auch in diesem Kontext in der verspäteten Antragstellung.

Da P die Überschuldungssituation der KGaA bekannt war und er zudem von der Aussichtslosigkeit möglicher Rettungsmaßnahmen wusste, ist die Unterlassung der Antragstellung jedoch als gröbliche (wenn nicht sogar vorsätzliche) Sorgfaltspflichtverletzung i. S. v. § 93 Abs. 1, 5 AktG anzusehen.

P ist der Gesellschaft damit grundsätzlich aus § 93 Abs. 2 AktG zum Ersatz des Schadens verpflichtet, der ihr hieraus entstanden ist. Dabei erspart § 93 Abs. 5 AktG

---
[7] BGHZ 138, 211, 214 = NJW 1998, 2667; MünchKomm-InsO/*Gehrlein*, § 92 Rn. 11; Großkomm-AktG/*Habersack/Foerster*, § 92 Rn. 109 f.; a. A. wohl *K. Schmidt*, GesR, § 36 II 5 b (S. 1084).
[8] Dagegen BGHZ 138, 211, 216 = NJW 1998, 2667; Großkomm-AktG/*Habersack/Foerster*, § 92 Rn. 157; Kölner Komm-AktG/*Mertens/Cahn*, § 92 Rn. 39; *Röhricht*, ZIP 2005, 505, 511; nunmehr auch Scholz/*Bitter*, GmbHG, § 64 Rn. 118; dafür *Altmeppen/Wilhelm*, NJW 1999, 673, 678 f.
[9] BT-Drucks. 19/2418, S. 194; Nerlich/Römermann/*Mönning*, § 15b Rn. 13; *Bitter*, ZIP 2021, 321, 324.

dem Gläubiger den Umweg über die zahlungsunfähige Gesellschaft (Verfolgungsrecht). Wie sich aus § 93 Abs. 4 S. 2 AktG ergibt, ändert auch die (stillschweigende) Billigung des Aufsichtsratsmitgliedes G nichts an der grundsätzlichen Haftung des P, zumal G keinen Beschluss für den gesamten Aufsichtsrat treffen kann.

Anders als der Schadensersatzanspruch aus § 823 Abs. 2 BGB i. V. m. § 15a Abs. 1 InsO wird der Anspruch aus § 93 Abs. 2, 5 AktG aber durch die Insolvenz der Gesellschaft berührt. Nach § 93 Abs. 5 S. 4 AktG wird das Verfolgungsrecht der Gläubiger bei Insolvenz der Gesellschaft durch den Insolvenzverwalter ausgeübt. Somit kann A als Gläubiger den P nicht aus § 93 Abs. 2, 5 i. V. m. §§ 278 Abs. 1, 3, 283 Nr. 3 AktG in Anspruch nehmen, ohne dass es auf die Frage ankäme, ob der Gesellschaft durch die pflichtwidrige Verzögerung überhaupt ein Schaden entstanden ist.

4. Anspruch von A gegen P aus § 823 Abs. 2 BGB i. V. m. § 93 Abs. 2 AktG

Da § 93 Abs. 2 AktG eine Haftungsnorm zugunsten der Gesellschaft und nicht zugunsten außenstehender Gläubiger ist, besteht ein Anspruch aus § 823 Abs. 2 BGB i. V. m. § 93 Abs. 2 AktG nicht.[10]

5. Anspruch von A gegen P aus § 826 BGB

Schließlich kommt es in Betracht, dass P der A unter dem Gesichtspunkt einer vorsätzlichen sittenwidrigen Schädigung gem. § 826 BGB ersatzpflichtig ist. Diese Norm bleibt neben den aktienrechtlichen Vorschriften anwendbar.

Voraussetzung ist zunächst eine sittenwidrige Schädigung. P wusste, dass nach Scheitern der Sanierungsverhandlungen nur noch (wenn überhaupt) vage Hoffnung auf eine Erholung der finanziellen Lage bestand und jedes Abwarten ahnungslose Neugläubiger schädigen würde. Eine sittenwidrige Schädigung liegt somit vor.[11]

Diese Schädigung müsste P vorsätzlich herbeigeführt haben. Zwar wollte er die Gesellschaft aus ihrer finanziellen Krise retten. Für § 826 BGB genügt es aber, wenn er die Schädigung des A (oder anderer Neugläubiger) billigend in Kauf genommen hat.[12] Dies ist hier der Fall, sodass P gegenüber A auch aus § 826 BGB für den entstandenen Schaden i. H. v. 5500 € haftet.

II. Ansprüche von A gegen G

1. Anspruch von A gegen G aus §§ 116, 278 Abs. 1, 3, 93 Abs. 2, 5 AktG

In Betracht kommt, dass A gegen G einen Anspruch der KGaA geltend machen kann. Auch für G als Aufsichtsratsmitglied einer KGaA gilt über die Verweisung in §§ 116, 278 Abs. 1, 3 AktG die Haftungsvorschrift des § 93 Abs. 1 AktG.

---

[10] Koch, AktG, § 93 Rn. 141.
[11] Vgl. BGHZ 75, 96, 114 = NJW 1979, 1823 (Herstatt).
[12] BGH NJW 2000, 2896; Erman/*Wilhelmi*, § 826 Rn. 14.

Voraussetzung für einen hieraus herzuleitenden Anspruch ist wie schon bei P (vgl. I 3) eine gröbliche Pflichtverletzung i. S. v. § 93 Abs. 2, 5 AktG.

G wusste nicht nur über die finanziellen Verhältnisse der H Bescheid, sondern er hat die Verschleppung der Antragstellung sogar noch gefördert. Zwar trifft den G als Mitglied des Aufsichtsrates grundsätzlich (zu denkbaren Einschränkungen s. sogleich sub 2) nicht selbst die Pflicht zur rechtzeitigen Antragstellung. Er hat die Einhaltung der Insolvenzantragspflicht des Vorstands – insbesondere in einer Krisensituation – aber zu überwachen.[13] Eine gröbliche Pflichtverletzung i. S. v. § 93 Abs. 2, 5 AktG ist deshalb zu bejahen.

Allerdings findet auch hier § 93 Abs. 5 S. 4 AktG Anwendung, sodass nur der Insolvenzverwalter den Anspruch geltend machen kann.

2. Anspruch von A gegen G aus § 823 Abs. 2 BGB i. V. m. § 15a Abs. 1 InsO

Ein deliktischer Anspruch der A gegen G kann sich aus § 823 Abs. 2 BGB i. V. m. § 15a Abs. 1 InsO wegen Verletzung der Insolvenzantragspflicht ergeben. Grundsätzlich ist G als Aufsichtsratsmitglied zwar nicht zur Antragstellung verpflichtet. Gleichwohl kann unter bestimmten Voraussetzungen die Pflicht zur Stellung eines Insolvenzantrages auch einen Dritten treffen. Dies gilt jedenfalls für fehlerhaft bestellte Vorstandsmitglieder.[14]

Weniger eindeutig ist die Rechtslage bei den sog. faktischen Organwaltern, also solchen Personen, die die Geschäfte der Gesellschaft tatsächlich wie ein Vorstand führen, ohne zum Vorstand bestellt zu sein. Im GmbH-Recht wird die zivil- und strafrechtliche Verantwortung für die verspätete Antragstellung verbreitet auch auf jene Personen erstreckt.[15]

Indessen kann dies zu einer unerwünschten Aufweichung der Antragsbefugnis im Verfahrensrecht führen. Das Abstellen auf eine Person, die „die Geschäfte der Gesellschaft tatsächlich wie ein Vorstandsmitglied führt", ist aus Gründen der Rechtssicherheit zweifelhaft.[16] Von einem historischen Blickpunkt erschiene eine solche Sichtweise jedoch möglich.[17] Zudem bleibt der beherrschende Einfluss eines Dritten in diesen Zusammenhängen keineswegs sanktionslos, denn die faktischen Organwalter werden regelmäßig unter allgemeinen deliktsrechtlichen Gesichtspunkten oder einer Konzernhaftung den Gläubigern verantwortlich sein. Wie soeben (sub 1) gezeigt, haftet ein Aufsichtsratsmitglied überdies aus §§ 116, 93 AktG.

Doch selbst wenn man entgegen der hier vertretenen Ansicht eine eigene Antragspflicht des faktischen Organs annehmen wollte, stellt sich die Frage, ob G tat-

---

[13] Vgl. Großkomm-AktG/*Hopt/M. Roth*, § 116 Rn. 138.
[14] Vgl. *Stein*, ZHR 148 (1984), 207, 217 ff.
[15] BGHZ 75, 96, 106 = NJW 1979, 1823 (Herstatt); BGHZ 104, 44, 46 = NJW 1988, 1789; BGHSt 3, 32, 38.
[16] Vgl. Großkomm-AktG/*Habersack/Foerster*, § 92 Rn. 40 f., ferner Großkomm-AktG/*Kort*, § 117 Rn. 78 ff.; *Stein*, ZHR 148 (1984), 207, 223 ff.
[17] BT-Drucks 16/6140, S. 56.

sächlich den P aus dessen Stellung als eigenverantwortlich handelndes Vorstandsmitglied vollständig verdrängt hat.

Dagegen spricht, dass P bereits am Montag und damit offensichtlich gegen den Willen des G den Insolvenzantrag gestellt hat. Hierin kommt eine eigenverantwortliche Handlungsweise zum Ausdruck, was den Schluss nahe legt, dass P bis zur Antragstellung die Geschäfte allein geführt hat.

Folglich besteht kein Anspruch der A gegen G aus § 823 Abs. 2 BGB i. V. m. § 15a Abs. 1 InsO.

3. Anspruch von A gegen G aus §§ 117 Abs. 1 und 5 i. V. m. 278 Abs. 1, 3 AktG

Im Hinblick auf die beherrschende Stellung des G innerhalb der Gesellschaft kommt ein Anspruch aus § 117 AktG in Betracht. Auch dieser Anspruch kann gem. § 117 Abs. 5 S. 1 AktG von den Gläubigern geltend gemacht werden, soweit sie von der Gesellschaft keine Befriedigung erlangen können.

Voraussetzung ist, dass G unter Benutzung seines Einflusses den P als Verwaltungsorgan zu einer gesellschaftsschädigenden Handlung angewiesen hat. Dies kann jedwede Form von Machtstellung sein. In Betracht kommt insbesondere die Stellung als Mehrheitsaktionär.[18] Sodann ist es erforderlich, dass der Betreffende unter rechtswidrigem Gebrauch seines Einflusses ein Führungsmitglied der AG (KGaA) zu einer schädigenden Handlung der Gesellschaft veranlasst und schließlich diese Handlung kausal auf dem geltend gemachten Einfluss beruht.

Hier hatte G aufgrund seiner persönlichen und finanziellen Stellung innerhalb der Gesellschaft in rechtlicher und tatsächlicher Hinsicht eine Machtposition, die geeignet war, P als Organmitglied zu einer schädigenden Handlung zu motivieren. Davon hat er auch durch sein Eintreten für ein weiteres Zuwarten bei der Antragstellung Gebrauch gemacht. Indessen ist dem Sachverhalt nicht zu entnehmen, ob P sich diesem Einfluss gebeugt und gerade aufgrund der Intervention des G die Antragstellung bis Montag hinausgezögert hat.

Gegen die Annahme ursächlichen Verhaltens spricht, dass P im Folgenden eigenverantwortlich und insoweit unbeeinflusst vom Einflussnahmeversuch des G den Insolvenzantrag noch am nächsten Werktag gestellt hat. Eine Haftung entfällt damit.

> **Hinweis**
> Selbst bei gegenteiligem Ergebnis kann ein hieraus der KGaA erwachsender Schadensersatzanspruch von A gem. § 117 Abs. 5 S. 3 AktG während der Dauer des Insolvenzverfahrens nicht geltend gemacht werden. Auch in diesem Fall ist der Anspruch materiell der Gesellschaft und damit seine Geltendmachung dem Insolvenzverwalter zugewiesen.

---

[18] Großkomm-AktG/*Kort*, § 117 Rn. 124 (zur institutionellen Einflussnahme aufgrund einer Organstellung vgl. Rn. 126).

4. Anspruch von A gegen G nach den Grundsätzen der Durchgriffshaftung

Als Ansatzpunkt für eine Durchgriffshaftung kommt hier die beherrschende Stellung des G innerhalb der Gesellschaft in Betracht. Jedoch stellt sich nicht schon die Benutzung einer gesellschaftsrechtlich anerkannten Rechtsform als Missbrauch dar. Dies gilt auch dann, wenn die Stellung des persönlich haftenden Gesellschafters intern eher schwach ausgestaltet ist.

Hinzukommen müssen andere Merkmale anerkannter Fallgruppen der Durchgriffshaftung,[19] wofür hier aber keine Anzeichen bestehen.

5. Anspruch von A gegen G aus § 317 Abs. 1, 4 i. V. m. § 309 Abs. 4 S. 3 AktG

Ferner kommt ein konzernrechtlicher Ersatzanspruch aus § 317 Abs. 1 AktG in Betracht.

> **Hinweis**
> Grundsätzlich genießt § 317 AktG Vorrang vor § 117 AktG.[20] Der hier vorgeschlagene Aufbau weicht davon ab, da die Stellung des G als Unternehmen i. S. v. § 317 AktG weniger nahe liegt.

Einen solchen Ersatzanspruch kann A gem. § 317 Abs. 4 i. V. m. § 309 Abs. 4 S. 3 AktG unmittelbar gegenüber G geltend machen, wenn dieser als herrschendes Unternehmen anzusehen ist und die KGaA von ihm abhängig war. Zwar kann G auch als natürliche Person grundsätzlich herrschendes Unternehmen i. S. v. § 17 AktG sein und die Vermutung des § 17 Abs. 2 AktG legt zudem eine beherrschende Stellung nahe.

Dem Sachverhalt ist aber nicht zu entnehmen, ob G auch außerhalb der H-KGaA einer wirtschaftlichen Interessenbindung unterliegt, die stark genug ist, um die ernste Besorgnis zu begründen, er könnte um ihretwillen seinen Einfluss zum Nachteil der H-KGaA geltend machen (sog. teleologischer Unternehmensbegriff).[21] Da eine Einflussmöglichkeit auf zwei oder mehrere Unternehmen in der Person des G nicht ersichtlich ist, ist G nicht als Unternehmen anzusehen und ein Anspruch nach § 317 Abs. 1 AktG abzulehnen. Zudem scheint es fraglich, ob die verzögerte Antragstellung sich als ein nachteiliges Rechtsgeschäft oder als nachteilige Maßnahme darstellen kann. Für den Anspruch aus § 309 Abs. 1 AktG ist nämlich zu fordern, dass für die abhängige Gesellschaft ein Nachteil entsteht. Darin ist jede abhängig-

---

[19] Vgl. *K. Schmidt*, GesR, § 9 IV (S. 233 ff.).
[20] S. dazu Großkomm-AktG/*Kort*, § 117 Rn. 274 ff.
[21] Vgl. BGHZ 69, 334, 337 = NJW 1978, 104 (Veba/Gelsenberg); BGHZ 74, 359, 365 = NJW 1979, 2401 (WAZ); BGHZ 80, 69, 72 = NJW 1981, 1512 (Süssen); BGHZ 95, 330, 337 = NJW 1986, 188 (Autokran); BGHZ 135, 107, 113 = NJW 1997, 1855 (VW); s. auch *Böffel*, ZIP 2021, 777, 779.

keitsbedingte, i. S. d. § 317 Abs. 2 AktG sorgfaltswidrige, Minderung oder konkrete Gefährdung der Vermögens- oder Ertragslage der abhängigen Gesellschaft zu erblicken.[22] Selbst wenn man dies insbesondere hinsichtlich der späten Antragstellung und der daraus folgenden reduzierten Sanierungschancen als nachteilige Maßnahme annähme, so ist es jedenfalls nicht von G kausal veranlasst, wie bereits unter II 3 festgestellt.

Darüber hinaus könnte auch dieser Anspruch nur vom Insolvenzverwalter geltend gemacht werden (§ 317 Abs. 4 i. V. m. § 309 Abs. 4 S. 5 AktG).

6. Anspruch von A gegen G aus § 826 BGB

Schließlich kommt ein Anspruch aus § 826 BGB in Betracht. Dieser setzt eine vorsätzliche sittenwidrige Schädigung des A voraus.

Eine solche qualifizierte Schädigung kann hier wiederum allein in dem Drängen auf weiteres Zuwarten hinsichtlich der Insolvenzantragstellung gesehen werden. G war zwar bewusst, dass durch weiteres Zögern potenzielle Neugläubiger geschädigt werden, und er nahm dies auch billigend in Kauf. Allerdings fehlt es auch hier an der Ursächlichkeit der Handlung für die verspätete Antragstellung durch P (vgl. o. II 3) und damit für den Schaden der A.

Folglich haftet G der A auch nicht nach § 826 BGB.

III. Ansprüche von A gegen D

In Betracht kommt ein Anspruch von A gegen D aus § 826 BGB. Dies setzt eine vorsätzlich sittenwidrige Schädigung der A durch die Unternehmensgruppe D bei den Sanierungsverhandlungen mit P und G voraus. Insoweit ist schon fraglich, ob D als Unternehmensgruppe überhaupt passivlegitimiert ist. Die Gruppe als solche besitzt nämlich keine Rechtssubjektqualität. Wie die §§ 15 ff. AktG zeigen, sind unter Geltung des aktienrechtlichen Trennungsprinzips lediglich die einzelnen Rechtsträger Träger von Rechten und Pflichten.

Ungeachtet dessen verstößt der ernsthaft unternommene Versuch einer Unternehmensgruppe, ein Not leidendes Unternehmen zu retten, auch dann nicht gegen die guten Sitten, wenn der Versuch misslingt.[23]

Demgegenüber kann der Vorwurf des sittenwidrigen Handelns zum Schaden der Gläubiger begründet sein, wenn aus eigensüchtigen Motiven die Insolvenz eines Unternehmens hinausgeschoben wird und abzusehen ist, dass die ergriffenen Stützungsmaßnahmen den Zusammenbruch allenfalls verzögern.[24] Anhaltspunkte hierfür liefert der Sachverhalt indessen nicht.

Ein Anspruch der A aus § 826 BGB gegen die Unternehmensgruppe D scheidet deshalb aus.

---

[22] BGHZ 190, 7 Rn. 37 = NJW 2011, 2719 Rn. 37; *Böffel*, Versicherungskonzernrecht, S. 50.
[23] Vgl. BGHZ 96, 231, 235 ff. = NJW 1986, 837 (BuM).
[24] BGHZ 75, 96, 114 = NJW 1979, 1823 (Herstatt); BGHZ 96, 231, 237 = NJW 1986, 837 (BuM).

Machtbewusste GmbH

10.1 Sachverhalt

Die R-GmbH, Herstellerin eines Erfrischungsgetränks, übernimmt zum Zwecke des verbesserten Vertriebs 55 % der Anteile am Stammkapital der M & Co. Vertriebsgesellschaft mbH. Die übrigen Anteile der M werden von X (25 %) und Y (20 %) gehalten.

Um die steuerliche Organschaft zu erlangen, schließen die beiden Gesellschaften, vertreten durch ihre Geschäftsführer, zu Beginn des Geschäftsjahres 2020 einen schriftlichen Beherrschungs- und Gewinnabführungsvertrag. Darin finden sich u. a. folgende Regelungen:

§ 1 Die M & Co.-GmbH unterstellt die Leitung ihres Unternehmens der R-GmbH. Der R-GmbH steht ein Weisungsrecht gegenüber den Geschäftsführern der M & Co.-GmbH zu.

§ 2 Die M & Co.-GmbH verpflichtet sich, ihren ganzen Gewinn an die R-GmbH abzuführen.

Die Gesellschafter der R-GmbH stimmen dem Vertrag mehrheitlich zu; lediglich Z, der mit 30 % an der R-GmbH beteiligt ist, versagt seine Zustimmung. Die Gesellschafterversammlung der M & Co.-GmbH fasst ebenfalls einen Zustimmungsbeschluss, allerdings ohne die Stimme des Y. Der Geschäftsführer der M & Co.-GmbH, N, lässt diesen Beschluss beurkunden und meldet ihn zum Handelsregister an.

N erhält in der Folgezeit von S, dem Geschäftsführer der R-GmbH, zahlreiche Weisungen, die er gewissenhaft umsetzt. Am Ende des jeweiligen Geschäftsjahres führt die M & Co.-GmbH vertragsgemäß ihren Gewinn an die R-GmbH ab.

Ab 2022 verläuft die geschäftliche Entwicklung der M & Co.-GmbH schlechter. Als S den N anweist, er solle die Geschäftsaktivitäten auf dem Berliner Markt einstellen und die Kundendatei auf die von der R-GmbH für diese Region eigens gegründete neue Vertriebsgesellschaft übertragen, widersetzt sich N. Er meint, hierfür bedürfe es eines wirksamen Beschlusses der Gesellschafterversammlung. Auf den Beherrschungsvertrag könne sich S nicht berufen, weil dieser nichtig sei.

Die sich abzeichnende schlechte Geschäftsentwicklung führt im Geschäftsjahr 2022 zu einem bilanziellen Fehlbetrag von 100.000 €, den N von der R-GmbH ersetzt verlangt.

S möchte nun wissen,

1. ob N seinen Anweisungen widersprechen kann, und
2. ob die R-GmbH zum Ausgleich der 100.000 € verpflichtet ist.

10.2 Lösungshinweise

Frage 1: Widerspruchsrecht des N gegen die Anweisungen des S

N kann sich den Weisungen des S widersetzen, wenn es für diese an einer Rechtsgrundlage fehlt. Zu prüfen ist demnach, ob sich eine Weisungskompetenz des S (oder der von ihm vertretenen R-GmbH) rechtfertigen lässt.

I. Das Weisungsrecht der Gesellschafterversammlung als Rechtsgrundlage für die Anweisung des S

Ein Weisungsrecht kann sich zunächst aus der 55 %-Beteiligung der R-GmbH an der M & Co.-GmbH ergeben.

Anders als im Aktienrecht (vgl. § 76 Abs. 1 AktG) sind die Geschäftsführer einer GmbH gehalten, die Anweisungen der Gesellschafterversammlung auszuführen, §§ 37 Abs. 1, 46 Nr. 6 (und 8) GmbHG. Zu erwägen ist daher, dass S als Vertreter der R-GmbH im Rahmen des § 48 GmbHG in der Gesellschafterversammlung einen Beschluss (mit einfacher Mehrheit) für die M & Co.-GmbH fassen und N auf dessen Grundlage Anweisungen erteilen kann.

Allerdings deckt dieses einfache Weisungsrecht der Gesellschafter über die Gesellschafterversammlung nicht schädigende sowie solche Weisungen ab, durch die die Gesellschaft in einen Konzern eingegliedert werden soll.[1] Gerade den Mehrheitsgesellschafter trifft nämlich seiner Gesellschaft und seinen Mitgesellschaftern gegenüber das aus der gesellschaftsrechtlichen Treuepflicht abgeleitete Schädigungsverbot. Allein aus der Mehrheitsbeteiligung der R-GmbH ergibt sich mithin kein Weisungsrecht.

II. Weisungsrecht gem. §§ 308 Abs. 1 i. V. m. 291 Abs. 1 S. 1 Var. 1 AktG analog

In Betracht kommt ein Weisungsrecht des S gem. §§ 308 Abs. 1 i. V. m. 291 Abs. 1 S. 1 Var. 1 AktG analog aus dem Unternehmensvertrag zwischen der R-GmbH und der M & Co.-GmbH. Sofern § 308 Abs. 1 AktG analog auch auf den GmbH-

---

[1] *Emmerich/Habersack*, Konzernrecht, § 30 Rn. 1, 7, § 8 Rn. 6.

Vertragskonzern anwendbar ist, ergibt sich daraus die Berechtigung des herrschenden Unternehmens, dem Vorstand der beherrschten Gesellschaft Weisungen zu erteilen. Voraussetzung ist dafür jedoch zunächst, dass der zwischen den Gesellschaften geschlossene Vertrag wirksam ist.

1. Analoge Anwendung der §§ 291 ff. AktG auf den GmbH Vertragskonzern
Fraglich ist, inwiefern die Bestimmungen der §§ 291 ff. AktG überhaupt analog auf den GmbH-Konzern anwendbar sind. Dies ist unproblematisch möglich, wenn es sich bei der GmbH um das herrschende Unternehmen handelt. Die §§ 291 ff. AktG begrenzen nämlich die Anwendbarkeit dem Wortlaut nach nur hinsichtlich der abhängigen Gesellschaft. Die §§ 15 ff. AktG sind hingegen rechtsformneutral ausgestaltet und erfordern lediglich ein rechtsfähiges Rechtssubjekt.[2] Problematisch ist dies jedoch bereits bei grammatikalischer Auslegung, wenn eine GmbH abhängiges Unternehmen eines Unternehmensvertrages i. S. d. §§ 291 ff. AktG werden soll.

a) Keine analoge Anwendung der §§ 311 ff. AktG
Die §§ 311 ff. AktG können nicht analog angewendet werden, da die GmbH schon nicht über ein weisungsfreies Geschäftsleitungsorgan verfügt (vgl. § 37 GmbHG) und über keinen obligatorischen Aufsichtsrat verfügen muss, weshalb die §§ 312–315 und 318 AktG leerliefen. Die Gefahren des faktischen Konzerns werden daher im GmbH-Recht über die allgemeine Beschlusskontrolle, den Grundsatz der Gleichberechtigung und die gesellschaftsrechtliche Treuepflicht besser begrenzt.[3]

> **Hinweis**
> Da es vorliegend um einen Unternehmensvertrag i. S. d. §§ 291 ff. AktG (ggf. analog) geht (s. sogleich), sind die Ausführungen zu §§ 311 ff. AktG analog streng genommen entbehrlich. Da aber sub a) gut die Strukturunterschiede zwischen AG- und GmbH-Konzern gezeigt werden können – die ja auch für die partielle Analogie der §§ 291 ff. AktG bedeutsam sind – bieten sich dennoch kurz gehaltene Ausführungen an.

b) Partielle Analogie der §§ 291 ff. AktG
Für den Abschluss von Unternehmensverträgen i. S. d. §§ 291 ff. AktG verbietet sich deshalb und aufgrund der konzeptionellen Unterschiede zwischen GmbH und AG eine Gesamtanalogie der aktienrechtlichen Bestimmungen. Folglich ist grds. an das Recht der Satzungsänderungen gem. §§ 53 f. GmbHG anzuknüpfen

---
[2] Koch, AktG, § 15 Rn. 8; *Böffel*, ZIP 2021, 777, 779.
[3] Hierzu *Emmerich/Habersack*, Konzernrecht, § 29 Rn. 7 f.

und bei Bedarf, sofern passend, punktuell auf die §§ 291–310 AktG analog zurückzugreifen.[4] In diesem Sinne ist das Fehlen ausdrücklicher Regelungen im GmbH-Gesetz auch deshalb unschädlich, weil die Regelungen der §§ 291 ff. AktG der eigenverantwortlichen Leitungsmacht des Vorstands (§ 76 Abs. 1 AktG) sowie der aktienrechtlichen Satzungsstrenge (§ 23 Abs. 5 AktG) geschuldet sind, die es so im GmbH-Recht – wie erwähnt – nicht gibt. Schließlich zeigt die § 14 KStG ergänzende Regelung des § 17 Abs. 1 S. 1 KStG, dass auch der Gesetzgeber davon ausgeht, dass Unternehmensverträge zulässigerweise auch von anderen Kapitalgesellschaften als der Aktiengesellschaft abgeschlossen werden können.

2. Zustandekommen des Unternehmensvertrages zwischen der R-GmbH und der M & Co.-GmbH

Die R-GmbH und die M & Co.-GmbH haben sich über den Abschluss eines Beherrschungs- und Gewinnabführungsvertrages geeinigt. Die Gesellschaften wurden dabei gem. § 164 Abs. 1 BGB, § 35 Abs. 1 GmbHG von ihren Geschäftsführern vertreten. Diese sind, da es sich hierbei um einen Akt der Vertretung der Gesellschaften nach außen handelte, auch zuständig.

3. Unwirksamkeit nach § 177 Abs. 1 BGB

Der Vertrag kann nach § 177 Abs. 1 BGB unwirksam sein.

a) Vertretung ohne Vertretungsmacht

Das setzt zunächst voraus, dass der Vertrag durch einen Vertreter ohne Vertretungsmacht geschlossen wurde.

aa) Vertretungsmacht des N

Problematisch ist zunächst die Vertretungsmacht des N für die M & Co.-GmbH. Nach § 35 GmbHG ist die Vertretungsmacht des N als Geschäftsführer grundsätzlich unbeschränkt.

Etwas anderes ergibt sich möglicherweise im Hinblick auf den Charakter des Unternehmensvertrages. Dieser ist nicht nur ein schuldrechtliches Verpflichtungsgeschäft, sondern auch ein gesellschaftsrechtlicher Organisationsvertrag, durch den tief in die Finanz- und Organisationsstruktur der Gesellschaft eingegriffen wird.[5]

Eine Gewinnabführungsregelung, wie sie hier in Rede steht, hebt das Gewinnbezugsrecht der außenstehenden Gesellschafter faktisch auf. Dass die Gesellschaft der Leitung durch die Obergesellschaft unterstellt wird, neutralisiert praktisch die Weisungskompetenz der Gesellschafterversammlung. Hierdurch ändert sich der Gesellschaftszweck von einer werbenden Gesellschaft hin zu einer auf die Interessen der

---

[4] *Emmerich/Habersack*, Konzernrecht, § 32 Rn. 4.
[5] BGHZ 103, 1, 4 f. = NJW 1988, 1326 (Familienheim); BGHZ 105, 324, 331 = BGH NJW 1989, 295 (Supermarkt); BGHZ 190, 45, 50 = NZG 2011, 902; *Böffel*, ZIP 2019, 2191, 2194 f.

herrschenden Gesellschaft ausgerichteten GmbH. Dies belegt die satzungsändernde bzw. satzungsüberlagernde Wirkung[6] des Unternehmensvertrages.

Ist aber der Charakter des Unternehmensvertrages organisationsrechtlicher Natur und führt der Vertrag deshalb zu einer faktischen Satzungsänderung, so ist seine Wirksamkeit in Anlehnung an die §§ 53 ff. GmbHG von einem Beschluss der Gesellschafterversammlung abhängig. Unanwendbar ist hingegen § 37 Abs. 2 GmbHG, da der Grundsatz der Unbeschränkbarkeit der Vertretungsmacht für Verträge gesellschaftsrechtlicher Natur keine Wirkung entfaltet.[7]

Folglich hatte N bei Einigung mit S über den Unternehmensvertrag keine Vertretungsmacht in Bezug auf die M & Co.-GmbH.

bb) Vertretungsmacht des S

Fraglich ist, ob dasselbe auch für S gilt. Auf den ersten Blick ist der Abschluss des Vertrages für die Gesellschafter der R-GmbH nicht nachteilig; so wird insbesondere in ihr Gewinnbezugsrecht nicht eingegriffen.

Allerdings ist auch im GmbH-Recht die Wertung des § 293 Abs. 2 AktG zu berücksichtigen. Danach muss die Hauptversammlung der Obergesellschaft dem Abschluss eines Beherrschungs- und Gewinnabführungsvertrages mit qualifizierter Mehrheit zustimmen.[8] Im Aktienrecht findet dieses Zustimmungserfordernis seine Rechtfertigung in den mit einem Unternehmensvertrag verbundenen Belastungen für die herrschende Gesellschaft aus §§ 302–305 AktG. Außerdem werden die Aktionäre der herrschenden Gesellschaft mit den unternehmerischen Risiken einer Gesellschaft belastet, auf deren Geschäftsführung sie keinen unmittelbaren Einfluss haben.[9]

Im GmbH-Recht kann, da die Gesellschafter sich hier den gleichen Risiken gegenübersehen, grundsätzlich nichts anderes gelten. Zudem finden jedenfalls die §§ 302, 303 AktG auf die GmbH entsprechende Anwendung.[10]

Besteht aber auch für eine herrschende GmbH in entsprechender Anwendung des § 302 AktG die Pflicht zum Verlustausgleich (oder zur Sicherheitsleistung, § 303 AktG analog), dann kann die gesetzgeberische Wertung in § 293 Abs. 2 AktG nicht aus diesem Gesamtgefüge gelöst werden. Mithin ist für die Wirksamkeit eines Beherrschungs- und Gewinnabführungsvertrages, auch wenn die herrschende Gesellschaft eine GmbH ist, die Zustimmung der Gesellschafterversammlung der Obergesellschaft mit qualifizierter Mehrheit erforderlich.[11]

Damit fehlte auch S bei Abschluss des Unternehmensvertrages die erforderliche Vertretungsmacht.

---

[6] *Emmerich/Habersack*, Konzernrecht, § 32 Rn. 11.
[7] *Emmerich/Habersack*, Konzernrecht, § 32 Rn. 10.
[8] *Emmerich/Habersack*, Konzernrecht, S. 32 Rn. 22.
[9] Vgl. BGHZ 105, 324, 335 = BGH NJW 1989, 295 (Supermarkt).
[10] BGHZ 103, 1, 4 ff. = NJW 1988, 1326 (Familienheim); BGHZ 105, 324, 333 = BGH NJW 1989, 295; *Emmerich/Habersack*, Konzernrecht, § 32 Rn. 36; *Raiser/Veil*, Kapitalgesellschaften, § 62 Rn. 53 (S. 765) hins. § 302 AktG; *Krigar*, BRZ 2020, 10, 13 ff.
[11] BGHZ 105, 324, 331 = BGH NJW 1989, 295 (Supermarkt).

cc) Zwischenergebnis
Der Vertrag wurde daher sowohl für die M & Co.-GmbH als auch für die R-GmbH durch Vertreter ohne Vertretungsmacht geschlossen. Er war damit zunächst schwebend unwirksam.

b) Genehmigung
Der Vertrag wird jedoch (endgültig) wirksam, wenn ihn beide Gesellschaften wirksam genehmigt haben (vgl. § 177 Abs. 1 BGB).

aa) Zustimmungsbeschluss in der M & Co.-GmbH
Eine Genehmigung der M & Co.-GmbH kann sich aus dem Zustimmungsbeschluss der Gesellschafterversammlung ergeben. Dazu muss dieser Beschluss wirksam sein.

(1) Mehrheitserfordernis
Problematisch ist zunächst, ob der Beschluss mit der erforderlichen Mehrheit gefasst wurde. Ob der Zustimmungsbeschluss der Gesellschafterversammlung der beherrschten Gesellschaft mit qualifizierter Mehrheit, einstimmig oder gar mit Zustimmung aller (also auch der bei der Beschlussfassung nicht anwesenden) Gesellschafter zu erfolgen hat, ist umstritten. Hier ist der Beschluss in der M & Co.-GmbH mit einem Stimmverhältnis von 80 zu 20 gefasst worden, sodass es auf einen Streitentscheid ankommt.

Die wohl überwiegende Ansicht in der Literatur[12] fordert eine einstimmige Beschlussfassung.[13] Danach ist ein effektiver Minderheitenschutz nur über eine strikte Konzerneingangskontrolle möglich. Die Gefahr, dass einzelne Gesellschafter den Abschluss von Unternehmensverträgen aus unsachlichen Gründen blockieren, besteht nach dieser Ansicht nicht: Im Einzelfall sollen die Gesellschafter aus der Treuepflicht zur Zustimmung verpflichtet sein (etwa dann, wenn allein durch den Abschluss des Vertrages das Überleben der Gesellschaft gewährleistet werden kann).

Bedenkt man zudem, dass die Unterstellung unter eine einheitliche Leitung und die Abführung des gesamten erwirtschafteten Gewinns für die abhängige GmbH einer Änderung des Gesellschaftszwecks gleichkommt (s. schon oben), so liegt es nahe, entsprechend § 33 Abs. 1 S. 2 BGB, § 53 Abs. 3 GmbHG (Vermehrung der den Gesellschaftern auferlegten Leistungen) die Einstimmigkeit zur Mindestvoraussetzung zu erheben.

Dafür, dass eine bloß qualifizierte Mehrheit ausreicht, spricht hingegen die Systematik des Aktiengesetzes. § 293 Abs. 1 S. 2 AktG lässt die qualifizierte Mehrheit der Aktionäre der Hauptversammlung der abhängigen AG für den Zustimmungsbeschluss genügen. Nichts anderes ergibt sich, wenn man auf die satzungsändernde Wirkung eines Unternehmensvertrages für eine GmbH abstellt, denn nach § 53

---
[12] Vgl. Altmeppen, GmbHG, Anh. § 13 Rn. 35 ff.; *Raiser/Veil*, Kapitalgesellschaften, § 62 Rn. 25 (S. 756); *K. Schmidt*, GesR, § 38 III 2 a (S. 1192); *Emmerich*, AG 1991, 303, 308; *Ulmer*, BB 1989, 10, 13; *Schöning/Steininger*, NZG 2022, 253; *Zöllner*, ZGR 1992, 173, 174.
[13] Vgl. *Emmerich/Habersack*, Konzernrecht, § 32 Rn. 14 ff.

Abs. 2 S. 1 HS. 2 GmbHG erfordert auch diese lediglich eine Dreiviertelmehrheit der abgegebenen Stimmen.

Zudem würde ein Einstimmigkeitserfordernis die Wertungen des § 298 Abs. 1 und 2 AktG sowie zahlreicher umwandlungsrechtlicher Vorschriften unberücksichtigt lassen. Diese lassen für strukturändernde Maßnahmen, seien sie auch von großer Erheblichkeit, eine satzungsändernde Mehrheit genügen. Schließlich ist ein effektiver Minderheitenschutz auch über die analoge Anwendung der §§ 304, 305 AktG zu erreichen[14] und muss nicht im Vorfeld des Vertragsschlusses erfolgen. Das gilt insbesondere deshalb, weil die außenstehenden Gesellschafter zu diesem Zeitpunkt möglicherweise noch gar nicht überblicken können, wie viel „Schutz" sie zu einem späteren Zeitpunkt überhaupt benötigen.

Überzeugender ist es daher, eine qualifizierte Mehrheit von ¾ der abgegebenen Stimmen ausreichen zu lassen.[15] Der Zustimmungsbeschluss der Gesellschafterversammlung der M & Co.-GmbH erfolgte hier mit 80 % der Stimmen und genügt somit dem qualifizierten Mehrheitserfordernis, wenn man bei der Berechnung der Mehrheit alle abgegebenen Stimmen berücksichtigt.

(2) Stimmverbot der R-GmbH gem. § 47 Abs. 4 S. 2 Var. 1 GmbHG

An der notwendigen Mehrheit fehlt es indes, wenn die mit 55 % beteiligte R-GmbH bei der Beschlussfassung über den Unternehmensvertrag einem Stimmverbot unterlag. Dem Wortlaut des § 47 Abs. 4 S. 2 Var. 1 GmbHG nach ist die R-GmbH von der Abstimmung ausgeschlossen, da der in Rede stehende Vertrag mit ihr selbst abgeschlossen werden sollte. Anders als der Fall des „Richtens in eigener Sache" (§ 47 Abs. 4 S. 2 Var. 2 GmbHG) ist § 47 Abs. 4 S. 2 Var. 1 GmbHG in Fällen der korporativen Willensbildung (innere Angelegenheiten) allerdings nicht anzuwenden. Das Beteiligungsinteresse des betroffenen Gesellschafters geht dem Schutz vor Interessenkollisionen vor.

So liegt es hier. Folglich war die R-GmbH nicht von der Abstimmung ausgeschlossen. Die erforderliche Mehrheit liegt vor.

(3) Beurkundung und Registereintragung

Die satzungsändernde Wirkung des Abschlusses eines Beherrschungs- und Gewinnabführungsvertrages macht eine notarielle Beurkundung und Registereintragung des Beschlusses in entsprechender Anwendung der §§ 53, 54 GmbHG erforderlich.[16]

Die Beurkundung nach § 53 Abs. 2 S. 1 GmbHG erfüllt Prüfungs-, Belehrungs- und Beweissicherungsfunktionen, die auch im Falle des Zustimmungsbeschlusses

---

[14] Rowedder/Pentz/*Schnorbus*, GmbHG, § 52 Anh. Rn. 94 f.; Lutter/Hommelhoff/*Lutter/Hommelhoff*, GmbHG, Anh zu § 13 Rn. 88 f.; *Hoffmann-Becking*, WiB 1994, 57, 59.

[15] In diese Richtung tendiert wohl auch der BGH (BGHZ 190, 15, 17), indem er in einem *obiter dictum* ein Mehrheitserfordernis für den Fall der ordentlichen Kündigung eines Beherrschungs- und Gewinnabführungsvertrages als Maßstab setzt und zugleich die ordentliche Kündigung mit dem Abschluss eines Beherrschungs- und Gewinnabführungsvertrags auf eine Stufe stellt (BGHZ 190, 45, 50).

[16] Vgl. auch BGHZ 105, 324, 338 = NJW 1989, 295 (Supermarkt).

bedeutsam sind. Diese Unverzichtbarkeit gilt, nicht zuletzt im Hinblick auf den Gläubigerschutz, auch für die Kontroll- und Publizitätsfunktion der Registereintragung nach § 54 Abs. 3 GmbHG.

In Anlehnung an § 294 Abs. 1 S. 2 AktG sind auch der Zustimmungsbeschluss der herrschenden Gesellschaft sowie der Unternehmensvertrag selbst zum Register einzureichen, da sich allein aus dem Zustimmungsbeschluss u. U. nicht alle notwendigen Informationen ergeben.[17]

Hier hat N den Zustimmungsbeschluss beurkunden lassen und zum Register angemeldet. Von einer Einreichung des Vertrages und des Zustimmungsbeschlusses der R-GmbH kann ausgegangen werden. Damit ist der Zustimmungsbeschluss auch in formeller Hinsicht wirksam.

bb) Zustimmungsbeschluss in der R-GmbH

Problematisch ist, ob ein wirksamer Zustimmungsbeschluss in der R-GmbH gefasst wurde.

Obwohl auf der Seite der herrschenden GmbH keine Satzungsänderung vorliegt, ist auch hier eine qualifizierte Mehrheit der abgegebenen Stimmen erforderlich. Dies folgt zwar nicht aus § 53 Abs. 2 GmbHG, wohl aber aus einer entsprechenden Anwendung des § 293 Abs. 2 S. 2 AktG.[18] Wegen der insoweit nicht satzungsändernden Wirkung des Abschlusses des Vertrages bedarf der Zustimmungsbeschluss allerdings keiner Beurkundung und darf nicht in das Handelsregister eingetragen werden.[19]

Hier ist der Beschluss der Gesellschafterversammlung in der R-GmbH ohne die Stimmen des mit 30 % am Stammkapital beteiligten Z gefasst worden. Folglich fehlt es an der erforderlichen qualifizierten Mehrheit (75 %).

cc) Zwischenergebnis

Der Beherrschungs- und Gewinnabführungsvertrag ist damit nach § 177 Abs. 1 BGB endgültig unwirksam.

4. Weitere Wirksamkeitshindernisse

a) Formnichtigkeit gem. § 125 S. 1 BGB

Der Vertrag ist schriftlich geschlossen worden. Das genügt den Voraussetzungen des § 293 Abs. 3 AktG. Weitergehende Formerfordernisse bestehen nicht.

b) Nichtigkeit wegen fehlender Ausgleichsregelungen; notwendiger Vertragsinhalt

Daraus, dass ein effektiver Minderheitenschutz über eine entsprechende Anwendung der §§ 304, 305 AktG erreicht werden kann (s. o. sub 3 b aa), ergibt sich zu-

---

[17] BGHZ 105, 324, 338 = NJW 1989, 295 (Supermarkt); ferner BGH NJW 1992, 1452, 1453 (Siemens).
[18] BGHZ 105, 324, 335 f. = NJW 1989, 295 (Supermarkt).
[19] BGH NZG 2023, 508 Rn. 17 m.Anm. *Metzen*; a. A. Noack/Servatius/Haas/*Beurskens*, GmbHG, KonzernR Rn. 110.

gleich, dass der Unternehmensvertrag solche Ausgleichsansprüche auch festlegen muss, um wirksam zu sein.[20]

Daran fehlt es hier. Nähme man mit der h. M. das Erfordernis der Einstimmigkeit im Zustimmungsverfahren an, so wäre die Minderheit allein in der Lage, den für sie nötigen Schutz zu besorgen. Lässt man aber (wie hier vertreten) eine qualifizierte Mehrheit genügen, so bedarf es entsprechend §§ 304, 305 AktG der vertraglichen Festlegung des Minderheitenschutzes. Dies ist hier nicht geschehen, sodass der Vertrag auch aus diesem Grunde nichtig ist.

5. Zwischenergebnis
Der unwirksame Beherrschungs- und Gewinnabführungsvertrag ist damit unmittelbar keine Rechtsgrundlage der Weisungen des S an N.

III. Der nichtige Beherrschungsvertrag i. V. m. der Lehre von der fehlerhaften Gesellschaft als Rechtsgrundlage für die Anweisungen des S an N

Die Weisungsbefugnis des S lässt sich aber möglicherweise auf den Unternehmensvertrag i. V. m. der Lehre von der fehlerhaften Gesellschaft (s. hierzu auch Fall 2 sub Frage 2 A III) stützen. Der Vertrag kann nach der Lehre von der fehlerhaften Gesellschaft (für die Vergangenheit) als wirksam zu behandeln sein. Da es sich bei Unternehmensverträgen nicht um allein schuldrechtliche Verträge, sondern gesellschaftsrechtliche Organisationsverträge handelt, die nicht ohne Weiteres auf Grund allgemeiner schuldrechtlicher Vorschriften rückabgewickelt werden können, ist auch auf sie die Lehre von der fehlerhaften Gesellschaft anwendbar.[21]

Die Anwendung dieser Grundsätze setzt voraus, dass der Unternehmensvertrag in Vollzug gesetzt wurde. Das ist hier seit 2020 der Fall. Außerdem dürfen der Anwendung der Lehre von der fehlerhaften Gesellschaft keine höherrangigen Interessen der Allgemeinheit entgegenstehen.

Für das Vorliegen solcher höherrangigen Interessen spricht vorliegend entscheidend, dass auch Gesellschafter, die dem Vertrag nicht zugestimmt haben, von dessen Wirkungen betroffen werden. Wenn es, wie hier, an der Zustimmung aller Gesellschafter fehlt oder sich im Unternehmensvertrag keine Ausgleichsregelungen entsprechend §§ 304, 305 AktG finden, so blieben diese schützenswerten Belange unberücksichtigt. Das steht einer Anwendung der Lehre von der fehlerhaften Gesellschaft entgegen. Anderenfalls wäre es dem herrschenden Unternehmen nicht verwehrt, aus einem nichtigen Vertrag Vorteile zu ziehen.[22] Zudem hindert die Lehre von der fehlerhaften Gesellschaft selbst dann, wenn man sie grundsätzlich für anwendbar hält, eine Geltendmachung der Nichtigkeit nicht für die Zukunft.[23] Hier hat

---

[20] Lutter/Hommelhoff/*Lutter/Hommelhoff*, GmbHG, Anh. § 13 Rn. 91.
[21] BGHZ 103, 1, 5 = NJW 1988, 1326 (Familienheim); differenzierend *Raiser/Veil*, Kapitalgesellschaften, § 64 Rn. 34 (S. 759).
[22] Noack/Servatius/Haas/*Beurskens*, GmbHG, KonzernR Rn. 113.
[23] BGHZ 103, 1, 4 ff. = NJW 1988, 1326 (Familienheim); BGHZ 116, 37, 39 = NJW 1992, 505 (Stromlieferung); *Ulmer*, BB 1989, 10, 15.

sich N bereits auf die Unwirksamkeit berufen. Zur Geltendmachung sind jedenfalls die Organe der Beteiligten zuständig. Sie kann in beliebiger Form geschehen, einer förmlichen Kündigung bedarf es nicht.[24]

Folglich ergibt sich auch aus dem fehlerhaften Unternehmensvertrag i. V. m. der Lehre von der fehlerhaften Gesellschaft kein Weisungsrecht des S gegenüber N.

IV. Ergebnis

Damit besteht für die Weisung des S gegenüber N keine Rechtsgrundlage. Daher kann sich N dem Verlangen des S hinsichtlich der Übertragung der Kundendaten auf die neu gegründete Gesellschaft sowie weiteren, für die Gesellschaft nachteiligen Weisungen widersetzen.

Frage 2: Ansprüche der M & Co.-GmbH gegen die R-GmbH auf Verlustausgleich

Fraglich ist, ob die R-GmbH zum Ausgleich der 100.000 € verpflichtet ist.

I. Ausgleichsanspruch aus § 302 AktG analog

In Betracht kommt zunächst ein Anspruch der M & Co.-GmbH aus einer entsprechenden Anwendung des § 302 AktG.

Zwar ist § 302 AktG – wie oben dargelegt – auf die konzernierte GmbH entsprechend anwendbar. Die Vorschrift setzt aber einen wirksamen Beherrschungs- oder Gewinnabführungsvertrag voraus, der hier gerade nicht vorliegt (s.o.).

II. Ausgleichsanspruch aus § 302 AktG analog i. V. m. der Lehre von der fehlerhaften Gesellschaft

Zu erwägen ist ferner ein Ausgleichsanspruch aus § 302 AktG analog i. V. m. der Lehre von der fehlerhaften Gesellschaft. Wie oben gezeigt, steht der Anwendung der Grundsätze über die fehlerhafte Gesellschaft hier der Vorrang höherwertiger Interessen (die Nichtberücksichtigung des Minderheitenschutzes) entgegen.

Dies kann aber im Ergebnis nicht dazu führen, dass der im Interesse der Minderheit und des Gläubigerschutzes[25] gewährte Verlustausgleichsanspruch abzulehnen ist. Insoweit kann dahinstehen, ob dies aus einer analogen Anwendung des § 302 AktG i. V. m. der Lehre von der fehlerhaften Gesellschaft folgt oder über eine doppelte Analogie der Norm. Nach § 302 AktG ist der Jahresfehlbetrag i. H. v. 100.000 € für das Geschäftsjahr 2022 in voller Höhe von der R-GmbH auszugleichen.

Dass es sich bei der M & Co. um eine GmbH handelt, deren Vermögensbindung im Unterschied zu einer Aktiengesellschaft allein auf die Höhe des Stammkapitals begrenzt ist, kann nicht dazu führen, dass auch ein Ausgleichsanspruch dementspre-

---

[24] Noack/Servatius/Haas/*Beurskens*, GmbHG, KonzernR Rn. 115; a. A. Lutter/Hommelhoff/*Lutter/Hommelhoff*, GmbHG, Anh. zu § 13 Rn. 112.
[25] Noack/Servatius/Haas/*Beurskens*, GmbHG, KonzernR Rn. 113, 121 ff.

chend begrenzt ist.[26] Angesichts der hier berührten Minderheitsinteressen und der doppelten Schutzrichtung des § 302 AktG kann eine Anspruchsbegrenzung auf die Stammkapitalzahl allenfalls dann überzeugen, wenn sämtliche Gesellschafter dem Vertrag zugestimmt haben.[27]

Das ist hier gerade nicht der Fall. Daher ist der gesamte Fehlbetrag in Geld auszugleichen.

---

[26] Vgl. Noack/Servatius/Haas/*Beurskens*, GmbHG, KonzernR Rn. 113.
[27] Vgl. Voraufl. *Emmerich/Habersack*, Konzernrecht, § 32 Rn. 36.

Missglückte Finanzgeschäfte

11.1 Sachverhalt

X und Y sind zwei von fünf Vorständen der ABC-AG. Die Vorstandsaufgaben sind nach einem Ressortverteilungsplan auf die einzelnen Mitglieder des Vorstands verteilt. X ist für das Ressort „Finanzanlagen", Y für das Ressort „Arbeitnehmer" zuständig. Im Anstellungsvertrag des X ist seine Haftung für Pflichtverletzungen im Rahmen seiner Geschäftstätigkeit auf vorsätzliches Handeln begrenzt.

1. Abwandlung

Im Januar 2021 beschließt X aufgrund anhaltend schlechter Geschäfte der ABC-AG, auf Geschäftskonten lagernde Barreserven im erheblichen Umfang in Wertpapiere zu investieren, um durch damit generierte Gewinne die finanzielle Situation der Gesellschaft zu verbessern. Der Großteil der Investitionen erfolgt dabei in folgenden zwei Geschäften:

Zunächst erwirbt X am 2. Februar 2021 bei der Hausbank der ABC-AG Wertpapieranleihen im Wert von 1 Mio. €, die im Oktober 2022 zur Rückzahlung fällig sind. Emittentin der Anleihen ist die L-Sisters B.V. mit Gesellschaftssitz in den Niederlanden, eine Tochtergesellschaft der L-Sisters Holding Inc. aus den USA. Dies unterliegt nicht der Einlagensicherung der Hausbank. Die L-Sisters Holding Inc. übernimmt bzgl. der Anlage jedoch eine Einlagegarantie. Die Gesellschaft ist bei den drei führenden Ratingagenturen im Februar 2021 mit dem jeweils höchsten Rating bewertet, worüber sich X auch vor Abschluss des Geschäftes erkundigt hat. Auch die Aktien, an die die Anleihen gekoppelt sind, werden im Februar 2021 als sehr aussichtsreich bewertet.

Sodann tätigt X am 4. Februar 2021 ebenfalls über die Hausbank hoch komplexe und ebenso riskante Aktienoptionsgeschäfte im Wert von 500.000 €. Er übergeht dabei fahrlässig die Warnungen des Geschäftskundenberaters der Bank, der vom hoch riskanten Geschäft dringend abgeraten hat und verlässt sich allein auf den „Insidertipp" eines Bekannten.

Y hat im Januar 2021 von den beiden geplanten Geschäften des X in groben Zügen erfahren, in der Vorstandssitzung am 1. Februar 2021 aber davon abgesehen, weitere Erkundigungen einzuholen, da „ja X für dieses Ressort zuständig" sei.

Im September 2022 kommt es zur Insolvenz der L-Sisters Holding Inc. und deren Tochter L-Sisters B.V. Ebenso werden die Anleihen wertlos, denn eine Rückzahlung ist nur bei einer bestimmten Höhe des mit der Anleihe gekoppelten Aktienkorbes vertraglich vorgesehen, die nun erheblich unterschritten wird. Die Einlagensicherung der L-Sisters Holding Inc. greift aufgrund der Insolvenz nicht.

Auch der Wert der Aktienoptionen ist seit Beginn der Laufzeit von 500.000 € auf 100.000 € gesunken. Das Kapital ist für die ABC-AG i. H. v. 400.000 € unwiederbringlich verloren. Der Wertverlust erfolgte gleichbleibend von Beginn des Geschäftes an.

1. Frage: Bestehen im Oktober 2022 Ansprüche der ABC-AG gegen X wegen der oben genannten Geschäfte?
2. Frage: Bestehen Ansprüche gegen Y?

2. Abwandlung

Y beauftragt, nachdem die Erfolglosigkeit der Finanzgeschäfte des X bekannt wurde, eine Unternehmensprüfungsgesellschaft, die Bücher der ABC-AG hinsichtlich einer möglicherweise vorliegenden Überschuldung zu prüfen. Dafür stellt er dieser die Verhältnisse der Gesellschaft umfassend dar und legt auch die zur Prüfung erforderlichen Unterlagen offen. Die Prüfungsgesellschaft verneinte eine Überschuldung fälschlicherweise gegenüber Y. Dem vertraute Y, obwohl er bei einer eigenen Plausibilitätskontrolle hätte erkennen können, dass die Prüfungsgesellschaft sich irrte.

Als Folge der Finanzgeschäfte des X ist die Gesellschaft in Wahrheit ab dem 1. April 2023 bilanziell und rechtlich überschuldet. Am 5. April 2023 nimmt Y daraufhin Zahlungen ausstehender Arbeitnehmer- und Arbeitgeberanteile zur Sozialversicherung i. H. v. je 80.000 € (also insgesamt 160.000 €) für die ABC-AG vor. In dieser Höhe fallen auch die Ansprüche der Gläubiger der Gesellschaft aus.

Am 10. April 2023 beantragt Y die Eröffnung des Insolvenzverfahrens. Der Insolvenzverwalter I der ABC-AG macht nun Ansprüche auf Rückzahlung der 160.000 € gegen Y geltend.

Zu Recht?

11.2 Lösungshinweise

1. Abwandlung

1. Frage

I. Anspruch der ABC-AG gegen X aus § 93 Abs. 2 S. 1 i. V. m. Abs. 1 S. 1 AktG wegen Erwerbs der Wertpapieranleihen

Der ABC-AG könnte ein Schadensersatzanspruch gegen X aus § 93 Abs. 2 S. 1 i. V. m. Abs. 1 S. 1 AktG i. H .v. 1 Mio. € wegen des Erwerbs der Wertpapieranleihen im Februar 2021 zustehen.

1. Normadressat
X ist als Vorstandsmitglied Normadressat des Anspruchs aus § 93 Abs. 2 S. 1 i. V. m. Abs. 1 S. 1 AktG.

2. Pflichtverletzung
X könnte seine Sorgfaltspflicht zur ordentlichen und gewissenhaften Geschäftsleitung aus § 93 Abs. 1 S. 1 AktG objektiv verletzt haben. Sie setzt sich aus einer Legalitätspflicht, einer Sorgfaltspflicht und einer Überwachungspflicht zusammen. § 93 Abs. 1 S. 1 AktG stellt dabei einen erhöhten Sorgfaltsmaßstab auf. Eine solche Pflichtverletzung könnte darin zu sehen sein, dass X für die Gesellschaft Wertpapieranleihen erworben hat, die nicht der Einlagensicherung der Hausbank unterliegen, sondern allein der Emittentin L-Sisters Holding Inc.

3. Ausschluss gem. § 93 Abs. 1 S. 2 AktG
Gem. § 93 Abs. 1 S. 2 AktG liegt eine Pflichtverletzung jedoch nicht vor, wenn das Vorstandsmitglied eine unternehmerische Entscheidung trifft, dabei angenommen hat, auf der Basis angemessener Informationen zum Wohl der AG zu handeln und dies auch vernünftigerweise annehmen durfte. So bringt es die eigenverantwortliche Leitung der Gesellschaft durch einen Vorstand gem. § 76 Abs. 1 AktG mit sich, dass dieser auch unternehmerische Entscheidungen zu treffen hat.

Liegen diese Voraussetzungen vor, so ist bereits eine objektive Pflichtverletzung ausgeschlossen. Daher wird hinsichtlich der Regelung auch von einem sog. „safe harbor" gesprochen.[1] Damit die Regelung eingreift, müssen folgende Voraussetzungen erfüllt sein:

---

[1] *Bosch/Lange*, JZ 2009, 225, 229; Bürgers/Körber/*Bürgers*, AktG, § 93 Rn. 10; BeckOGK-AktG/*Fleischer*, § 93 Rn. 85.

Hinweis
Hierbei handelt es sich um die sog. Business Judgement Rule, die 2005 ins AktG aufgenommen wurde, nachdem der BGH in seiner ARAG/Garmenbeck-Entscheidung einen „safe harbor" richterrechtlich anerkannt hatte. Diese Regel ist Ausprägung der Verhaltens- und nicht Erfolgshaftung von Vorstandsmitgliedern. Sie soll übermäßiger Risikoscheu entgegenwirken, da wirtschaftliches Handeln naturgemäß mit Risiken und Unabwägbarkeiten verbunden ist. Dadurch soll auch verhindert werden, dass im Nachhinein ex ante zu strenge Anforderungen an das *ex ante* pflichtgemäße Verhalten der Organwalter gestellt werden (sog. hindsight bias).[2] Die Business Judgement Rule ist – aufgrund vergleichbarer Interessenlage und insoweit planwidriger Regelungslücke – analog auf § 43 Abs. 1 GmbHG anwendbar.

a) Unternehmerische Entscheidung
Zunächst müsste es sich beim Erwerb der Wertpapieranleihen um eine unternehmerische Entscheidung i. S. d. § 93 Abs. 1 S. 2 AktG handeln. Wann eine solche vorliegt, ist anhand des jeweiligen Einzelfalls zu entscheiden. Ein Indiz ist jedenfalls, wenn die Entscheidung nach unternehmerischen Zweckmäßigkeitsgesichtspunkten zu treffen ist und dem Vorstand Handlungsalternativen zur Verfügung stehen.[3] Des Weiteren spricht für eine Annahme, dass die Entscheidung aufgrund ihrer Zukunftsbezogenheit einen Prognose- und Risikocharakter aufweist.[4]

Zum hier vorgenommenen Erwerb der Wertpapieranleihen gab es eine Vielzahl an Handlungsalternativen. Da X aufgrund anhaltend schlechter Geschäfte der Gesellschaft durch das Finanzgeschäft deren finanzielle Lage verbessern und brach lagernde Geldreserven anlegen wollte, erfolgte die Entscheidung unter unternehmerischen Zweckmäßigkeitserwägungen. Dabei ging es darum, Gewinne zu erzielen. Auch der Prognose- und Risikocharakter ist zu bejahen. Mithin liegt eine unternehmerische Entscheidung i. S. v. § 93 Abs. 1 S. 2 AktG vor.

b) Entscheidung zum Wohle der Gesellschaft
Die Entscheidung muss zudem zum Wohle der Gesellschaft erfolgt sein. Maßgeblich ist dabei das Unternehmensinteresse, das auf den Erhalt sowie auf eine langfristige wirtschaftliche Stärkung der Gesellschaft gerichtet ist.[5] Auch dies ist bei der benannten Zielsetzung der Entscheidung anzunehmen.

---

[2] Zu alldem BeckOGK-AktG/*Fleischer*, § 93 Rn. 79 ff.
[3] Bürgers/Körber/*Bürgers*, AktG, § 93 Rn. 11; K. Schmidt/Lutter/*Sailer-Coceani*, AktG, § 93 Rn. 15.
[4] Bürgers/Körber/*Bürgers*, AktG, § 93 Rn. 11; BeckOGK-AktG/*Fleischer*, § 93 Rn. 88 ff. mit Beispielen; MünchKomm-AktG/*Spindler*, § 93 Rn. 48.
[5] Koch, AktG, § 93 Rn. 51 ff.; K. Schmidt/Lutter/*Sailer-Coceani*, AktG, § 93 Rn. 18.

c) Angemessene Information

Des Weiteren muss die Entscheidung auf einer angemessenen Information beruht haben. Es bedarf also zunächst der Schaffung einer angemessenen Tatsachengrundlage.[6] Dies ist aus der Sicht *ex ante* zu beurteilen.

Der Haftungsfreiraum für Vorstandsmitglieder ist nur bei einer sorgfältigen Ermittlung der Entscheidungsgrundlagen gerechtfertigt, die sich vor allem in der Art und Weise der Informationsbeschaffung widerspiegelt. Welche Information angemessen ist, hängt von den Umständen des Einzelfalles ab, mithin von der jeweiligen konkreten Entscheidung. So ist nicht nur die Vorlaufzeit maßgeblich, sondern auch Art und Umfang sowie die Folgen der unternehmerischen Entscheidung.[7] Außerdem spielen die tatsächlichen und rechtlichen Möglichkeiten der Informationsgewinnung eine Rolle.[8] Überdies sind Kosten und Nutzen der Informationsbeschaffung gegeneinander abzuwägen.[9]

X hat sich bzgl. der Wertpapieranleihen Informationen über die Art der Anleihe eingeholt. Er wusste, dass diese der Einlagengarantie der L-Sisters Holding Inc. unterfiel und bei den führenden Ratingagenturen mit dem höchsten Rating bewertet wurde. Zudem beschaffte er sich Informationen über die Art des Anlagegeschäftes, nämlich, dass dieses an einem gekoppelten Aktienkorb hängt. Auch über die beinhalteten einzelnen Aktienwerte erkundigte sich X im Vorhinein. Damit ist von einer angemessenen Tatsachengrundlage auszugehen.

d) Risikoabwägung

Der Vorstand muss aber auch im Rahmen der unternehmerischen Entscheidung, abgesehen von der Schaffung einer ausreichenden Tatsachengrundlage, bestimmte Grundsätze einhalten. Darunter fällt vor allem die Bewertung der einzelnen Aspekte und ihre Abwägung gegenüber den damit verbundenen Risiken.[10] Er darf nicht blindlings auf hohe Renditen setzen, wenn diese nicht mit den entsprechenden Risiken abgewogen worden sind.[11] Der Vorstand muss andererseits unter Umständen auch mit einem Risiko behaftete Geschäfte vornehmen können, ohne dass bereits in der Vornahme solcher Geschäfte eine unternehmerische Pflichtwidrigkeit oder ein Verschulden zu sehen ist.[12] Eine Verletzung der Sorgfaltspflichten ist demnach zu bejahen, wenn ein schlechthin unvertretbares Vorstandshandeln vorliegt.[13]

X musste hier die Gewinnaussichten mit dem Risiko der Anleihe abwägen. Dabei hatte er insbesondere zu beachten, dass das Finanzprodukt nicht der Einlagensicherung der Hausbank unterlag. Allerdings unterfiel die Anleihe dafür der Einlagensi-

---

[6] Allg. M., s. BGHZ 135, 244, 253 = NJW 1997, 1926 (ARAG/Garmenbeck).
[7] Bürgers/Körber/*Bürgers*, AktG, § 93 Rn. 13; BeckOGK-AktG/*Fleischer*, § 93 Rn. 92.
[8] BeckOGK-AktG/*Fleischer*, § 93 Rn. 94.
[9] K. Schmidt/Lutter/*Sailer-Coceani*, AktG, § 93 Rn. 17.
[10] BGH NJW 1980, 1628, 1629; BGHZ 135, 244, 253 = NJW 1997, 1926 (ARAG/Garmenbeck).
[11] MünchKomm-AktG/*Spindler*, § 93 Rn. 54.
[12] BGHZ 135, 244, 253 = NJW 1997, 1926 (ARAG/Garmenbeck).
[13] BGHZ 135, 244, 253 = NJW 1997, 1926 (ARAG/Garmenbeck).

cherung der L-Sisters Holding Inc., die eine vertragliche Absicherung übernommen hatte. Dies Gesellschaft wurde zudem – wie oben erwähnt – von den drei führenden Ratingagenturen mit der höchsten Wertung belegt. Mithin wurden die an die Anleihen gekoppelten Aktien im Februar 2021 als sehr aussichtsreich bewertet. Demnach ist davon auszugehen, dass X die mit dem Geschäft verbundenen Risiken gegenüber den Chancen ausreichend abgewogen hat. Dass sich dies im Nachhinein nicht bewahrheitete, ist für die Risikoabwägung im Zeitpunkt der unternehmerischen Entscheidung nicht bedeutsam (sog. hindsight bias).

e) Gutgläubigkeit und Unabhängigkeit
X muss ferner gutgläubig und unabhängig gehandelt haben. Gutgläubigkeit meint hierbei, dass das Vorstandsmitglied selbst von der Richtigkeit seines Handelns ausgehen muss.[14] Im Sachverhalt sind keine Anhaltspunkte zu finden, dass X an der Richtigkeit seiner Anlagegeschäfte zweifelte. Er handelte damit gutgläubig. Er befand sich auch nicht in einem Interessenkonflikt, sodass von seiner Unabhängigkeit auszugehen ist.

f) Zwischenergebnis
Demnach ist eine Pflichtverletzung bereits aufgrund der Einhaltung des Ermessensspielraums des § 93 Abs. 1 S. 2 AktG ausgeschlossen.

4. Ergebnis
Es besteht kein Anspruch der ABC-AG gegen X aus § 93 Abs. 2 i. V. m. Abs. 1 AktG wegen des Erwerbs der Wertpapieranleihen im Februar 2021.

II. Anspruch der ABC-AG gegen X hinsichtlich des Erwerbs der Wertpapieranleihen wegen Verletzung des Anstellungsvertrages
Ein Anspruch der Gesellschaft wegen Verletzung des Anstellungsvertrages gem. §§ 611, 280 Abs. 1 BGB neben einer Haftung aus § 93 Abs. 2 i. V. m. Abs. 1 S. 1, 2 AktG scheidet aus, da § 93 AktG abschließenden Charakter hat. § 93 AktG ist *lex specialis* im Hinblick auf Ansprüche aus der Sonderverbindung zwischen Gesellschaft und Vorstand.[15]

III. Anspruch der ABC-AG gegen X aus § 93 Abs. 2 i. V. m. Abs. 1 S. 1 AktG wegen des Aktienoptionsgeschäftes
Die ABC-AG könnte einen Schadensersatzanspruch gegen X haben aus § 93 Abs. 2 i. V. m. Abs. 1 S. 1 AktG wegen Tätigung des Aktienoptionsgeschäftes am 4. Februar 2021.

1. Normadressat
X ist als Vorstandsmitglied Normadressat des Anspruchs aus § 93 Abs. 2 S. 1 i. V. m. Abs. 1 S. 1 AktG.

---

[14] Bürgers/Körber/*Bürgers*, AktG, § 93 Rn. 16; BeckOGK-AktG/*Fleischer*, § 93 Rn. 103.
[15] Großkomm-AktG/*Hopt/Roth*, § 93 Rn. 617f.

2. Pflichtverletzung

X könnte seine Sorgfaltspflicht zur ordentlichen und gewissenhaften Geschäftsleitung aus § 93 Abs. 1 S. 1 AktG objektiv verletzt haben (zum Maßstab s. 1. Variante 1. Frage I 2). Eine solche Pflichtverletzung könnte darin zu sehen sein, dass X für die Gesellschaft überaus riskante Aktienoptionen entgegen der ausdrücklichen Empfehlung der Hausbank erworben hat.

3. Ausschluss gem. § 93 Abs. 1 S. 2 AktG

Eine Pflichtverletzung liegt aber dann nicht vor, wenn X dabei im Rahmen der Vorgaben des § 93 Abs. 1 S. 2 AktG handelte.

a) Unternehmerische Entscheidung

Auch bei der Tätigung des Aktienoptionsgeschäftes handelte es sich um eine unternehmerische Entscheidung i. S. d. § 93 Abs. 1 S. 2 AktG.

b) Entscheidung zum Wohle der Gesellschaft

Die Entscheidung erfolgte auch zum Wohle der Gesellschaft, denn X wollte aufgrund anhaltend schlechter Geschäfte der Gesellschaft durch das Finanzgeschäft deren finanzielle Lage verbessern und brach lagernde Geldreserven anlegen.

c) Gutgläubigkeit und Unabhängigkeit

Ebenso handelte er gutgläubig und unabhängig. Etwas anderes lässt sich aus dem Sachverhalt nicht herleiten.

d) Angemessene Information

Fraglich ist aber, ob X sich auch angemessene Informationen über die Aktienoptionen eingeholt hat, um dann auf dieser Basis zu entscheiden. Wie oben dargelegt, bildet dies die Rechtfertigung für den Ermessensspielraum des Vorstands. Der Sachverhalt sagt einzig aus, dass X von dem Risiko der Anlage durch die Hausbank wusste und eine Information von einem Bekannten erhalten hat. Wie präzise die Angaben waren, ist dem Sachverhalt nicht zu entnehmen. Ob X sich angemessene Informationen besorgt hat, lässt sich daher nicht mit Sicherheit sagen.

> **Hinweis**
> Das auf Schadensersatz in Anspruch genommene Vorstandsmitglied trägt bzgl. aller Voraussetzungen des § 93 Abs. 1 S. 1 AktG die volle Beweislast.[16] Insbesondere muss das Vorstandsmitglied fehlende Pflichtwidrigkeit sowie fehlendes Verschulden darlegen und im Bestreitensfall beweisen.[17] X müsste also darlegen und ggf. beweisen, ob er sich angemessene Informationen über die Aktienoptionen beschafft hat.

---

[16] BR-Drucks. 3/05, S. 21.
[17] Koch, AktG, § 93 Rn. 103, 105.

e) Risikoabwägung

Auch wenn man davon ausgeht, dass sich X in ausreichender Weise die erforderlichen Informationen beschafft hat, muss er bestimmte Grundsätze einhalten. Darunter fällt, wie erwähnt, vor allem die Bewertung der einzelnen Aspekte und dessen Abwägung gegen die damit verbundenen Risiken.[18] Dies hat X nicht eingehalten. Er tätigte das Geschäft trotz Kenntnis des immensen Risikos. Damit liegt ein schlechthin unvertretbares Vorstandshandeln vor.

f) Zwischenergebnis

X handelte nicht im Rahmen des Ermessensspielraums des § 93 Abs. 1 S. 2 AktG.

4. Verschulden

Erforderlich ist des Weiteren, dass X die Pflichtverletzung zu vertreten hat. Vorstandsmitglieder haften nach dem besonderen, strengeren Maßstab eines ordentlichen und gewissenhaften Geschäftsleiters (§ 93 Abs. 1 S. 1 AktG); dabei genügt leichte Fahrlässigkeit.[19] Hier handelte X mindestens leicht fahrlässig. Er ist in unverantwortlicher Weise Risiken eingegangen.[20]

Fraglich ist, ob sich etwas anderes daraus ergibt, dass im Anstellungsvertrag des X eine Beschränkung der Haftung auf Vorsatz geregelt ist. X handelte nicht vorsätzlich, sondern allenfalls grob fahrlässig. Eine Haftung wäre daher bei Annahme einer Haftungsbegrenzung auf Vorsatz ausgeschlossen.

Die Schadensersatzhaftung aus § 93 Abs. 2 AktG stellt aber in all ihren Teilen zwingendes Recht dar. Sie kann weder durch die Satzung noch durch den Anstellungsvertrag abbedungen werden. Das ergibt sich aus der aktienrechtlichen Satzungsstrenge des § 23 Abs. 5 AktG.[21] Demnach kann der Verschuldensmaßstab auch nicht zugunsten eines Vorstandsmitglieds abgemildert werden.[22] Mithin hat die im Anstellungsvertrag geregelte Haftungsbegrenzung keinen Einfluss auf den Verschuldensmaßstab im Rahmen des § 93 Abs. 2 AktG.

5. Kausaler Schaden

Der ABC-AG ist durch die Pflichtwidrigkeit des X ein Schaden i. H. v. 400.000 € entstanden. Als Schaden ist jede unfreiwillige Einbuße rechtlich geschützter Interessen anzusehen. Maßgebend ist dabei der Schadensbegriff der §§ 249 ff. BGB, der auf der sog. Differenzhypothese basiert. Es ist also ein Vergleich des Vermögens nach dem schädigenden Ereignis mit dem Vermögen bei Hinwegdenken des Ereignisses vorzunehmen. Ohne den Erwerb der Aktienoption hätte das Vermögen einen um 400.000 € höheren Wert.

---

[18] BGHZ 135, 244, 253 = NJW 1997, 1926 (ARAG/Garmenbeck); BGHZ 69, 207, 213 f.; BGH NJW 1980, 1628, 1629.
[19] BeckOGK-AktG/*Fleischer*, § 93 Rn. 248.
[20] Vgl. BeckOGK-AktG/*Fleischer*, § 93 Rn. 107.
[21] Großkomm-AktG/*Hopt/Roth*, § 93 Rn. 47; BeckOGK-AktG/*Fleischer*, § 93 Rn. 4.

6. Ergebnis
Der Gesellschaft steht gegen X einen Schadensersatzanspruch i. H. v. 400.000 € zu.

IV. Anspruch der ABC-AG gegen X hinsichtlich des Aktienoptionsgeschäftes wegen Verletzung des Anstellungsvertrages
Ein Anspruch der Gesellschaft wegen Verletzung des Anstellungsvertrages gem. §§ 611, 280 Abs. 1 BGB scheidet neben einer Haftung aus § 93 Abs. 2 i. V. m. Abs. 1 S. 1, 2 AktG aus (s.o. sub II).

2. Frage

I. Anspruch der ABC-AG gegen Y aus § 93 Abs. 2 i. V. m. Abs. 1 S. 1 AktG wegen des Aktienoptionsgeschäftes
In Betracht kommt, dass der ABC-AG ein Schadensersatzanspruch gegen Y aus § 93 Abs. 2 AktG wegen des Aktienoptionsgeschäftes des X für die Gesellschaft vom 4. Februar 2021 i. H. v. 400.000 € zusteht.

1. Normadressat
Y ist als Vorstandsmitglied der ABC-GmbH möglicher Gegner eines Anspruchs aus § 93 Abs. 2 i. V. m. Abs. 1 S. 2 AktG.

2. Pflichtverletzung

a) Zurechnung der Pflichtverletzung des X
Es ist zu erwägen, ob dem Y das pflichtwidrige Verhalten seines Vorstandskollegen X bei Abschluss des Aktienoptionsgeschäftes zuzurechnen ist. Allerdings ist ein Vorstandsmitglied weder nach § 93 AktG noch nach §§ 278, 831 BGB haftbar für das Verhalten anderer Vorstandsmitglieder.[23] Demnach entfällt eine Zurechnung.

b) Eigene Pflichtverletzung
Zu erwägen ist, ob Y eine eigene Pflichtverletzung begangen hat. In Betracht kommt, dass er seine Sorgfaltspflicht aus § 93 Abs. 1 S. 1 AktG verletzt hat, indem er den Abschluss des Aktienoptionsgeschäftes nicht verhinderte. Eine Haftung aus § 93 AktG kann sich nämlich dann ergeben, wenn ein Vorstandsmitglied gegen ein rechtswidriges Verhalten eines anderen pflichtwidrig nicht einschreitet.[24]

Dem steht nicht entgegen, dass der Vorstand der ABC-AG in Ressorts unterteilt ist und Y für Finanzanlagen nach dem Ressortverteilungsplan nicht zuständig war. Zwar sind solche Ressortverteilungen zulässig. Denn der Grundsatz der Gesamtver-

---

[22] BeckOGK-AktG/*Fleischer*, § 93 Rn. 5.
[23] Kölner Komm-AktG/*Mertens/Cahn*, § 93 Rn. 49.
[24] Kölner Komm-AktG/*Mertens/Cahn*, § 93 Rn. 49.

antwortung untersagt eine vorstandsinterne Geschäftsverteilung (sog. Ressortprinzip) nicht.[25] Allerdings ergibt sich aus der Verteilung der Pflichten keine Enthaftung, sondern eine Zweiteilung der Geschäftsführung in eine unmittelbar verwaltende und eine beaufsichtigende Tätigkeit.[26] Jedes Vorstandsmitglied trägt die volle Verantwortung für die ihm zugewiesene Aufgabe (Ressortverantwortung).[27] Dies entbindet die übrigen Vorstandsmitglieder freilich nicht von jeder Restverantwortung. Vielmehr sind sie nach dem Grundsatz der Gesamtverantwortung verpflichtet, die Geschäfte über die Ressortgrenzen hinweg fortlaufend zu überwachen.[28]

Das Ausmaß dieser ressortübergreifenden Überwachungspflicht ist aber umstritten. Überwiegend wird davon ausgegangen, dass es grundsätzlich von den Umständen des Einzelfalls abhängt.[29] Hier hatte Y vor Abschluss des Geschäftes durch X in groben Zügen Kenntnis von diesem. Zudem hatte Y in der Vorstandssitzung am 1. Februar 2021 die Möglichkeit, sich eingehender zu informieren.

Fraglich ist, ob das Unterlassen des Einschreitens gegen das Geschäft einerseits und/oder die fehlende weitere Informationsbeschaffung andererseits einen Verstoß gegen die zuvor erläuterte Überwachungspflicht darstellen. Ersteres ist nach den Angaben des Sachverhalts nicht mit Sicherheit darzulegen, denn dieser enthält abgesehen vom Abraten des Kundenberaters nicht, was genau X über das Geschäft wusste. Demnach scheidet dieser Anknüpfungspunkt aus. In Betracht kommt aber das Unterlassen der weiteren Nachforschung v. a. im Rahmen der Vorstandssitzung. Die „pflichtgemäße Neugier" beginnt spätestens dort, wo greifbare Anhaltspunkte für eine pflichtwidrige Amtsführung eines Vorstandskollegen vorliegen.[30] Solche Anhaltspunkte sind in der Information, dass der Kundenberater ausdrücklich vom Geschäft abrät, gegeben. Demnach liegt eine Verletzung der Überwachungspflicht des Y vor.

3. Verschulden
Der Y hat die Pflichtverletzung auch zu vertreten. Er handelte mindestens leicht fahrlässig, die Haftungsbeschränkung im Anstellungsvertrag ist unwirksam (vgl. oben III 4).

4. Kausaler Schaden
Der ABC-AG ist durch die Pflichtwidrigkeit des Y ein Schaden i. H. v. 400.000 € entstanden.[31]

5. Ergebnis
Der ABC-AG steht ein Schadensersatzanspruch gegen Y i. H. v. 400.000 € zu.

---

[25] BeckOGK-AktG/*Fleischer*, § 77 Rn. 53.
[26] Grundlegend RGZ 98, 98, 100; BeckOGK-AktG/*Fleischer*, § 77 Rn. 58.
[27] Großkomm-AktG/*Hopt/Roth*, § 93 Rn. 374.
[28] Koch, AktG, § 77 Rn. 15; Kölner Komm-AktG/*Mertens/Cahn*, § 77 Rn. 26.
[29] Großkomm-AktG/*Hopt/Roth*, § 93 Rn. 376; Koch, AktG, § 77 Rn. 15a.
[30] So u. a. BGH WM 1986, 789; NJW 1986, 54, 55.
[31] Zur Berechnung s. o. bei III. 5.

2. Abwandlung

I. Anspruch des I gegen Y aus § 15b Abs. 1, 4 InsO wegen Auszahlung der Arbeitnehmeranteile i. H. v. 80.000 €

In Betracht kommt ein Anspruch des I gegen Y aus § 15b Abs. 1, 4 InsO wegen der Abführung der Arbeit*nehmer*beiträge zur Sozialversicherung i. H. v. 80.000 €.

1. Aktivlegitimation

I müsste als Insolvenzverwalter zur Geltendmachung des Anspruches berechtigt sein. Die Ansprüche würden materiell der ABC-AG zustehen. I ist gem. § 80 InsO jedoch zur Geltendmachung dieser Ansprüche im eigenen Namen zu Gunsten der Insolvenzmasse befugt (sog. gesetzliche Prozessstandschaft). Der Insolvenzverwalter ist Partei kraft Amtes. Damit kann I die Ansprüche der Gesellschaft geltend machen.

2. Anspruchsgegner

Y ist als Vorstandsmitglied tauglicher Schuldner eines Anspruchs aus §§ 15b Abs. 1 i. V. m. 15a Abs. 1 S. 1 InsO.

3. Zahlung entgegen § 15b Abs. 1 S. 1 InsO

Des Weiteren müsste Y gem. § 15b Abs. 1 S. 1 InsO eine Zahlung vorgenommen haben, obwohl Zahlungsunfähigkeit gem. § 17 InsO oder Überschuldung gem. § 19 InsO bereits eingetreten ist. Eine solche könnte in der Auszahlung der Arbeitnehmerbeiträge zur Sozialversicherung i. H. v. 80.000 € liegen.

Die ABC-AG war ausweislich des Sachverhalts ab dem 1. April 2023 überschuldet. Die Zahlung erfolgte am 5. April 2023. Mithin wurde gegen § 15b Abs. 1 S. 1 InsO verstoßen.

4. Ausschluss der Pflichtverletzung gem. § 15b Abs. 1 S. 2 InsO

In Betracht kommt aber, dass ein pflichtwidriges Verhalten deshalb ausgeschlossen ist, weil es sich um Arbeitnehmerbeiträge handelt. Y würde sich bei Nichtabführung der Arbeitnehmerbeiträge nämlich gem. § 266a Abs. 1 StGB strafbar machen.

Nach früherer Rechtsprechung führte dies nicht zum Ausschluss eines Verstoßes gegen § 92 Abs. 2 S. 1 AktG a. F.[32] Von dieser Ansicht ist der BGH aber dann abgerückt:[33] Im Hinblick auf die Einheit der Rechtsordnung konnte es demnach dem organschaftlichen Vertreter nicht angesonnen werden, die Massesicherungspflicht zu erfüllen und fällige Leistungen an die Sozialkassen oder die Steuerbehörden nicht zu erbringen, wenn er sich dadurch strafrechtlicher Verfolgung aussetzt. Sein die entsprechenden sozial- und steuerrechtlichen Vorschriften befolgendes Verhalten musste deswegen im Rahmen der anzustellenden Prüfung als mit den Pflichten eines ordentlichen und gewissenhaften Geschäftsleiters vereinbar angesehen werden.

---

[32] BGHZ 143, 184, 185 = NJW 2000, 668; BGHZ 146, 264, 274 = NJW 2001, 1280.
[33] BGH NJW 2007, 2118; BGH NJW-RR 2008, 1253; BGH NJW 2009, 295.

Es ist fraglich, ob dies nach aktueller Rechtslage i. S. d. § 15b Abs. 1 S. 1 InsO ebenfalls gelten kann. So hat der Gesetzgeber mit dem SanInsFoG zu dem hier angesprochenen Problem der Pflichtenkollision Stellung bezogen und in § 15b Abs. 8 InsO einen steuerrechtlichen Ausnahmetatbestand geschaffen. Dieser umfasst indes § 266a StGB nicht unmittelbar.[34] Insofern ist fraglich, ob die Vorschrift des § 15b Abs. 8 InsO analog für § 266a StGB anwendbar ist.[35]

Dies hängt von einer planwidrigen Regelungslücke bei vergleichbarer Interessenlage ab. Die Interessenlage dürfte hinsichtlich des Straftatbestands ohne weiteres erfüllt sein. Auch die Regelungslücke wird man angesichts des hier zu Tage tretenden Regelungsbedürfnisses annehmen können.

Schwieriger zu beantworten ist dagegen die Frage, ob infolge des Abs. 8 Planwidrigkeit vorliegt. Dagegen spricht entscheidend, dass der Gesetzgeber im Zuge des SanInsFoG rechtspolitischen Regelungsbedarf erkannt,[36] ihn aber nicht hinsichtlich § 266a StGB, sondern nur bezüglich steuerrechtlicher Zahlungspflichten aufgelöst hat (vgl. insoweit auch Argumentation zu Fall 1). Rechtspolitische (bewusste) Fehler darf die Rechtsprechung gerade nicht korrigieren.[37]

In der Literatur wird gleichwohl vertreten, auch weiterhin die bis zum SanInsFoG ergangene, oben zitierte Rechtsprechung anzuwenden.[38] Dies ist methodisch nicht unzweifelhaft, da die Aussagekraft der ergangenen Rechtsprechung nicht zur neuen Rechtslage passt und möglicherweise so unter Geltung des § 15b Abs. 8 InsO nicht ergehen würde. Folglich ist in der Zahlung der ausstehenden Arbeitnehmeranteile zur Sozialversicherung nach der hier vertretenen Sichtweise eine Pflichtverletzung zu erblicken.

Hinweis
Auch die Gegenansicht ist vertretbar (und vom Ergebnis her gesehen auch nachvollziehbar). Gleichwohl ist es vor dem Hintergrund des Art. 20 Abs. 1, 3 GG bedenklich, „allein" aufgrund des gesetzlichen Wertungswiderspruchs und entgegen der klaren gesetzgeberischen Wertungen an der alten Rechtslage festzuhalten.

5. Haftungsbegrenzung nach § 15b Abs. 4 S. 2 InsO

Der Umfang des Ersatzanspruchs könnte der Höhe auf den Gläubigerschaden begrenzt sein, wenn dieser geringer als der Schaden der Gesellschaft ausfällt, § 15b

---

[34] S. hierzu generell kritisch K. Schmidt InsO/*K. Schmidt/Herchen*, § 15b Rn. 27; ebenfalls mit Kritik *Altmeppen*, ZIP 2021, 2413.
[35] Dafür *Bitter*, ZIP 2021, 321, 328; MHLS/*Hölzle*, GmbHG, § 15b Rn. 64; dagegen K. Schmidt InsO/*K. Schmidt/Herchen*, § 15b Rn. 28 („auf schwachen Füßen"); Braun/*Weber/Dömmecke*, § 15b Rn. 62.
[36] Vgl. BT-Drucks. 19/24181, S. 195.
[37] Dafür aber ausdrücklich plädierend *Altmeppen*, ZIP 2021, 2413, 2418.
[38] K. Schmidt InsO/*K. Schmidt/Herchen*, § 15b Rn. 28.

Abs. 4 S. 2 InsO. Laut Sachverhalt beläuft sich der Schaden der Gläubiger indes auf ebenjene 80.000 €.

6. Verschulden

Des Weiteren müsste Y die Zahlung entgegen § 15b Abs. 1 InsO zu verschulden haben. Dabei genügt fahrlässiges Verhalten, also eine Zahlung aufgrund Außerachtlassung der im Verkehr für einen ordentlichen Geschäftsmann üblichen Sorgfalt.[39] Für die Haftung des Vertretungsorgans reicht grundsätzlich die Erkennbarkeit der Insolvenzreife aus; das Verschulden des Vorstandsmitglieds oder Geschäftsführers wird dann vermutet.[40]

Das in Anspruch genommene Vorstandsmitglied trifft die Darlegungs- und Beweislast dafür, dass er seine Insolvenzantragspflicht nicht schuldhaft verletzt hat. Dies ist anzunehmen, wenn er die wirtschaftliche Lage nicht beständig überprüft und so seine Pflicht zur Krisenfrüherkennung verletzt hat. Fahrlässigkeit ist daher anzunehmen, wenn nicht rechtzeitig die erforderlichen Informationen und Kenntnisse erlangt wurden.[41] Dabei muss sich der organschaftliche Vertreter, sollte er nicht über ausreichende persönliche Kenntnisse verfügen, gegebenenfalls extern beraten lassen.[42] Dafür reicht eine schlichte Anfrage bei einer von dem organschaftlichen Vertreter für fachkundig gehaltenen Person nicht aus. Erforderlich ist vielmehr, dass sich das Vertretungsorgan unter umfassender Darstellung der Verhältnisse der Gesellschaft und Offenlegung der erforderlichen Unterlagen von einem unabhängigen, für die zu klärenden Fragestellungen fachlich qualifizierten Berufsträger beraten lässt.[43] Darüber hinaus muss das externe Beratungsergebnis einer eigenen Plausibilitätskontrolle unterzogen werden.[44]

Y hatte offensichtlich keine ausreichenden persönlichen Erkenntnisse über die finanzielle Lage der Gesellschaft. Er hat allerdings eine Unternehmensprüfungsgesellschaft beauftragt. Diese stellt auch einen fachlich qualifizierten Berufsträger dar. Auch hat er der Prüfungsgesellschaft die Verhältnisse der Gesellschaft umfassend dargelegt und alle erforderlichen Unterlagen offengelegt. Allerdings hat er nicht – wie es die Sorgfalt eines ordentlichen und gewissenhaften Geschäftsleiters gebietet – das Prüfergebnis einer Plausibilitätskontrolle unterzogen. Dabei wäre ihm aufgefallen, dass die Prüfungsgesellschaft einen Fehler gemacht hat. Folglich kann sich Y nicht exkulpieren.

---

[39] Braun/*Weber/Dömmecke*, § 15b Rn. 39.
[40] BGHZ 143, 184, 185 = NJW 2000, 668; BGHZ 146, 264, 277 = NJW 2001, 1280.
[41] Rowedder/Pentz/*Schneider/Schmidt-Leithoff*, GmbHG, Anh. I § 60 Rn. 67 (zur GmbH).
[42] BGHZ 126, 181, 199 = NJW 1994, 2220, dort zur Prüfung der positiven Fortführungsprognose; OLG Düsseldorf, NZG 1999, 944, 946, zur Feststellung der Überschuldung; MünchKomm-AktG/*Spindler*, § 92 Rn. 93; Kölner Komm-AktG/*Mertens/Cahn*, § 93 Rn. 99; MünchHdb-GesR/*Kraft/Hoffmann-Becking*, Band IV, § 26 Rn. 13.
[43] BGH NJW 2007, 2118; vgl. auch Braun/*Weber/Dömmecke*, § 15b Rn. 39.
[44] BGH NZG 2016, 658 Rn. 34.

7. Ergebnis
Der I hat einen Anspruch gem. § 15b Abs. 1, 4 InsO gegen Y i. H. v. 80.000 € wegen Abführung der Arbeitnehmerbeiträge.

II. Anspruch des I gegen Y aus § 15b Abs. 1, 4 InsO wegen Auszahlung der Arbeitgeberanteile i. H. v. 80.000 €
Aus denselben Gründen könnte dem I gegen Y ein Anspruch aus § 15b Abs. 1, 4 InsO wegen der Abführung der Arbeit*geber*beiträge zur Sozialversicherung i. H. v. 80.000 € zustehen.

1. Anspruchsvoraussetzungen
I ist gem. § 80 Abs. 1 InsO aktivlegitimiert. Y ist als Vorstandsmitglied tauglicher Schuldner eines Anspruchs aus §§ 15b Abs. 1 i. V. m. 15a Abs. 1 S. 1 InsO. Die Auszahlung verstößt, da die Gesellschaft im Zeitpunkt der Zahlung überschuldet war, grundsätzlich – wie auch die oben dargelegte Auszahlung der Arbeitnehmeranteile – gegen § 15b Abs. 1 S. 1 InsO. Diese Haftung ist auch nicht gem. § 15b Abs. 1 S. 2 InsO ausgeschlossen, da es vorliegend bei einer Nichtabführung der Arbeitgeberanteile nicht zu einer Strafbarkeit aus § 266a Abs. 1 StGB käme. Die Annahme einer Pflichtwidrigkeit widerspricht auch nicht der Einheit der Rechtsordnung.[45] Demnach liegt ein pflichtwidriges Verhalten des Y vor. Auch hinsichtlich der Arbeitgeberbeiträge ist der Umfang des Ersatzanspruchs nicht auf die Höhe des Gläubigerschadens begrenzt, da sich dieser laut Sachverhalt auf ebenjene 80.000 € beläuft. Schließlich hat Y die Zahlung auch hier zu verschulden, da er das Prüfergebnis keiner Plausibilitätskontrolle unterzogen hat.

2. Anspruchsumfang und Ergebnis
Die ABC-AG hat gegen Y einen Anspruch aus § 15b Abs. 1, 4 InsO wegen Abführung der Arbeitgeberbeiträge zur Sozialversicherung i. H. v. 80.000 €.

---
[45] BGH NZG 2009, 913.

Streit im Aufsichtsrat 12

12.1 Sachverhalt

Der Vorstandsvorsitzende V der A-AG mit Sitz in Berlin, deren Satzungszweck die Erbringung von Transportdienstleistungen ist, erwirbt aufgrund eines „heißen Tipps" von einem südafrikanischen Händler für die AG Goldschürfrechte zum Preis von 3 Mio. €. Diese Rechte stellen sich alsbald als wertlos heraus; sie müssen vollständig abgeschrieben werden.

In einer Aufsichtsratssitzung wird ein Antrag, Schadensersatzklage gegen V zu erheben, mit einfacher Mehrheit abgelehnt. Die überstimmten Aufsichtsratsmitglieder X, Y und Z erheben zwei Monate später Klage gegen die AG auf Feststellung der Nichtigkeit dieses Beschlusses. Zur Begründung führen sie an, dass V den entstandenen Schaden eindeutig verursacht und zu vertreten habe und dass deshalb ein positiver Beschluss hätte gefasst werden müssen.

V entgegnet, die Klage sei zu spät erhoben. Im Übrigen könne in solchen Fällen der Vorstand die Gesellschaft gar nicht in einem Prozess vertreten. V kritisiert die Klage als geschäftsschädigend, weil dadurch das Vertrauen der Kunden in die A-AG leide und zudem mit erheblichen Kursrückgängen zu rechnen sei. Auch könne er sich nicht vorstellen, wie er als Vorstandsvorsitzender seine Aufgaben ordnungsgemäß erfüllen solle, während er sich einem gegen ihn laufenden Gerichtsverfahren ausgesetzt sieht.

Hat die Klage von X, Y und Z Aussicht auf Erfolg?

12.2 Lösungshinweise

I. Zulässigkeit der Klage

1. Rechtsschutzziel und Klageart
Zu klären sind die Erfolgsaussichten der Klage, die auf die Feststellung der Nichtigkeit eines Aufsichtsratsbeschlusses gerichtet ist. Das Gesetz enthält in den §§ 241 ff.

AktG Vorschriften über fehlerhafte Beschlüsse der Hauptversammlung, nicht aber Entsprechendes zum Aufsichtsrat.[1] Es kommt in Betracht, dass die für Hauptversammlungsbeschlüsse normierten Klagearten (§ 246 Abs. 1 AktG: Anfechtungsklage; § 249 Abs. 1 AktG: Nichtigkeitsklage) analog heranzuziehen sind. Für eine solche Analogie sind eine vergleichbare Interessenlage und eine planwidrige Gesetzeslücke erforderlich.

Was die Vergleichbarkeit der Interessenlage angeht, so ist Folgendes festzuhalten: Die Regelung des § 241 AktG unterscheidet zwischen Nichtigkeit und Anfechtbarkeit; zudem geht sie stets von einer *ex nunc*-Wirkung des Urteils aus. Dem liegt die Überlegung zugrunde, dass Beschlüsse der Hauptversammlung auch Außenwirkung entfalten können, etwa wenn sie eine Strukturänderung der Gesellschaft oder eine Erhöhung oder Herabsetzung des Kapitals betreffen. Für diese Beschlüsse besteht daher im Interesse der Rechtssicherheit und des Rechtsverkehrs ein besonderes Bedürfnis nach Bestandskraft. Aus diesem Grund ist die Nichtigkeitsklage nur in besonderen, enumerativ aufgezählten Fällen möglich und die Anfechtungsklage ist zudem durch weitere Voraussetzungen eingeschränkt wie die Anfechtungsbefugnis gem. § 245 AktG oder die Monatsfrist gem. § 246 Abs. 1 AktG.

Es fragt sich, ob dieses Regelungskonzept auf die Tätigkeit des Aufsichtsrats übertragbar ist. Wie sich aus § 111 Abs. 1 AktG ergibt, liegt die Hauptaufgabe des Aufsichtsrats in der Überwachung des Vorstands, mithin in einer nur nach innen wirkenden Tätigkeit. Durch die Beschlüsse des Aufsichtsrats wird demnach der allgemeine Rechtsverkehr regelmäßig nicht unmittelbar berührt. Ein vergleichbares Interesse nach Bestandsschutz besteht daher hinsichtlich der Aufsichtsratsbeschlüsse nicht, sodass kein Bedürfnis für die differenzierende Regelung des § 241 AktG erkennbar ist. Überdies erscheint die Monatsfrist des § 246 Abs. 1 AktG im Hinblick auf den internen Willensbildungsprozess des Aufsichtsrats, der möglicherweise noch zu einer gütlichen Einigung führen kann, nicht sachgerecht.[2]

> **Hinweis**
> Eine ähnliche Argumentation kommt hinsichtlich der Frage einer analogen Anwendung des § 246 AktG bei Anfechtungsklagen gegen Beschlüsse einer GmbH-Gesellschafterversammlung zum Tragen: Dort soll § 246 AktG nach überwiegender Ansicht jedenfalls nicht streng analog angewandt werden, und zwar wegen des in der Regel personalistischen Charakters der GmbH, der einen Einigungsprozess noch eher möglich macht als in einer Publikumsgesellschaft.

Mithin können die §§ 241 ff. AktG nach ihrem Sinn und Zweck keine analoge Anwendung auf Beschlüsse des Aufsichtsrats finden, ohne dass es noch auf die

---

[1] Vgl. zum Ganzen BGHZ 135, 244 = NJW 1997, 1926 (ARAG/Garmenbeck).
[2] BGHZ 122, 342, 347f. = NJW 1993, 2307; BGHZ 124, 111, 115 = NJW 1994, 520; Koch, AktG § 108 Rn. 28.

weitere Analogievoraussetzung einer planwidrigen Regelungslücke ankäme. Vielmehr ist eine eigenständige Beurteilung der Rechtsfolgen fehlerhafter Aufsichtsratsbeschlüsse erforderlich. Da – wie aufgezeigt – wegen der reinen Innenwirkung ein Bedürfnis nach Bestandskraft dieser Beschlüsse nicht besteht, ist davon auszugehen, dass fehlerhafte Beschlüsse des Aufsichtsrats nicht lediglich anfechtbar, sondern *eo ipso* nichtig sind. Richtige Klageart zur Feststellung dieser Nichtigkeit ist die allgemeine (Nichtigkeits-)Feststellungsklage nach § 256 Abs. 1 ZPO.

2. Sachliche und örtliche Zuständigkeit

Der Streitwert der Nichtigkeitsfeststellungsklage ist nach § 3 ZPO zu schätzen.[3] Er übersteigt hier nach den Umständen angesichts der im Raume stehenden Schadensersatzforderung jedenfalls 5000 €, sodass nach § 1 ZPO i. V. m. §§ 23 Nr. 1, 59 ff. GVG das Landgericht sachlich zuständig ist. Die örtliche Zuständigkeit richtet sich nach §§ 12, 17 Abs. 1 ZPO. Maßgeblich ist mithin der Sitz der A-AG als einer juristischen Person; dieser ergibt sich aus der Satzung (§ 23 Abs. 2 Nr. 1 AktG) und ist im vorliegenden Fall Berlin. Damit ist das Landgericht Berlin zuständig.

3. Parteifähigkeit gem. § 50 ZPO

Die A-AG ist nach § 1 AktG rechtsfähig und damit nach § 50 ZPO auch parteifähig. Die Aufsichtsratsmitglieder X, Y und Z sind als natürliche Personen nach § 1 BGB rechtsfähig und können die Klage nach § 59 ZPO gemeinschaftlich als einfache Streitgenossen erheben.

4. Prozessfähigkeit gem. §§ 51 f. ZPO

Die A-AG ist als juristische Person prozessfähig, wenn sie vor Gericht ordnungsgemäß vertreten wird. Für die AG handelt nach § 51 Abs. 1 ZPO ihr gesetzlicher Vertreter. Dies ist nach § 78 AktG der Vorstand, der sie gerichtlich vertritt. Dies gilt nach richtiger Ansicht[4] auch für Klagen einzelner Aufsichtsratsmitglieder auf Feststellung der Nichtigkeit eines Aufsichtsratsbeschlusses.

Sofern V einwendet, der Vorstand sei im Prozess nicht vertretungsberechtigt, ist zwar richtig, dass gem. § 112 AktG der Aufsichtsrat die AG gegenüber dem Vorstand vertritt. Indessen ist hier nicht der Vorstand Beklagter des Verfahrens, sondern die AG selbst, sodass § 112 AktG nicht eingreift. Damit bleibt es bei der allgemeinen Vertretungsregel des § 78 Abs. 1 AktG.

---

[3] Vgl. etwa BGH NJW-RR 1995, 225; BGHZ 152, 1 = NJW 2002, 3465, 3466 f.
[4] BGHZ 122, 342, 345 f. = NJW 1993, 2307; OLG Düsseldorf ZIP 1995, 1183, 1187; *Bork*, ZIP 1991, 137, 143, 146.

Hinweis
Man mag hier noch die Regelung des § 246 Abs. 2 S. 2 AktG erwägen, wonach bei Beschlussanfechtungsklagen die AG durch Vorstand und Aufsichtsrat gemeinsam vertreten wird. Allerdings sind, wie dargelegt, die §§ 241 ff. AktG auf Beschlüsse des Aufsichtsrats nicht analog anwendbar.

Wenn man dies anders beurteilen wollte, ist jedenfalls § 246 Abs. 2 S. 3 AktG zu beachten: Demnach wird die Gesellschaft durch den Vorstand vertreten, wenn ein Aufsichtsratsmitglied klagt. Näher läge es, an die Bestellung besonderer Vertreter nach § 147 Abs. 2 S. 1 AktG zu denken. Der Sachverhalt bietet jedoch zu entsprechenden Ausführungen keinen Anlass, da das Prozedere des § 147 AktG hier nicht in Gang gesetzt ist; zudem handelt es sich um eine „kann"-Vorschrift.[5]

Nach allem ist die AG prozessfähig. Für X, Y und Z ergeben sich keine Besonderheiten.

5. Feststellungsinteresse

Das nach § 256 Abs. 1 ZPO erforderliche rechtliche Interesse als Ausprägung des Rechtsschutzbedürfnisses von X, Y und Z an der Feststellung der Nichtigkeit besteht darin, dass sie beabsichtigen, später namens der AG einen Schadensersatzprozess gegen den Vorstand zu führen. Dies ist ihnen nur mit einem entsprechenden Beschluss des Aufsichtsrats möglich, während hier das Gegenteil beschlossen worden ist.

Ein Feststellungsinteresse ergibt sich zudem daraus, dass die Überwachung der Geschäftsführung des Vorstands nach § 111 Abs. 1 AktG zu den Aufgaben des Aufsichtsrats gehört. Die Überwachungspflicht umfasst auch abgeschlossene Geschäftsvorgänge. Aus ihr resultiert die Pflicht zur Prüfung und aus § 112 AktG die Pflicht zur Verfolgung von Schadensersatzansprüchen der AG gegen den Vorstand.[6]

Allerdings kann auch die Hauptversammlung mit einfacher Stimmenmehrheit beschließen, dass Schadensersatzansprüche gegen den Vorstand geltend zu machen sind (§ 147 Abs. 1 S. 1 AktG). Solange aber ein solcher Beschluss nicht gefasst wurde, verbleibt es bei der originären Zuständigkeit des Aufsichtsrats gem. §§ 111 Abs. 1, 112 AktG und damit beim rechtlichen Interesse seiner Mitglieder X, Y und Z an der gerichtlichen Klärung der behaupteten Nichtigkeit des Aufsichtsratsbeschlusses. Dieses Interesse erlischt erst, wenn die Hauptversammlung von ihrem Recht nach § 147 AktG Gebrauch gemacht oder aber einen Verzicht nach § 93 Abs. 4 S. 3 AktG erklärt hat. Beides ist hier nicht der Fall, sodass es bei dem bereits festgestellten rechtlichen Interesse von X, Y und Z verbleibt.

---

[5] Vgl. zum Ganzen auch *Mertens*, ZHR 154 (1990), 24, 37.
[6] BGH ZIP 1997, 883, 884; *Dreher*, ZHR 158 (1994), 614, 637; *Horn*, ZIP 1997, 129, 138.

6. Klagefrist

Was die Klagefrist angeht, so wurde bereits dargelegt, dass eine analoge Anwendung von § 246 Abs. 1 AktG im Hinblick darauf nicht sachgerecht erscheint, dass die kurze Monatsfrist dem Aufsichtsrat eine interne Streitbeilegung erschwert. Nach allgemeinen Regeln ist die Klage nach § 256 Abs. 1 ZPO nicht fristgebunden. Allenfalls kann ein großer zeitlicher Abstand das Rechtsschutzbedürfnis (s. o.) entfallen lassen. Hierfür sind dem Sachverhalt keine Anhaltspunkte zu entnehmen, weshalb die Klage hier nicht verspätet erhoben worden ist.

7. Ergebnis

Nach alledem ist die von X, Y und Z gegen die A-AG erhobene Klage zulässig.

II. Begründetheit der Klage

Die Klage ist begründet, wenn der Beschluss des Aufsichtsrats nichtig ist. Dafür kommt es darauf an, ob der Aufsichtsrat gem. §§ 111 Abs. 1, 112 AktG zur Verfolgung eines bestehenden Schadensersatzanspruchs gegen V verpflichtet ist. In diesem Fall wäre der Beschluss nichtig, mit dem sich die Aufsichtsratsmitglieder mehrheitlich gegen eine solche Anspruchsverfolgung ausgesprochen haben.

1. Feststellung des Anspruchs sowie Aussichten auf die Betreibbarkeit

Mit der Überwachung der Geschäftsführung geht notwendig die Pflicht einher, bei zutage tretenden Unregelmäßigkeiten das Vorstandshandeln in tatsächlicher und rechtlicher Hinsicht auf etwaige Schadensersatzansprüche hin zu überprüfen. Sofern solche Ansprüche in Betracht kommen, hat der Aufsichtsrat das Prozessrisiko und die Aussichten auf die Beitreibbarkeit zu analysieren. In Bezug hierauf steht dem Aufsichtsrat kein der gerichtlichen Überprüfung entzogener Ermessensspielraum zu.

> **Hinweis**
>
> Hierzu der BGH im Grundsatzurteil „ARAG/Garmenbeck":
>
> „Eine ‚Entscheidungsprärogative', die zur Beschränkung der gerichtlichen Nachprüfbarkeit führt, kann der Aufsichtsrat für diesen Teil seiner Entscheidung entgegen der Ansicht des BerGer. nicht in Anspruch nehmen. Bei der Prüfung des Bestehens und der Durchsetzbarkeit eines Schadenersatzanspruchs steht dem Aufsichtsrat keine andere Aufgabe zu als jedem anderen, der in eigener oder fremder Sache ein Urteil über das Bestehen eines Anspruchs und die Aussichten einer gerichtlichen Geltendmachung desselben abzugeben hat. Die Haltbarkeit und Richtigkeit seiner Beurteilung der Erfolgsaussichten einer gerichtlichen Anspruchsverfolgung sind im Streitfall vor Gericht grundsätzlich voll nachprüfbar, da es bis hierher nicht um Fra-

> gen des Handlungs-, sondern allein des Erkenntnisbereichs geht, für die allenfalls die Zubilligung eines begrenzten Beurteilungsspielraums in Betracht kommen kann. Die Frage eines Handlungsermessens kann sich nur dort stellen, wo eine Entscheidung zwischen verschiedenen Handlungsmöglichkeiten zu treffen ist."[7]

Bei seiner Beurteilung, ob der festgestellte Sachverhalt den Vorwurf eines schuldhaft pflichtwidrigen Vorstandsverhaltens i. S. v. § 93 Abs. 1 S. 1, Abs. 2 S. 1 AktG rechtfertigt, hat der Aufsichtsrat Folgendes zu berücksichtigen:

Dem Vorstand ist bei der Leitung der Geschäfte ein weiter Handlungsspielraum zuzubilligen, ohne den eine unternehmerische Tätigkeit und die damit verbundene Eröffnung von Chancen für die AG schlechterdings nicht denkbar ist. Dazu gehört neben dem bewussten Eingehen geschäftlicher Risiken grundsätzlich auch die Gefahr von Fehlbeurteilungen und Fehleinschätzungen, der jeder Unternehmensleiter ausgesetzt ist, mag er auch noch so verantwortungsbewusst handeln.

Ein Vorstandsmitglied handelt daher nicht pflichtwidrig, wenn es bei einer unternehmerischen Entscheidung vernünftigerweise annehmen durfte, auf der Grundlage angemessener Information zum Wohle der Gesellschaft zu handeln (§ 93 Abs. 1 S. 2 AktG; sog. Business Judgement Rule, s. insoweit Hinweis in Fall 11). § 93 Abs. 1 S. 2 AktG umschreibt damit einen „sicheren Hafen". Umgekehrt genügt die Überschreitung seiner Grenzen, indem ein Organwalter gegen die Pflicht, sich zu informieren verstößt, allein noch nicht für eine Pflichtverletzung; es handelt sich vielmehr lediglich um ein Indiz.[8]

Es kommt folglich darauf an, ob bei Anlegung dieses Maßstabs aus dem Handeln des V ein Schadensersatzanspruch resultiert. Man könnte bereits bezweifeln, dass überhaupt eine unternehmerische Entscheidung anzunehmen ist, da das Geschäft außerhalb des Satzungsgegenstands lag. V hat hier zudem aufgrund eines „heißen Tipps" gehandelt. Der Sachverhalt deutet nicht darauf hin, dass er zuvor Tatsachen ermittelt hatte, die eine sachliche Entscheidungsgrundlage hätten bieten können. An den Umfang der gebotenen Informationsverschaffung mögen in Situationen, in denen die unternehmerische Entscheidung aufgrund besonderen Zeitdrucks sehr schnell erfolgen muss, keine allzu hohen Anforderungen zu stellen sein. Indessen sind hier keine Anhaltspunkte für eine derartige Eilbedürftigkeit ersichtlich; zudem darf auch in solchen Fällen auf die Einholung gewisser Mindestinformationen nicht verzichtet werden. Der Erwerb von Schürfrechten für 3 Mio. € ohne weitere Sicherungen ist mithin als pflichtwidrig i. S. v. § 93 Abs. 1 S. 1 AktG anzusehen. Dieses Verhalten überschreitet klar die Grenzen, in denen sich ein von Verantwortungsbewusstsein getragenes, auf sorgfältiger Ermittlung der Entscheidungsgrundlagen beruhendes unternehmerisches Handeln bewegen muss.

V handelte zudem vorsätzlich und schuldhaft; er fügte dadurch der A-AG einen Schaden i. H. d. Erwerbspreises von 3 Mio. € für die inzwischen wertlosen Schürfrechte zu. Ein entsprechender Schadensersatzanspruch besteht also.

---

[7] BGHZ 135, 244 = NJW 1997, 1926, 1928 (ARAG/Garmenbeck).
[8] BGH NJW 2017, 578 Rn. 31 (strafrechtlich).

Hinsichtlich des Prozessrisikos sowie der Aussichten auf die Beitreibbarkeit des Anspruchs sind soweit keine Gründe ersichtlich, die gegen eine Geltendmachung sprechen.

2. Ergebnis

Der A-AG steht gegen den V ein Schadensersatzanspruch gem. § 93 Abs. 2 S. 1 i. V. m. Abs. 1 S. 1 AktG zu, der mit hinreichenden Erfolgsaussichten betrieben werden kann. Für den Schaden haften die Mitglieder des Vorstandes gesamtschuldnerisch (§ 93 Abs. 2 S. 1 AktG).

3. Berücksichtigung des Unternehmenswohls

In einem zweiten Schritt hat der Aufsichtsrat zu prüfen, ob die Geltendmachung des Anspruchs dem Unternehmenswohl zuwiderläuft. Sind durch die Schadensersatzklage Nachteile für gewichtige Interessen und Belange des Unternehmens zu erwarten, die dem Vorteil des zu erwartenden Schadensausgleichs in etwa gleichwertig sind, dann rechtfertigt dies ausnahmsweise den Verzicht auf die Verfolgung der Ansprüche. Zu den Belangen des Unternehmenswohls zählen der Schutz vor einem Vertrauensverlust der Öffentlichkeit (Fremd- und Eigenkapitalgeber, Handelspartner, sonstige gegenwärtige und potenzielle Vertragspartner), vor einer Behinderung der Vorstandsarbeit sowie vor Kursrückgängen.

Zwar hat V entsprechende Einwände erhoben; aus dem Sachverhalt ergeben sich jedoch keine Anhaltspunkte dafür, dass der hohe Liquiditätszuwachs bei einer Realisierung des Anspruchs hinter diese Belange zurückträte.

> **Hinweis**
>
> Zum Ermessensspielraums führt der BGH in „ARAG/Garmenbeck" aus:
>
> „Entgegen der Ansicht des BerGer. steht dem Aufsichtsrat auch bei dieser Entscheidung kein autonomer unternehmerischer Ermessensspielraum zu. Die unternehmerische Handlungsfreiheit ist Teil und notwendiges Gegenstück der dem Vorstand und nicht dem Aufsichtsrat obliegenden Führungsaufgabe. An ihr hat der Aufsichtsrat nur insoweit Anteil, wie das Gesetz auch ihm unternehmerische Aufgaben überträgt [...], wie z. B. bei der Bestellung und Abberufung von Vorstandsmitgliedern oder im Rahmen des § 111 IV 2 AktG, d. h. überhaupt überall dort, wo er die unternehmerische Tätigkeit des Vorstands im Sinne einer präventiven Kontrolle begleitend mitgestaltet. Die Entscheidung über die Geltendmachung von Schadensersatzansprüchen gegen pflichtwidrig handelnde Vorstandsmitglieder ist dagegen Teil seiner nachträglichen Überwachungstätigkeit, deren Ziel darauf gerichtet ist, den Vorstand zur Erfüllung seiner Pflichten anzuhalten und Schäden von der Gesellschaft abzuwenden [...]. Bei dieser Kontrolltätigkeit hat der Aufsichtsrat zwar die dem Vorstand zustehende unternehmerische Handlungsfreiheit (oben aa) im Rahmen seiner Prüfung des Vorliegens eines pflichtwidrigen Vorstandshandelns zu berücksichtigen. Für seine eigene Entscheidung kann der Aufsichtsrat aber ein unternehmerisches Ermessen in dem vom BerGer. angenommenen Sinne nicht in Anspruch nehmen."[9]

---

[9] BGHZ 135, 244 = NJW 1997, 1926, 1928 (ARAG/Garmenbeck).

Nach allem steht das Unternehmenswohl der Anspruchsverfolgung im vorliegenden Fall nicht entgegen.

4. Schonung des Vorstands

Neben dem Unternehmenswohl ist dem Aspekt der Schonung eines wohlverdienten Vorstandsmitgliedes nur in eng umgrenzten Ausnahmefällen Raum zu geben. Ein solcher Ausnahmefall kann z. B. dann in Betracht kommen, wenn das pflichtwidrige Verhalten nicht allzu schwer wiegt und die der Gesellschaft zugefügten Schäden verhältnismäßig gering sind, während dem Vorstandsmitglied einschneidende Folgen drohen.

Von einer solchen Situation ist hier indessen nicht auszugehen, sodass der Aufsichtsrat zur Geltendmachung des Schadensersatzanspruchs verpflichtet war.

> **Hinweis**
> Insgesamt muss die Verfolgung der Schadensersatzansprüche gegenüber einem Vorstandsmitglied die Regel sein. Hingegen bedarf es gewichtiger Gegengründe und einer besonderen Rechtfertigung, von einer aussichtsreichen Anspruchsverfolgung abzusehen, was einem Anspruchsverzicht der Gesellschaft sehr nahe kommt; sie muss die Ausnahme darstellen.[10]

III. Gesamtergebnis

Der in Rede stehende Aufsichtsratsbeschluss ist unwirksam und damit nichtig. Die zulässige Nichtigkeitsfeststellungsklage von X, Y und Z ist mithin auch begründet; sie hat also Aussicht auf Erfolg.

---

[10] BGHZ 135, 244 = NJW 1997, 1926, 1928 (ARAG/Garmenbeck); s. auch *Habersack*, NZG 2016, 321, 323 ff.

Teil II
Prüfungsfragen zum Gesellschaftsrecht

Gesellschaftsrecht Allgemeiner Teil 13

Frage 1 Das Gesellschaftsrecht teilt sich in zwei verschiedene Gruppen privatrechtlicher Personenvereinigungen. Wie heißen diese und welche ist jeweils die Grundform?

Antwort Personengesellschaften und Körperschaften; die Grundformen sind die Gesellschaft bürgerlichen Rechts (§§ 705 ff. BGB) und der eingetragene Verein (§§ 21 ff. BGB).

Frage 2 Worin liegt ein prägender Unterschied beider Gruppen hinsichtlich ihrer Mitglieder?

Antwort Personengesellschaften zeichnen sich durch ihre Abhängigkeit vom Mitgliederbestand aus, Körperschaften sind dagegen von ihrem Mitgliederbestand unabhängig.

Frage 3 Welche Gesellschaften bezeichnet man als Körperschaften?

Antwort Vereine des bürgerlichen Rechts, Kapitalgesellschaften (z. B. AG, GmbH), eingetragene Genossenschaften, Versicherungsvereine auf Gegenseitigkeit.

Frage 4 Was bedeuten die Begriffe „konstitutiv" und „deklaratorisch" im Gesellschaftsrecht?

Antwort Die Begriffe werden im Zusammenhang mit der Erlangung der Rechtsfähigkeit einer Gesellschaftsform verwendet. Zu differenzieren ist zwischen Körperschaften und Personengesellschaften:
Körperschaften erwerben die eigene Rechtspersönlichkeit durch Eintragung in ein staatliches Register (Vereins-, Handelsregister) oder durch staatliche Verleihung

(wirtschaftlicher Verein) bzw. Anerkennung (Stiftungen). Die Eintragung „konstituiert" also die Körperschaft als eigene Rechtspersönlichkeit.

Personengesellschaften hingegen entstehen regelmäßig allein schon durch einen Gesellschaftsvertrag. Die Eintragung in ein Register sind dann lediglich anzeigender (= deklaratorischer) Natur. Die Ausnahmeregelung des § 105 Abs. 2 HGB für die oHG, wonach für diese die Eintragung konstituiven Charakter hatte, wurde mit dem MoPeG gestrichen. Für die oHG regelt § 123 Abs. 1 S. 1 HGB, dass sie spätestens mit ihrer (dann konstitutiven) Eintragung im Handelsregister entsteht. Für die rechtsfähige GbR wird dies in § 719 Abs. 1 letzter Hs. BGB festgehalten (dort freilich mit Eintragung in das Gesellschaftsregister).

Frage 5 Stimmt der Satz „Personengesellschaften sind nicht rechtsfähig."?

Antwort Nein. Personengesellschaften können Zuordnungsobjekte und damit Trägerinnen von Rechten und Pflichten sein (= Rechtsfähigkeit), vgl. § 705 Abs. 2 Var. 1 BGB, § 105 Abs. 2 HGB. Das wurde früher mit der sog. Gesamthandslehre begründet (s. ausführlich zur Abgrenzung der Innen- und Außengesellschaft nach dem Mauracher Entwurf Bergmann et al./*Armbrüster*, Modernisierung des Personengesellschaftsrechts, 143 ff.). Die ausdrücklich angeordnete Rechtsfähigkeit der GbR in § 705 Abs. 2 Var. 1 BGB zusammen mit der Regelung des § 713 BGB zum Gesellschaftsvermögen und den Erwägungen des Gesetzgebers (BT-Drucks. 19/27635, S. 103 ff.) sprechen jedoch dafür, dass das Gesamthandsprinzip „ausgedient" hat. Dennoch ist angezeigt, die weiteren Entwicklungen zu beobachten. Derart klar scheint der Abschied vom Gesamthandsprinzip nicht überall zu sein: So wird die Gesamthand nämlich im Reg-E zum Wachstumschancengesetz für die Zwecke des Steuerrechts bspw. in Art. 35 (Weitere Änderungen des Erbschafts- und Schenkungssteuergesetzes) *expressis verbis* aufrechterhalten und von den dahingehenden Änderungen des MoPeG abgewichen. Komplettiert wird die unklare Rechtslage sodann jedoch durch die vorgeschlagenen Änderungen in Art. 39 (Änderung des Grunderwerbssteuergesetzes), wonach die Gesamthand dann doch wieder nicht – diesmal jedoch für das Grunderwerbssteuergesetz – gelten könne, da die Grunderwerbssteuer auf das Zivilrecht abstelle und es dort keine Gesamthand gebe.

Mithin kann der Unterschied zu Körperschaften nicht mehr darin gesehen werden, dass Personengesellschaften nur als Gesamthandsgemeinschaft rechtsfähig sein können, während Körperschaften als solche rechtsfähig sind. Die bereits nach der Anerkennung der Rechtsfähigkeit der Außen-GbR festgestellte Annäherung der Gesamthandsgemeinschaften an juristische Personen (vgl. *Saenger*, GesR, § 3 Rn. 49) ist einen Schritt weitergegangen. Das lässt sich u. a. auch daran erkennen, dass nunmehr auch die GbR in einem Gesellschaftsregister eingetragen werden kann (§§ 707 ff. BGB) und dass eine Gesellschafterklage (§ 715b BGB) ausdrücklich gesetzlich normiert ist.

Frage 6 Was versteht man unter dem sog. *numerus clausus* im Gesellschaftsrecht?

Antwort Der *numerus clausus* besagt, dass nur Rechtsformen zugelassen sind, die der Gesetzgeber vorgesehen hat. Es besteht also ein sog. Rechtsformzwang.

13 Gesellschaftsrecht Allgemeiner Teil

Frage 7 Warum gilt dieser Grundsatz?

Antwort Er dient der Rechtssicherheit und insbesondere dem Verkehrsschutz: Gläubiger und Gesellschafter sollen wissen, welche Regeln auf die Personenvereinigung anwendbar sind.

Frage 8 Wird ein Gesellschaftsvertrag wie objektives Recht behandelt oder rechtsgeschäftlich eingeordnet?

Antwort Dies ist umstritten. Überwiegend wird differenziert: Demnach ist der Abschluss des Gesellschaftsvertrages rechtsgeschäftlich einzuordnen, sodass im Grundsatz insbesondere die §§ 133, 157, 242 BGB gelten. Die dadurch geschaffene Verbandsverfassung wird jedoch jedenfalls bei Körperschaften wie objektives Recht behandelt.

Frage 9 Führt die Nichtigkeit eines Gesellschaftsvertrages nach allgemeinen zivilrechtlichen Regeln stets dazu, dass sich keine Rechtsfolgen aus dem Gesellschaftsvertrag ergeben?

Antwort Nein; in den meisten Fällen greift vielmehr die Lehre von der fehlerhaften Gesellschaft ein.

Frage 10 Welche Rechtsfolge hat die Anwendung der Lehre von der fehlerhaften Gesellschaft?

Antwort Die Gesellschaft wird für die Vergangenheit als wirksam behandelt. Die Nichtigkeit des Vertrages kann nur *ex nunc* geltend gemacht werden.

Frage 11 Welches sind die Voraussetzungen für die Anwendung dieser Lehre?

Antwort

- Abschluss eines Gesellschaftsvertrages, der nach den allgemeinen Regeln (z. B. §§ 123, 142 Abs. 1 BGB) nichtig ist;
- In-Vollzug-Setzen der Gesellschaft;
- keine entgegenstehenden höherrangigen Interessen.

Frage 12 Wann liegt ein In-Vollzug-Setzen der Gesellschaft vor?

Antwort Spätestens mit der Aufnahme der Geschäftstätigkeit nach außen. Nach verbreiteter Ansicht genügt darüber hinaus bereits die Konstituierung des Gesellschaftsvermögens durch Leistung der Beiträge im Innenverhältnis. Für ein engeres Verständnis i. S. d. Tätigwerdens nach Außen spricht freilich, dass es bei der Lehre von der fehlerhaften Gesellschaft auch wesentlich um Verkehrsschutzgesichtspunkte geht, die bei sich rein im Innenverhältnis abspielenden Vorgängen nicht direkt betroffen sind.

Frage 13 Nennen Sie höherrangige Schutzinteressen, die der Anwendung der Lehre von der fehlerhaften Gesellschaft vorgehen!

Antwort Minderjährigenschutz; Verbots- oder Sittenwidrigkeit des Gesellschaftsvertrages.

Frage 14 Was ist der formelle und was der materielle Geltungsgrund für diese Lehre?

Antwort Formell handelt es sich um zu Gewohnheitsrecht erstarktes Richterrecht. Materiell dient die Lehre dazu, dem Faktum der in Vollzug gesetzten Gesellschaft Rechnung zu tragen und die Schwierigkeiten einer Rückabwicklung nach den §§ 812 ff. BGB zu vermeiden. Dabei spielen auch Gläubigerschutzgesichtspunkte eine Rolle, da es für die Gläubiger im Zweifel nicht erkennbar ist, ob eine gegründete und werbende Gesellschaft etwa nach § 123 BGB anfechtbar ist oder angefochten wurde.

Frage 15 Sind die Regeln von der fehlerhaften Gesellschaft nur auf den fehlerhaften Vertragsabschluss anwendbar?

Antwort Nein. Sie gelten sinngemäß auch für den fehlerhaften Beitritt, zudem auch für fehlerhafte Unternehmensverträge (vgl. Fall 10 und Frage 17 Konzernrecht).

Frage 16 Gilt dies für jeden fehlerhaften Beitritt?

Antwort Nein. Neben der Ausnahme wegen höherrangiger Interessen (s. Frage 11) ist § 16 GmbHG zu beachten, der einen Sonderfall der Lehre vom fehlerhaften Beitritt betrifft.

Frage 17 Gilt die Lehre von der fehlerhaften Gesellschaft auch dann, wenn dem Gesellschafter ein Widerrufsrecht nach § 355 BGB zusteht? In welchen Fällen wird diese Frage praktisch bedeutsam?

Antwort Dies ist umstritten (s. a. Fall 2). Nach einer Ansicht ist die Lehre des fehlerhaften Vertrages vorrangig, nach anderer Meinung sind die Widerrufsregeln anwendbar. Praktisch bedeutsam ist die Frage bei geschlossenen Fonds (BGB-Gesellschaft, GmbH & Co. KG), die eine Vielzahl von Kapitalanlegern geworben haben, denen die Verbraucherschutzregeln (insbesondere: §§ 312 ff. BGB) zugute kommen.

Frage 18 Was spricht für einen Vorrang der Lehre von der fehlerhaften Gesellschaft?

Antwort Sie führt zu einem interessengerechten Ausgleich, denn dem Gesellschafter wird lediglich der ihm zustehende Anteil an dem noch vorhandenen Gesellschaftsvermögen zurückgewährt. Damit wird ein „Windhunderennen" vermieden, das dazu führen würde, dass die ihr Widerrufsrecht später geltend machenden Kapitalanleger leer ausgehen.

Frage 19 Lässt sich auch etwas für die Gegenansicht anführen?

Antwort Für einen Vorrang der Widerrufsregeln spricht, dass die Lehre von der fehlerhaften Gesellschaft lediglich den Rang nationalen (Gewohnheits-)Rechts einnimmt, während die Widerrufsregeln auf europarechtlichen Richtlinienvorgaben beruhen und daher vorrangig sind. Dieser Konflikt lässt sich freilich durch teleologische Reduktion der Richtlinienvorgabe lösen, die zulässig ist, da es hier um den angemessenen Ausgleich konkurrierender Verbraucherinteressen geht.

Frage 20 Finden die Regeln von der fehlerhaften Gesellschaft auch auf eine reine Innengesellschaft Anwendung, etwa auf die stille Gesellschaft gem. §§ 230 ff. HGB?

Antwort Dies ist umstritten. Nach einer Ansicht fehlt es hier am Bedürfnis für einen Verkehrsschutz, denn die Gesellschaft tritt nicht nach außen auf. Nach anderer Ansicht finden die Regeln dennoch Anwendung, um interne Rückabwicklungsprobleme zu vermeiden.

Frage 21 Auf welche Weise übt eine Gesellschaft den Besitz an einer Sache aus?

Antwort Dies geschieht durch ihre Gesellschafter bzw. – bei Körperschaften – Organe (sog. Organbesitz). Das bedeutet, dass die Gesellschaft Besitzerin der Sache ist und die Organwalter den Besitzwillen für die Gesellschaft ausüben. Die Organe selbst sind nicht Besitzer.

Frage 22 Wie wird das Verhalten der für sie handelnden Personen einer Gesellschaft zugerechnet?

Antwort Die Zurechnungsnorm des § 31 BGB, die für den eingetragenen Verein gilt, wird als Ausdruck eines allgemeinen Rechtsgedankens außerhalb des Vereinsrechts analog angewandt. Im Körperschaftsrecht gilt dies generell; im Personengesellschaftsrecht stützen manche die Zurechnung stattdessen auf § 278 BGB.

Frage 23 Welchen Inhalt hat die gesellschaftsrechtliche Treuepflicht? Nennen Sie Beispiele!

Antwort Die Treuepflicht begrenzt den Umfang von dem Gesellschafter zugewiesenen Rechten; daneben konkretisiert sie sich in selbstständigen Pflichten. Sie führt zu Förder- und Rücksichtnahmepflichten sowie zu einem Schädigungsverbot; sie kann auch die Stimmabgabe in einem bestimmten Sinne gebieten.
Beispiele für rechtsbegrenzende Ausprägungen der Treuepflicht sind das Gebot zur Zustimmung zu unabweisbaren Sanierungsmaßnahmen oder die Subsidiarität von Ansprüchen gegen Mitgesellschafter gegenüber solchen gegen die Gesellschaft.

Beispiele für selbstständige Pflichten bieten die Geheimhaltungspflicht, das Wettbewerbsverbot oder das Verbot der Vereitelung von Geschäftschancen (wegen Einzelheiten s. die Fragen zu den einzelnen Gesellschaftstypen).

Frage 24 Woraus lässt sich die Treuepflicht herleiten und worin kann dogmatisch unterschieden werden?

Antwort Dogmatisch ist zwischen dem Geltungsgrund und der Rechtsgrundlage der gesellschaftsrechtlichen Treuepflicht zu unterscheiden. Beide können nur aufeinander abgestimmt und keinesfalls isoliert betrachtet werden.

Der Geltungsgrund ist in der Begrenzungsfunktion der jedem Gesellschafter mitgliedschaftlich vermittelten Einwirkungsmacht zu erblicken. Die Treuepflicht verpflichtet die Gesellschafter in diesem Sinne zu gegenseitiger Treue und Loyalität. Sie ist also aus der Korrelation zwischen qualifizierter Einwirkungsmacht und Verantwortung herzuleiten.

Die Rechtsgrundlage wird nach einer Ansicht in der der Zweckförderungspflicht gem. § 705 BGB gesehen. Nach anderer Ansicht wurzelt sie in § 242 BGB. Solche einseitigen Ansätze überzeugen nicht. So lässt sich über § 705 BGB etwa nur eine Pflicht gegenüber der Gesellschaft und nicht eine solche zur Rücksichtnahme auf die Individualinteressen der anderen Gesellschafter begründen. § 242 BGB bietet keine Erklärung für die über die Rücksichtnahme- hinausgehenden Handlungs- und Förderpflichten. Daher überzeugt ein mehrgliedriger Ansatz, der die jeweiligen allgemeinen und verbandsspezifischen gesetzlichen Wertungen wie §§ 242, 705 BGB oder §§ 53a und 243 Abs. 1, 2 AktG aufgreift (zu alldem s. ausführlich *Böffel*, Versicherungskonzernrecht, S. 144 ff.).

Frage 25 Gegenüber wem besteht die Treuepflicht?

Antwort Sie besteht einerseits gegenüber der Gesellschaft, andererseits auch im Verhältnis zu den Mitgesellschaftern. Sie ist auch zwischen Aktionären untereinander anerkannt (s. Aktienrecht Frage 26), obwohl die persönliche Verbundenheit hier sehr viel weniger intensiv ist als bei der GmbH und insbesondere bei den (gesetzestypisch strukturierten) Personengesellschaften. Darüber hinaus werden auch sogenannte konzernrechtliche Treuepflichten zwischen der Mutter-, Tochter- und Enkelgesellschaft diskutiert.

Frage 26 Welche Rechtsfolgen kann ein Verstoß gegen die Treuepflicht auslösen?

Antwort Eine Rechtshandlung kann als unwirksam anzusehen sein (z. B. eine treupflichtwidrige Stimmabgabe). Zudem kann das Verhalten Schadensersatzansprüche auslösen.

Personengesellschaftsrecht 14

14.1 Gesellschaft bürgerlichen Rechts (GbR)

1. Rechtsfähigkeit

Frage 1 Ist eine GbR rechtsfähig?

Antwort Für die Antwort kommt es darauf an, um welche Art von GbR es sich handelt. Durch das MoPeG wurde die Unterscheidung zwischen rechtsfähiger GbR (§ 705 Abs. 2 Var. 1 BGB) und nicht rechtsfähiger GbR (§ 705 Abs. 2 Var. 2 BGB) ausdrücklich in das Gesetz aufgenommen. Die Frage muss also dahingehend beantwortet werden, dass eine rechtsfähige GbR in der Lage ist, Rechte und Pflichten zu erwerben, zu klagen und verklagt zu werden, sofern sie „nach dem gemeinsamen Willen der Gesellschafter am Rechtsverkehr teilnehmen soll".

Frage 2 Nenne strukturelle Neuregelungen im Recht der GbR durch das MoPeG!

Antwort Besonders hervorzuheben ist § 705 Abs. 2 Hs. 1 BGB, der die Rechtsfähigkeit der rechtsfähigen GbR ausdrücklich festhält, was bislang nur richterrechtlich anerkannt war. Sodann besteht für die rechtsfähige GbR die Möglichkeit, sich in ein Gesellschaftsregister gem. § 707 Abs. 1 BGB eintragen zu lassen. Daraus folgen firmen- und handelsrechtliche Änderungen, wie § 707a Abs. 2, 3 BGB zeigen.

In Abschied von der Gesamthandslehre wird der rechtsfähigen GbR nunmehr ausdrücklich zuerkannt, Vermögen zu bilden (vgl. § 713 BGB). Auch die *actio pro socio* findet in § 715b Abs. 1 S. 1 BGB eine ausdrückliche gesetzliche Grundlage.

Eine weitere Besonderheit stellen die Vorschriften des 3. Kapitels dar, die das Rechtsverhältnis der Gesellschaft zu Dritten regeln. Nach § 719 Abs. 1 Var. 2 BGB entsteht eine rechtsfähige GbR gegenüber Dritten auch mit Eintragung im Gesellschaftsregister. Die persönliche Haftung der Gesellschafter ist nicht mehr mit § 126 HGB analog zu begründen, sondern kann direkt auf § 721 BGB gestützt werden. Auch das Ausscheiden eines Gesellschafters aus der GbR wurde in den §§ 723 ff. BGB durch die Neustrukturierung der GbR teils komplett neu gefasst.

Frage 3 Was versteht man unter einer nicht rechtsfähigen Gesellschaft? Welche Vorschriften gelten für diese?

Antwort Nicht rechtsfähige GbRs bilden gem. § 740 Abs. 1 BGB kein Gesellschaftsvermögen und sie nehmen nicht am Rechtsverkehr teil. Auf sie finden ausgewählte Vorschriften aus dem Recht der rechtsfähigen GbR Anwendung (vgl. § 740 Abs. 2 BGB). Davon nicht umfasst sind jedoch die Bestimmungen des dritten Kapitels, die das Verhältnis der Gesellschaft zu Dritten regeln. Beispiele für nicht rechtsfähige GbRs: Zusammenschluss zu einer gemeinsamen Ferienreise; Fahrgemeinschaft.

Frage 4 Kann eine rechtsfähige GbR Gesellschafterin einer anderen Gesellschaft sein?

Antwort Eine rechtsfähige GbR kann an einer anderen GbR, an einer AG oder GmbH beteiligt sein. Dasselbe gilt für die Kommanditistenstellung in einer KG. Nach überwiegender Ansicht zum alten Recht sollte sie jedoch nicht in der Lage sein, in einer oHG oder KG die Stellung einer persönlich haftenden Gesellschafterin einzunehmen, da die fehlende Registerpublizität der GbR zu nicht hinnehmbaren Unklarheiten führen könnte. Sofern die rechtsfähige GbR gem. §§ 707 ff. BGB im Gesellschaftsregister eingetragen ist, sind keine Gründe ersichtlich, die gegen die Stellung als persönlich haftender Gesellschafter sprechen.

2. Gründung/Gesellschaftsvertrag

Frage 5 Nennen Sie die drei konstitutiven Merkmale einer GbR!

Antwort Ein Vertrag, ein gemeinsamer Zweck und die Pflicht aller Gesellschafter zur Förderung dieses Zwecks, § 705 Abs. 1 BGB.

Frage 6 Ist für den Gesellschaftsvertrag eine besondere Form vorgeschrieben?

Antwort Nein. Der Gesellschaftsvertrag einer GbR unterliegt (anders als insbesondere die Satzung einer GmbH oder AG) keinem gesellschaftsrechtlich angeordneten Formerfordernis. Er kann, was in der Praxis häufig der Fall ist, auch konkludent zustande kommen.

Frage 7 Wann ist der Gesellschaftsvertrag einer GbR dennoch formbedürftig?

Antwort Wenn der Gesellschaftsvertrag eine Verpflichtung enthält, die ihrerseits ein Formbedürfnis auslöst. Dies gilt insbesondere, wenn sich ein Gesellschafter zur Übereignung eines Grundstücks an die rechtsfähige GbR verpflichtet oder wenn die rechtsfähige GbR ein bestimmtes Grundstück erwerben soll, im Hinblick auf das Beurkundungserfordernis nach § 311b BGB.

Frage 8 Besteht eine Formbedürftigkeit auch dann, wenn der Zweck der Gesellschaft der Handel mit Immobilien ist?

Antwort Nein. Der Gesellschaftsvertrag ist nur dann formbedürftig, wenn der Zweck den Erwerb bereits konkretisierter Grundstücke umfasst (s. dazu Frage 16), nicht aber wenn die Erwerbsabsicht allgemein gehalten ist.

Frage 9 Ist die Gründung einer Ein-Personen-GbR möglich?

Antwort Nein. Die Gründung einer GbR setzt stets voraus, dass mindestens zwei Personen einen Gesellschaftsvertrag schließen (vgl. den Wortlaut von § 705 Abs. 1 BGB).

Frage 10 Wie erfolgt der Eintritt eines neuen Gesellschafters in die Gesellschaft?

Antwort Dies geschieht durch einen Aufnahmevertrag zwischen sämtlichen Gesellschaftern (nicht: der GbR) und dem Beitretenden. Übernimmt der neu Eintretende eine bereits bestehende Beteiligung, so bedarf der Übertragungsvertrag zwischen altem und neuem Gesellschafter der Zustimmung aller übrigen Gesellschafter, wie sich nunmehr ausdrücklich aus § 711 Abs. 1 S. 1 BGB ergibt (s. a. Fall 3).

Frage 11 Beim Abschluss eines solchen Aufnahmevertrags wird Gesellschafter A durch seinen (bislang einzigen) Mitgesellschafter B vertreten. Muss A den B gesondert bevollmächtigen?

Antwort Ja. Die Vertretungsregel des § 720 BGB bezieht sich lediglich auf die Vertretung der Gesellschaft (vgl. Wortlaut von § 720 Abs. 3 S. 1 BGB „Geschäfte der Gesellschaft"), nicht aber auf die Vertretung der anderen Gesellschafter bei Grundlagengeschäften.

3. Innenverhältnis

Frage 12 Welche Rechtsbeziehungen entstehen durch die Gesellschafterstellung in einer GbR?

Antwort Es entstehen Individual- und Sozialbeziehungen, aus denen sich sowohl Individualansprüche und -verpflichtungen als auch Sozialansprüche und -verpflichtungen ableiten.

Frage 13 Was versteht man unter Sozialbeziehungen?

Antwort Als Sozialbeziehungen werden alle Rechtsbeziehungen zwischen dem Gesellschafter und der Gesellschaft aufgrund des Gesellschaftsvertrages verstanden.

Frage 14 Wer ist zuständig für die Geltendmachung von Sozialansprüchen der GbR?

Antwort Die geschäftsführungsbefugten Geschäftsführer der Gesellschaft, da die Geltendmachung von Sozialansprüchen eine Maßnahme der Geschäftsführung ist.

Frage 15 Was versteht man unter einer *actio pro socio* und gibt es dafür eine gesetzliche Regelung in den §§ 705 ff. BGB?

Antwort Unter der *actio pro socio* versteht man das Recht jedes Gesellschafters, von den Mitgesellschaftern im eigenen Namen (auch durch Klage) die Erfüllung ihrer Verpflichtungen gegenüber der Gesellschaft zu verlangen. Durch das MoPeG wurde diese Form der Gesellschafterklage in § 715b BGB gesetzlich normiert.

Frage 16 Nennen Sie die Voraussetzungen der *actio pro socio*!

Antwort Die Voraussetzungen ergeben sich aus § 715b BGB. Die *actio pro socio* hat demnach fünf Voraussetzungen. Ein Gesellschafter (1) kann einen auf dem Gesellschaftsverhältnis beruhenden Anspruch (2) im eigenen Namen gerichtlich geltend machen, wenn der dazu berufene geschäftsführungsbefugte Gesellschafter (4) dies pflichtwidrig unterlässt (5). Nach § 715b Abs. 1 S. 2 BGB erstreckt sich dieses Recht unter dort näher beschriebenen Umständen auch auf Ansprüche der Gesellschaft gegen Dritte.

Frage 17 Worum handelt es sich bei der *actio pro socio* prozessual?

Antwort Nach der Gesetzesbegründung handelt es sich bei § 715b BGB um einen Fall der gesetzlichen Prozessstandschaft.

Frage 18 Kann § 715b BGB vertraglich abbedungen werden?

Antwort Das kommt auf die Umstände des Einzelfalls an. Nach § 708 BGB sind die Bestimmungen des zweiten Kapitels grundsätzlich dispositiv, was eine individualvertragliche Abweichung zunächst zulässt. § 708 zweiter Hs. BGB knüpft die Dispositionsbefugnis jedoch daran, dass das Gesetz nicht ausnahmsweise Verbindlichkeit beansprucht. Dies trifft dem Grunde nach auf § 715b Abs. 2 BGB zu, wonach eine Regelung unwirksam ist, durch die das Klagerecht ausgeschlossen oder beschränkt wird. Dann scheidet eine entsprechende vertragliche Vereinbarung *a priori* aus.

14.1 Gesellschaft bürgerlichen Rechts (GbR)

Dies ist nach dem Willen des Gesetzgebers allerdings nicht derart eng zu verstehen. Solange der Gesellschafter in einer Gesamtschau durch gleichwertige anderweitige Mittel darauf hinwirken kann, dass Sozial- und Drittansprüche geltend gemacht werden, scheint auch eine Abweichung von § 715b BGB möglich. Dies soll beispielsweise bei gesellschaftsvertraglich zugesicherten Abberufungsrechten oder Rechten auf Bestellung von Sondergeschäftsführern der Fall sein (s. hierzu insgesamt BT-Drucks. 19/27635, S. 156).

Frage 19 Definieren Sie den Begriff der Individualbeziehungen!

Antwort Als Individualbeziehungen werden Rechtsverhältnisse zwischen den einzelnen Gesellschaftern aufgrund des Gesellschaftsvertrages bezeichnet.

Frage 20 Bilden Sie Beispiele für Verpflichtungen der Gesellschafter!

Antwort Beitragspflicht, Pflicht zur Mitwirkung bei der Geschäftsführung und Vertretung. Auch eine Nachschusspflicht kann vereinbart werden, vgl. § 710 BGB (zu den Anforderungen an eine entsprechende Beschlussermächtigung im Gesellschaftsvertrag im alten Recht s. BGH NJW 2007, 1685).

Frage 21 Wie ist die Geschäftsführung einer GbR geregelt?

Antwort Die Gesellschafter sind gem. § 715 Abs. 1 BGB gemeinschaftlich zur Geschäftsführung berechtigt und verpflichtet (Gesamtgeschäftsführung). Dieser Grundsatz ist allerdings gem. § 708 BGB dispositiv, also durch gesellschaftsvertragliche Regelung abdingbar.

Frage 22 Wodurch wird diese Gestaltungsfreiheit begrenzt?

Antwort Durch den Grundsatz der Selbstorganschaft. Mindestens ein Gesellschafter muss demnach zur Geschäftsführung berechtigt sein.

Frage 23 Haften Geschäftsführer auch für einfach fahrlässige Pflichtverletzungen und woraus könnte sich etwas anderes ergeben?

Antwort Ja. Mit dem MoPeG wurde das Recht der GbR an das der oHG angeglichen, sodass der allgemeine Verschuldensmaßstab des § 276 BGB gilt.
Nach alter Rechtslage galt eine Haftungsprivilegierung gem. § 708 BGB, wonach Gesellschafter bei Erfüllung ihrer gesellschaftsvertraglichen Pflichten nur für die Sorgfalt in eigenen Angelegenheiten einzustehen hatten. Dieser Sorgfaltsmaßstab (*diligentia quam in suis*) befreite gem. § 277 BGB jedoch nicht von der Haftung für grobe Fahrlässigkeit. Letztere liegt vor, wenn ein Gesellschafter in besonders schwerwiegender Weise die im Verkehr erforderliche Sorgfalt außer Acht lässt. Dieser Maßstab galt jedoch auch im alten Recht schon nicht für kapitalistisch strukturierten Publikumsgesellschaften.

Frage 24 Gibt es ein Wettbewerbsverbot für die Gesellschafter einer GbR?

Antwort Ja. Zwar ist ein Wettbewerbsverbot – anders als etwa bei der oHG (s. §§ 117 f. HGB) – nicht ausdrücklich kodifiziert, ein solches leitet sich aber aus der gesellschaftsrechtlichen Treuepflicht ab (zu ihr s. AT Fragen 21 ff.). Im Übrigen ist nach dem Willen des Gesetzgebers auch eine entsprechende Anwendung möglich (vgl. BT-Drucks. 19/27635, S. 140).

Frage 25 Gilt dieses Wettbewerbsverbot für alle Gesellschafter unabhängig von ihrer Stellung in der GbR?

Antwort Ja. Zum einen rechtfertigt es die personalistische Struktur und enge Verbindung der Gesellschafter ein auf die gesellschaftsrechtliche Treuepflicht gestütztes Wettbewerbsverbot auf alle Gesellschafter zu erstrecken. Zum zweiten deuten auch die Regelungen der §§ 117 f. HGB auf eine umfassende Geltung hin, die jeden „Gesellschafter" einbeziehen (a. A. noch Voraufl. zu Frage 34; s. noch oHG Frage 14).

Frage 26 In welchen Fällen ist die Beschlussfassung der Gesellschafterversammlung notwendig?

Antwort Mit dem MoPeG wurde in § 714 BGB eine ausdrückliche Rechtsgrundlage für Gesellschafterbeschlüsse in der GbR neu geschaffen. In folgenden Fällen bedarf es eines Gesellschafterbeschlusses:

- § 715 Abs. 2 S. 2 BGB (Außergewöhnliche Geschäfte);
- § 715 Abs. 5 BGB (Entziehung der Geschäftsführungsbefugnis);
- § 720 Abs. 4 i. V. m. § 715 Abs. 5 BGB (Entziehung der Vertretungsmacht);
- § 723 Abs. 3, 727 BGB (Ausschluss eines Gesellschafters aus wichtigem Grund);
- § 732 BGB (Auflösungsbeschluss);
- § 734 Abs. 1, 2 BGB (Fortsetzung der Gesellschaft);
- § 736 Abs. 4 BGB (Bestellung einzelner Gesellschafter oder anderer Personen zu Liquidatoren der Gesellschaft);
- §§ 736d Abs. 1 S. 2 i. V. m. 736a Abs. 2 Nr. 2, 4 BGB (Rechtstellung der Liquidatoren);
- §§ 740a Abs. 1 Nr. 2, Abs. 3, 732 BGB (Beendigung der [nicht rechtsfähigen] Gesellschaft);
- Änderung des Gesellschaftsvertrages;
- in gesellschaftsvertraglich vorgesehenen Fällen.

Frage 27 Handelt es sich bei der Übertragung eines Gesellschaftsanteils nach § 711 Abs. 1 S. 1 BGB und der Zustimmung der Gesellschaft zur Teilnahme am Rechtsverkehr nach § 719 Abs. 1 BGB zwingend um Beschlüsse?

Antwort Nein. Das Gesetz unterscheidet insofern zwischen der (einstimmigen) Zustimmung der Gesellschafter und dem Gesellschafterbeschluss als kollektives Willensbildungsorgan. Der Beschluss dient ausweislich der Gesetzesbegründung etwa zur Regelung von Grundlagengeschäften oder außergewöhnlichen Geschäftsführungsmaßnahmen (BT-Drucks. 19/27635, S. 149).

Der Wortlaut, die Systematik und die Historie verlangen für die §§ 711 Abs. 1 S. 1 und 719 Abs. 1 BGB somit keinen Gesellschafterbeschluss. Daher ist auch eine konkludente Zustimmung durch Dulden möglich (*Servatius*, Kommentar GbR, § 711 Rn. 10).

Ungeachtet dessen können die Gesellschafter (auch *ad hoc*) freilich per Beschluss die Zustimmung erteilen (*Schäfer*, Kommentar GbR und PartG, § 711 Rn. 12 f.).

Frage 28 Gilt in der Gesellschafterversammlung das Mehrheitsprinzip?

Antwort Nein. Grundsätzlich müssen Beschlüsse einstimmig gefasst werden (§ 714 BGB).

Frage 29 Gibt es eine Ausnahme von diesem Grundsatz für Grundlagengeschäfte?

Antwort Nein. Gerade Grundlagengeschäfte bedürfen schon allein wegen der allgemeinen Regel, dass Verträge nur im Einvernehmen aller daran Beteiligten geändert werden können, der Zustimmung sämtlicher Gesellschafter.

Frage 30 Können Mehrheitsbeschlüsse für Grundlagengeschäfte im Gesellschaftsvertrag vorgesehen werden?

Antwort Grundsätzlich ist dies möglich. Der Gesellschaftsvertrag muss hierfür jedoch gewissen Voraussetzungen genügen.

Frage 31 Welche Voraussetzungen sind dies?

Antwort Eine Mehrheitsklausel muss zunächst eindeutig die Mehrheit ermächtigen, über bestimmte Themen Beschlüsse zu fassen. Eine Auflistung der Kompetenzen ist hierfür nicht erforderlich. Auf dieser „ersten Stufe" geht es um die Prüfung der formalen Beschlusskompetenz zugunsten der Mehrheit.

Auf einer „zweiten Stufe" ist sodann zu prüfen, ob der Beschluss auch inhaltlich wirksam ist (zu diesem Prüfungssystem im Zusammenhang mit virtuellen Gesellschafterversammlungen s. *Böffel/Schramm*, WM 2020, 2402 ff.). Insoweit kann fraglich sein, ob ein zulässiger Eingriff in den Kernbereich der Mitgliedschaft oder ein Treuepflichtverstoß vorliegt (näher BGH NJW 2007, 1685, 1686 f. [Otto]; NJW 2009, 669, 672 [Schutzgemeinschaftsvertrag II]).

Frage 32 Wann sind Gesellschafter von der Beschlussfassung ausgeschlossen?

Antwort Grundsätzlich erfolgt die Beschlussfassung gem. § 714 BGB einstimmig, sofern nicht im Gesellschaftsvertrag oder durch stete Übung etwas anderes vereinbart ist. Daher steht auch dem Grunde nach jedem Gesellschafter ein Stimmrecht zu. Ein Stimmrechtsausschluss kann sich zum einen aus dem Gesetz oder zum anderen aufgrund einer Vereinbarung ergeben. Gesetzliche Beispiele sind §§ 715 Abs. 5 S. 1, 720 Abs. 4, 727 S. 1 BGB. Daraus lässt sich nach dem Willen des Gesetzgebers ein allgemeines Prinzip des Stimmrechtsausschlusses herleiten.

In diesem Sinne ist dann von einem ungeschriebenen Stimmrechtsausschluss auszugehen, wenn vergleichbar schwerwiegende Interessenkollision dies rechtfertigen. Der Gesetzesentwurf führt hier beispielhaft die Befreiung von einer Verbindlichkeit oder die Einleitung eines Rechtsstreits gegen den betroffenen Gesellschafter an. Niemand solle „Richter in eigener Sache" sein (vgl. zu alledem BT-Drucks. 19/27635, S. 161 f.).

Frage 33 Ein fehlerhafter Beschluss führt grundsätzlich zu dessen Nichtigkeit. Gilt dies ausnahmslos?

Antwort Beruht die Fehlerhaftigkeit bei der Beschlussfassung auf einem Verfahrensfehler, so ist der Beschluss dann wirksam, wenn sich der Fehler nicht auf das Abstimmungsergebnis ausgewirkt haben kann. Außerdem sind nach der Lehre von der fehlerhaften Gesellschaft solche an einem Fehler leidende Beschlüsse, die den Gesellschaftsvertrag ändern, zunächst wirksam, können aber durch Erklärung mit Wirkung für die Zukunft beseitigt werden (vgl. hierzu auch *Böffel/Schramm*, WM 2020, 2402, 2404 ff.).

Frage 34 Wer ist der Klagegegner bei einer Klage auf Feststellung der Nichtigkeit eines Beschlusses der Gesellschafterversammlung?

Antwort Die Klage ist nach ganz überwiegender Ansicht gegen die Mitgesellschafter zu richten, nicht gegen die Gesellschaft, da diese für Binnenstreitigkeiten (vorbehaltlich einer Ermächtigung durch die Gesellschafter) nicht zuständig sein soll. Dagegen lässt sich einwenden, dass es nicht um die einzelnen Stimmabgaben geht, sondern um die Wirksamkeit des Beschlusses, der den Willen der Gesellschaft verkörpert.

4. Außenverhältnis

a) Vertretungsregelungen

Frage 35 Wer vertritt die rechtsfähige GbR im Rechtsverkehr?

Antwort Die organschaftliche Vertretungsbefugnis richtet sich nach § 720 BGB. Gem. § 720 Abs. 1 BGB besteht Gesamtvertretung aller Gesellschafter. Die

Vorschrift ist aber dispositiv, wie Abs. 1 Hs. 2 ausdrücklich regelt. Anders als im alten Recht (§ 714 BGB a. F.) besteht also keine Vermutung mehr, dass sich die Vertretungsmacht nach dem Umfang und der Regelung der Geschäftsführung richtet.

Frage 36 Ist die Vertretungsmacht beschränkbar?

Antwort Nein, *arg. e* § 720 Abs. 3 S. 2 BGB. Es entspricht einem allgemeinen Grundsatz des Gesellschaftsrechts, dass der Umfang der Vertretungsmacht Dritten gegenüber nicht beschränkbar ist. Damit werden die Handlungsfähigkeit der Gesellschaft nach innen und die Rechtssicherheit sowie der Vertrauensschutz nach außen gewährleistet. Insbesondere soll nach dem Willen des Gesetzgebers eine Abkehr vom bis Ende 2023 geltenden Recht erfolgen, sodass eine Beschränkung der Vertretungsbefugnis mit Außenwirkung auch dann unzulässig ist, wenn der Vertragspartner vor Vertragsschluss darauf hingewiesen wurde oder jedenfalls für diesen erkennbar ist (vgl. BT-Drucks. 19/27635, S. 163).

b) Haftung der Gesellschafter

Frage 37 Erläutern Sie die Haftung eines GbR-Gesellschafters!

Antwort Ein GbR-Gesellschafter einer rechts- wie nicht rechtsfähigen GbR haftet gem. § 721 BGB akzessorisch für die Verbindlichkeiten der Gesellschaft (sog. Akzessorietätstheorie). Nach altem Recht war die Parallelvorschrift für die oHG (§ 126 HGB) analog anzuwenden.

Frage 38 Was ist die Anspruchsgrundlage für die Gesellschafterhaftung?

Antwort § 721 BGB ist lediglich eine Überleitungsnorm, die der Haftungserstreckung dient. Grundlage für die Haftung des Gesellschafters ist daher der Anspruch des Gläubigers gegen die Gesellschaft (z. B. auf Kaufpreiszahlung aus Kaufvertrag, § 433 Abs. 2 BGB) i. V. m. § 721 BGB.

Frage 39 Welche Lehre steht der Akzessorietätstheorie gegenüber?

Antwort Die sog. Theorie von der Doppelverpflichtung.

Frage 40 Erläutern Sie kurz diese Theorie!

Antwort Der handelnde Gesellschafter soll demnach neben der rechtsfähigen GbR auch sich selbst sowie im Wege der Stellvertretung alle Mitgesellschafter persönlich rechtsgeschäftlich verpflichten.

Frage 41 Nennen Sie Argumente gegen die Theorie der Doppelverpflichtung!

Antwort Vor der Novellierung der §§ 705 ff. BGB im Zuge des MoPeG wurde der Haupteinwand darin gesehen, dass diese Theorie auf eine reine Fiktion hinausläuft, die sich vom wirklichen Willen des handelnden Gesellschafters entfernt. Bisweilen verweisen Kritiker zudem darauf, dass sich – anders als mit der Akzessorietätstheorie – eine Haftung der Mitgesellschafter aus unerlaubter Handlung sowie die Haftung eines Neugesellschafters für Altverbindlichkeiten nicht begründen ließen. Gerade den zuletzt genannten Punkten kommt angesichts der §§ 721, 721a BGB entscheidendes Gewicht zugunsten der Akzessorietätstheorie zu.

Frage 42 Haftet ein Neugesellschafter für vor seinem Beitritt begründete Verbindlichkeiten der Gesellschaft?

Antwort Ja, wie sich aus § 721a BGB ausdrücklich ergibt. Dies war auch bereits nach altem Recht der Fall, nachdem der BGH auch § 130 HGB a. F. (nunmehr: § 127 HGB) analog auf die GbR angewandt hatte (vgl. hierzu im Einzelnen BGH NJW 2003, 1803, 1804 f.). Der Gesetzgeber hat § 721a BGB im MoPeG bewusst § 127 HGB nachgebildet. Die damit im Ergebnis einhergehende Begünstigung der Gesellschaftsgläubiger sei gerechtfertigt, da dies den Einfluss des Neugesellschafters auf das Gesellschaftsvermögen kompensiere (vgl. BT-Drucks. 19/27635, S. 166).

Frage 43 Kann ein ausgeschiedener Gesellschafter zeitlich unbegrenzt für die bis zu seinem Austritt entstandenen Verbindlichkeiten der GbR persönlich in Anspruch genommen werden?

Antwort Nein, wie § 728b Abs. 1 BGB zeigt. Der ausgeschiedene Gesellschafter haftet demnach bis zu seinem Ausscheiden begründete Gesellschaftsverbindlichkeiten, wenn sie vor Ablauf von fünf Jahren nach einem Ausscheiden fällig geworden sind und die weiteren Voraussetzungen der Nr. 1 und Nr. 2 erfüllt sind. Bei Schadenersatz erfolgt eine weitere Beschränkung dahingehend, dass die zum Schadensersatz führende Verletzung vertraglicher oder gesetzlicher Pflichten vor dem Ausscheiden des Gesellschafters eingetreten ist, vgl. Abs. 1 S. 2. Die Fristbeginn nach Abs. 1 S. 3, sobald der Gläubiger von dem Ausscheiden des Gesellschafters Kenntnis erlangt hat, oder das Ausscheiden in das Gesellschaftsregister eingetragen ist.

Frage 44 Ist eine Haftungsbegrenzung auf das Gesellschaftsvermögen möglich?

Antwort Grundsätzlich ist dies nur auf Grundlage einer individualvertraglichen Abrede zwischen Gläubiger und Gesellschaft (vertreten durch die Geschäftsführer) möglich, wenn daneben eine Handelndenhaftung gem. § 54 BGB analog vereinbart wird (vgl. BT-Drucks. 19/27635, S. 165).

Frage 45 Ist eine klauselmäßige Haftungsbegrenzung zulässig?

Antwort Bei Publikumsgesellschaften (insbesondere: geschlossene Fonds) kann eine Haftungsbegrenzung auf das Gesellschaftsvermögen auch in Form von AGB vorgenommen werden. Dies dürfte ausweislich der Regierungsbegründung auch im neuen Recht gelten (BT-Drucks. 19/27635, S. 164).

Frage 46 Welcher Gedanke liegt dieser Ausnahme zugrunde?

Antwort Eine persönliche Haftung des einzelnen Kapitalanlegers könnte für diesen ruinöse Folgen haben, denen kein schutzwürdiges Vertrauen der Vertragspartner (z. B. Baustofflieferanten) in die akzessorische Haftung gegenübersteht. Zudem steht den Gläubigern jedenfalls bei einem Immobilienfonds meist in Gestalt der Immobilie eine gewisse Haftungsmasse zur Verfügung (s. a. Fall 2).

Frage 47 Lässt sich eine Haftungsbeschränkung durch eine Beschränkung der Vertretungsmacht erreichen?

Antwort Die Vertretungsmacht der geschäftsführenden Gesellschafter kann im Gesellschaftsvertrag auf den Abschluss solcher Verträge beschränkt werden, in denen eine Haftungsbeschränkung auf das Gesellschaftsvermögen vereinbart wird. Grundsätzlich entfaltet eine solche Beschränkung aber keine Außenwirkung (§ 720 Abs. 3 S. 2 BGB; s. auch Frage Nr. 36).

Frage 48 Haftet ein Treugeber, der für einen Gesellschafter den Gesellschaftsanteil treuhänderisch hält, ebenfalls persönlich §§ 721, 721a BGB?

Antwort Nach einer zum alten Recht vertretenen Ansicht wird dies für den Fall bejaht, dass dem Treugeber unmittelbar Rechte und Ansprüche übertragen werden, wie etwa das Stimmrecht. Für das neue Recht ist mit der bisher hierzu vertretenen überwiegenden Ansicht eine Haftung nach §§ 721, 721a BGB abzulehnen. Es fehlt insoweit an einer notwendigen gesetzlichen Grundlage. Da die §§ 721, 721a BGB nur das Außenverhältnis betreffen, können jene Normen nicht auf eine lediglich das Innenverhältnis betreffende Rechtsbeziehung übertragen werden (vgl. zum alten Recht BGH NZG 2009, 57, 58 f.).

c) Beendigung

Frage 49 Nennen Sie die einzelnen Stufen der Beendigung einer GbR!

Antwort Erste Stufe ist die Auflösung der GbR (§§ 729–734 BGB); zweite Stufe ist die Liquidation (§§ 735–739 BGB); erst an deren Ende steht als dritte Stufe die Vollbeendigung der GbR (ggf. durch Löschung im Gesellschaftsregister bei eingetragener rechtsfähiger GbR, § 738 BGB).

Frage 50 Besteht die GbR nach der Auflösung noch?

Antwort Ja. Allerdings hat sich der Gesellschaftszweck i. S. v. § 705 BGB durch die Auflösung geändert: Die vormals werbende Gesellschaft verfolgt im Liquidationsstadium lediglich das Ziel, das Gesellschaftsvermögen zu liquidieren, in Geld umzusetzen und an die Gesellschaftsgläubiger zu verteilen (s. auch § 736d Abs. 2 S. 1, Abs. 4 S. 1 BGB). Nach Berichtigung der Verbindlichkeiten sind die geleisteten Gesellschafterbeiträge zurückzuerstatten und erst danach ist das noch verbleibende Vermögen und den Gesellschaftern nach dem Verhältnis ihrer Anteile am Gewinn und Verlust zu verteilen (§ 736d Abs. 5, 6 BGB).

Frage 51 Wie sind die Vertretungsverhältnisse in der Liquidationsphase geregelt?

Antwort Die Liquidationsgeschäftsführung steht gem. § 736 Abs. 1 BGB allen Gesellschaftern gemeinschaftlich zu. Gem. § 736b Abs. 1 BGB erlischt die einem Gesellschafter im Gesellschaftsvertrag übertragene Befugnis zur Geschäftsführung und Vertretung mit Auflösung der Gesellschaft. Von diesem Zeitpunkt an stehen beide Befugnisse allen Liquidatoren gemeinsam zu.

Allerdings ist in § 736b Abs. 2 BGB ein gesetzlicher Rechtsscheintatbestand geschaffen worden, wonach die bisherige Geschäftsführungs- und Vertretungsbefugnis (sofern die Gesellschaft nicht im Gesellschaftsregister eingetragen ist) solange zugunsten des betreffenden Gesellschafters als fortbestehend gilt, bis er von der Auflösung Kenntnis erlangt oder sie kennen muss.

Frage 52 Können einzelne Gesellschafter auch im Liquidationsstadium Ansprüche der Gesellschaft im Wege der *actio pro socio* gem. § 715b BGB geltend machen?

Antwort Ja, die Regeln der *actio pro socio* (s. AT Frage 18) gelten auch in der Liquidationsphase. Dies lässt sich für das neue Recht aus § 736d Abs. 1 S. 1 BGB herleiten, wonach die Liquidatoren den Weisungen Folge zu leisten haben, die die Beteiligten in Bezug auf die Geschäftsführung beschließen. Da es sich folglich um Geschäftsführungsangelegenheiten handelt, auf die § 715b Abs. 1 S. 1 BGB zugeschnitten ist, spricht nichts gegen eine entsprechende Anwendbarkeit, wenn die Liquidatoren unter den Voraussetzungen des § 715b BGB Ansprüche pflichtwidrig nicht geltend machen.

14.2 OHG

Frage 1 Beschreiben Sie das Verhältnis der oHG zur rechtsfähigen GbR!

Antwort Die oHG ist eine Sonderform der rechtsfähigen GbR. Der Zweck einer oHG muss sich grundsätzlich auf den Betrieb eines Handelsgewerbes beziehen (§ 105 Abs. 1 HGB). Über § 105 Abs. 3 HGB sind die Vorschriften über die GbR subsidiär anwendbar. Die Vorschriften zur oHG regeln daher eine professionalisierte Form der Personengesellschaft.

Fraglich ist, ob infolge des MoPeG auch umgekehrt für die GbR die Regeln des oHG-Rechts anwendbar sind. Ungeeignet sind die bisherigen Beispiele der Nachhaftung (nunmehr § 728b BGB) oder die persönliche Haftung der Gesellschafter (§ 721 BGB). Zu erwägen ist eine analoge Anwendung des Beschlussmängelrechts nach §§ 110 ff. HGB, wobei hier der Gesetzgeber für das Recht der GbR von einer gesetzlichen Regelung abgesehen hat. Das steht einer planwidrigen Regelungslücke entgegen (*Schäfer*, Kommentar GbR und PartG, § 714 Rn. 7).

Frage 2 Entsteht eine oHG nur mit der Eintragung ins Handelsregister?

Antwort Nein. Wenn der Gesellschaftszweck auf den Betrieb eines Handelsgewerbes i. S. v. § 1 Abs. 2 HGB gerichtet ist, also kein kleingewerblicher Betrieb vorliegt und die Gesellschaft nicht nur eigenes Vermögen verwaltet, wirkt die Eintragung lediglich deklaratorisch (*arg. e* § 105 Abs. 1 HGB: „ist" eine oHG; 123 Abs. 1 HGB).

Frage 3 Nennen Sie die Regressmöglichkeiten eines Gesellschafters, der eine Gesellschaftsschuld beglichen hat, gegenüber der oHG!

Antwort Der Regressanspruch gegenüber der oHG ergibt sich aus § 105 Abs. 3 HGB i. V. m. § 716 Abs. 1 BGB.

Frage 4 Haften die Gesellschafter für den Regressanspruch?

Antwort Nein. Rein konstruktiv könnte man dies zwar aus § 126 S. 1 HGB herleiten, denn es handelt sich bei dem Regressanspruch um eine Gesellschaftsschuld. Indessen bezweckt § 126 S. 1 HGB allein den Gläubigerschutz und gilt daher nicht für Sozialverbindlichkeiten der Gesellschaft. Anderenfalls käme es überdies zu einer Nachschusspflicht, die nach § 710 S. 1 BGB i. V. m. § 105 Abs. 3 HGB (vorbehaltlich abweichender Vereinbarung) gerade nicht bestehen soll.

Frage 5 Gilt § 105 Abs. 3 HGB i. V. m. § 716 Abs. 1 BGB auch für den ausgeschiedenen Gesellschafter?

Antwort Teils wird diese Vorschrift analog angewendet (vgl. zum alten Recht etwa *Preuß*, ZHR 160 (1996), 174). Nach der Gegenansicht fehlt es wegen des Anspruchs aus § 135 HGB an einer planwidrigen Regelungslücke.

Frage 6 Woraus ergibt sich der Regressanspruch gegenüber den Mitgesellschaftern nach Tilgung einer Gesellschaftsschuld?

Antwort Der Anspruch folgt aus § 426 Abs. 1 BGB sowie aus § 426 Abs. 2 BGB i. V. m. der Gesellschaftsschuld. Dabei hat die Legalzession gem. § 426 Abs. 2 BGB im Hinblick darauf eigenständige Bedeutung, dass gem. §§ 412, 401 BGB Nebenrechte (insbesondere: Pfandrechte) mit übergehen.

Frage 7 Kann ein Mitgesellschafter von den übrigen Gesellschaftern ohne weiteres und in voller Höhe im Wege des Regresses in Anspruch genommen werden?

Antwort Nein. Er haftet lediglich *pro rata* (im Verhältnis seines Kapitalanteils, weshalb der auf einen Gesellschafter entfallende Verlust vom darauf anfallenden Gewinn abgeschrieben wird, § 120 Abs. 2 HGB) und überdies aufgrund der gesellschaftsrechtlichen Treuepflicht (s. AT Fragen 21 ff.) nur subsidiär zur Gesellschaft.

Frage 8 Was versteht man unter einem sog. Drittgeschäft zwischen einem Gesellschafter und der oHG?

Antwort Drittgeschäfte beruhen nicht auf dem Gesellschaftsvertrag, sondern auf einem gesonderten Vertragsverhältnis (z. B. Kauf, Darlehen), wie es die oHG auch mit einem außenstehenden Dritten hätte eingehen können.

Frage 9 Wie kann ein Gesellschafter in einem solchen Fall einen Mitgesellschafter in Anspruch nehmen?

Antwort Aus § 126 S. 1 HGB i. V. m. dem vertraglichen Anspruch gegen die oHG (z. B. Kaufpreisschuld). Jedoch ist dieser Anspruch gekürzt um seinen eigenen Verlustanteil, denn der Gesellschafter ist Schuldner und Gläubiger zugleich in einer Person.
Umstritten ist, ob der Anspruch subsidiär ist. Dafür spricht die aus der Treuepflicht herzuleitende Pflicht zur Rücksichtnahme auf die Vermögensinteressen der Mitgesellschafter. Andererseits tritt der Gesellschafter hier der oHG wie ein Dritter gegenüber, was dafür spricht, dass er auch nicht schlechter als ein solcher stehen soll, zumal derartige Drittgeschäfte für die Gesellschaft oft vorteilhaft sind.

Frage 10 Wie haften die Mitgesellschafter untereinander bei einem solchen Drittgeschäft eines Gesellschafters?

Antwort Nach einer Ansicht haften sie als Gesamtschuldner gem. § 426 Abs. 1 BGB, denn der Gesellschafter soll nicht schlechter stehen als andere Gläubiger. Nach anderer Ansicht haften sie lediglich *pro rata*, denn die gläubigerfreundliche Anordnung einer Gesamtschuld gem. § 126 S. 1 HGB sei auf außenstehende Dritte zugeschnitten.

Frage 11 Was versteht man unter der Geschäftschancenlehre?

Antwort Es handelt sich um ein aus der gesellschaftsrechtlichen Treuepflicht herzuleitendes, ungeschriebenes Gebot, der Gesellschaft offen stehende und für sie interessante Geschäfte nicht stattdessen für eigene Rechnung abzuschließen.

Frage 12 Ist das Wettbewerbsverbot ein Unterfall der Geschäftschancenlehre?

Antwort Nein, die beiden Regeln ergänzen sich.

Frage 13 Wie wird in § 117 Abs. 1 Var. 2 HGB das Wort „gleichartig" ausgelegt?

Antwort Nach einer Ansicht bedeutet „gleichartig" lediglich, dass die andere Gesellschaftsbeteiligung ebenfalls eine persönliche Haftung zur Folge haben muss. Demnach bezweckt das Beteiligungsverbot, sicherzustellen, dass das Privatvermögen des Gesellschafters (als Haftungsmasse für Gesellschaftsgläubiger) und/ oder dessen eigene Arbeitskraft für die oHG reserviert bleibt. Nach anderer Ansicht meint das Wort hingegen, dass die Gesellschaft im selben Handelszweig tätig sein muss.

Nur die zweite Auslegung wird dem Charakter eines Wettbewerbsverbots und dem Umstand gerecht, dass das Personengesellschaftsrecht auch ansonsten keine Regeln aufstellt, nach denen ein Gesellschafter sein Privatvermögen oder seine Arbeitskraft allein im Gesellschaftsinteresse einzusetzen hat.

Frage 14 Gilt das Wettbewerbsverbot des § 117 HGB auch für einen nicht geschäftsführenden Gesellschafter?

Antwort Dies ist umstritten. Nach herrschender Ansicht gilt es auch für ihn, da er gleichfalls über Informationsrechte verfügt (§ 105 Abs. 3 HGB i. V. m. § 117 BGB) und die erlangten Informationen (über Bezugs- und Absatzquellen, Ertragszahlen etc.) zu gesellschaftsfremden Zwecken einsetzen könnte. Diese Auslegung steht auch im Lichte der personalistischen Struktur typischer oHG.

Dagegen spricht der Rechtsgedanke des § 165 HGB, wonach den (gesetzestypischen, d. h. von der Geschäftsführung ausgeschlossenen) Kommanditisten gerade kein Wettbewerbsverbot trifft. Für die herrschende Meinung spricht jedoch entscheidend der Wortlaut der §§ 117 f. HGB, die ausdrücklich jeden „Gesellschafter" dem Wettbewerbsverbot unterwerfen.

Frage 15 Wie kann einem Gesellschafter die Vertretungsmacht entzogen werden?

Antwort Dies kann gem. §§ 124 Abs. 5 i. V. m. 116 Abs. 5 HGB aus einem wichtigen Grund durch ein gerichtliches Urteil (Gestaltungsurteil) geschehen.

Frage 16 Was versteht man unter „echter", was unter „unechter" Gesamtvertretung?

Antwort „Echte" Gesamtvertretung liegt vor, wenn alle oder mehrere Gesellschafter die Gesellschaft nur gemeinsam vertreten können, § 124 Abs. 2 S. 1 HGB. Unechte Gesamtvertretung liegt dagegen dann vor, wenn einer oder mehrere Gesellschafter nur gemeinschaftlich mit einem Prokuristen zur Vertretung befugt sind, vgl. § 124 Abs. 3 HGB.

Frage 17 Was bedeutet das Prinzip der Selbstorganschaft für die Vertretung der oHG?

Antwort Nach diesem Prinzip muss gewährleistet sein, dass die Gesellschaft jedenfalls auch (d. h. neben anderen Vertretungsmöglichkeiten) ausschließlich durch (einen oder mehrere) Gesellschafter vertreten wird. Die alleinige Anordnung einer unechten Gesamtvertretung ist damit unvereinbar. Dies findet in § 124 Abs. 3 HGB durch die Wendung „sofern nicht mehrere zusammen handeln" einen – freilich unvollkommenen – Ausdruck: Der Gesetzgeber ging demnach davon aus, dass die unechte Gesamtvertretung nicht als alleinige Vertretungsmöglichkeit vorgesehen wird.

Frage 18 Warum gilt dieses Prinzip?

Antwort Weil die Gesellschafter für die durch Vertrag begründeten Verbindlichkeiten der oHG gem. § 126 S. 1 HGB persönlich haften, sollen sie selbst über den Haftungsumfang entscheiden können. So stellt das Prinzip der Selbstorganschaft etwa sicher, dass sich eine als unvorteilhaft angesehene vertragliche Bindung (z. B. Miet- oder Dienstvertrag) beenden lässt, ohne dass ein von der persönlichen Haftung betroffener Dritter (Prokurist) dies verhindern kann. Der damit – jedenfalls bei einem Gesellschafter vorhandene – Gleichlauf von Herrschaft und Haftung bietet zugleich eine gewisse „Richtigkeitsgewähr" für die vertraglichen Bindungen, da der Handelnde die wirtschaftlichen Folgen auch persönlich zu tragen hat.

Frage 19 Kann sich die oHG überhaupt durch Prokuristen vertreten lassen?

Antwort Ja, denn die oHG ist gem. § 6 Abs. 1 HGB Kaufmann und kann daher nach § 48 Abs. 1 HGB Personen Prokura erteilen. Solange die Vertretung der Gesellschaft nicht allein von einem oder mehreren Prokuristen abhängt, sondern auch unabhängig von ihnen durch Gesellschafter möglich ist, können sie ohne Weiteres eingesetzt werden.

Frage 20 Welchen Inhalt hat die Haftung nach § 126 S. 1 HGB?

Antwort Nach einer Ansicht hat der Gesellschafter lediglich das Erfüllungsinteresse des Gläubigers auszugleichen, also haftet er nur auf Geld (sog. Haftungstheorie). Nach überwiegender Meinung haftet er hingegen – vorbehaltlich § 275 BGB – auf dasselbe wie die Gesellschaft (sog. Erfüllungstheorie).

Für die Erfüllungstheorie spricht, dass die oHG keine Haftungsmasse hat, die den Gläubigern zur Verfügung steht. Die Regelung des § 126 S. 1 HGB verknüpft in diesem Sinne das Vermögen der Gesellschafter mit dem der Gesellschaft haftungsrechtlich eng miteinander. Eine bloß auf das Erfüllungsinteresse beschränkte Haftung erscheint unter Verkehrsschutzgesichtspunkten zweifelhaft. Das spiegelt sich auch im Wortlaut der Vorschrift wider, nach dem die Gesellschafter für die „Verbindlichkeiten der Gesellschaft" persönlich haften.

Frage 21 Besteht eine Gesamtschuld zwischen den nach § 126 S. 1 HGB haftenden Gesellschaftern und der Gesellschaft?

Antwort Nein. Auch wenn man mit der Erfüllungstheorie einen identischen Haftungsinhalt annimmt (s. Frage 21), besteht lediglich eine Gesamtschuld der Gesellschafter untereinander, nicht aber mit der oHG. Dies liegt daran, dass die Gesellschafterhaftung nur akzessorisch der Gesellschaftsschuld folgt, sodass keine Gleichstufigkeit besteht: Letztlich hat stets die Gesellschaft für die Verbindlichkeit aufzukommen. Auch der Wortlaut der Bestimmung deutet darauf hin, wonach die „Gesellschafter […] als Gesamtschuldner persönlich" haften, vgl. § 126 S. 1 HGB.

Frage 22 Ist die Eintragung des Ausscheidens eines Gesellschafters in das Handelsregister für den Fristbeginn gem. § 137 Abs. 1 S. 3 HGB konstitutiv?

Antwort Nach verbreiteter Ansicht in der Literatur zum alten Recht wurde die Eintragung in das Handelsregister aufgrund des Wortlauts von § 160 Abs. 1 S. 2 HGB a. F. als unabdingbare und damit konstitutive Voraussetzung für den Fristbeginn der Nachhaftung angesehen. Nach Ansicht des BGH genügte für den Fristbeginn jedoch auch die positive Kenntnis des Gläubigers, was auf eine rein deklaratorische Wirkung hindeutet. Das überzeugte für die bis 2024 geltende Rechtslage (vgl. Frage 23 Vorauﬂ.).

Durch das MoPeG wurde die Nachhaftung in § 137 HGB teilweise neu geregelt und auch für die rechtsfähige GbR in § 728b BGB vorgesehen. Die Regierungsbegründung verweist bei den Ausführungen zu § 137 HGB auf die Erwägungen zu § 728b BGB (BT-Drucks. 19/27635, S. 245). In diesem Sinne kann sich der Beginn der Nachhaftungsfrist eines Gesellschafters einer nicht eingetragenen GbR denklogisch nicht konstitutiv nach der Eintragung in das Gesellschaftsregister richten. Hierfür muss die Kenntnis des Gläubigers ausreichen. Um die Gläubiger einer eingetragenen rechtsfähigen GbR nicht unbilligerweise dadurch besser zu behandeln, dass sie sich trotz Kenntnis auf eine (konstitutive) Eintragung des Gesellschafterausscheidens berufen können, muss stets die Gläubigerkenntnis ausreichen (vgl. BT-Drucks. 19/27635, S. 177). Ganz ähnlich hat das auch der BGH zum alten Recht bereits gesehen (näher BGH NJW 2007, 3784, 3785 f.).

Frage 23 Kann ein Gesellschafter im Wege der außerordentlichen Kündigung aus der oHG austreten?

Antwort Ja, wie sich aus § 132 Abs. 2 S. 1 HGB ergibt. Das ist jedoch nur bei einer auf Zeit vereinbarten oHG möglich, *arg. e* § 132 Abs. 1 HGB. Mit dieser Regelung wird der bis 2024 dahingehend geführte Streit damit zugunsten einer außerordentlichen Kündigungsmöglichkeit aufgelöst (vgl. BT-Drucks. 19/27635, S. 244).

Frage 24 Genügt für die außerordentliche Kündigung lediglich die Kündigungserklärung oder muss der Gesellschafter nach § 139 HGB Klage erheben?

Antwort Es genügt die Kündigungserklärung (so ausdrücklich BT-Drucks. 19/27635, S. 244). Hierfür spricht sowohl der Wortlaut des § 132 Abs. 2 S. 1 HGB als auch der Normzweck der Vorschrift, wonach dem Gesellschafter eine einfachere Austrittsmöglichkeit als ein Klageverfahren gewähren soll.

Frage 25 Sind die Gesellschafter einer oHG Kaufleute?

Antwort Teils wird dies verneint, da die Gesellschafter nur gemeinschaftlich ein Handelsunternehmen betreiben. Nach anderer Ansicht ist die Kaufmannseigenschaft der oHG-Gesellschafter aufgrund ihrer persönlichen Haftung zu bejahen.

Frage 26 Wie findet die Willensbildung in einer oHG statt?

Antwort Durch Beschlussfassung. Dies richtet sich vorbehaltlich gesellschaftsvertraglicher Abweichungen nach § 109 HGB, wonach Beschlüsse der Gesellschafter in Versammlungen gefasst werden.

Frage 27 Wie kann sich ein Gesellschafter gegen einen seiner Meinung nach rechtswidrigen Beschluss wehren?

Antwort Gegen rechtswidrige Beschlüsse kann Anfechtungs- oder Nichtigkeitsklage erhoben werden.

Frage 28 Nach welchen Vorschriften richtet sich die Anfechtungs- und Nichtigkeitsklage im Recht der oHG?

Antwort Die Anfechtungs- und Nichtigkeitsklage richtet sich nicht (mehr) nach den §§ 241 ff. AktG analog, sondern nach dem mit MoPeG eingeführten §§ 110 ff. HGB (auch wenn diese Bestimmungen dem aktienrechtlichen Vorbild folgen, BT-Drucks. 19/27635, S. 227).

Nach §§ 110 Abs. 1, 113 HGB kann ein Beschluss wegen der Verletzung von Rechtsvorschriften durch Klage auf Nichtigerklärung angefochten werden (Anfechtungsklage). Abs. 2 regelt die *ex tunc* Nichtigkeitsfiktion, ähnlich wie § 142 Abs. 1 BGB. Den §§ 110 Abs. 2 S. 2, 114 HGB ist zu entnehmen, dass auch die Nichtigkeit eines Beschlusses durch Feststellung der Nichtigkeit gerichtlich geltend gemacht werden kann (Nichtigkeitsklage). Die §§ 111 und 113 HGB finden gem. § 114 HGB auf die Nichtigkeitsklage entsprechend Anwendung, nicht jedoch die Klagefrist nach § 112 HGB. Gem. § 111 Abs. 1 HGB ist grds. jeder Gesellschafter anfechtungsbefugt, wobei nach Abs. 2 auch ausgeschiedene Gesellschafter ein Rechtsschutzbedürfnis haben können. Die Klage ist gem. § 112 Abs. 1 S. 1 HGB binnen drei Monaten zu erheben. Die Anfechtungs- und Nichtigkeitsklage sind gem. §§ 114, 113 Abs. 2 S. 1 HGB gegen die Gesellschaft zu richten.

Frage 29 Wie ist das Verhältnis zwischen Nichtigkeit und Anfechtbarkeit?

Antwort Beide Fehlerfolgen schließen sich gegenseitig aus (BT-Drucks. 19/27635, S. 228).

Frage 30 Wann liegt typischerweise Nichtigkeit und Anfechtbarkeit vor?

Antwort Verfahrensmängel führen regelmäßig nur zur Anfechtbarkeit. Das gilt für Inhaltsmängel nur, wenn die Gesellschafter über die betroffenen gesetzlichen oder vertraglichen Rechte disponieren können (BT-Drucks. 19/27635, S. 228 a. E. f.; vgl. zum Beschlussmängelrecht im Personengesellschaftsrecht *Böffel/Schramm*, WM 2020, 2402, 2404 ff.).

14.3 KG

Frage 1 Worin liegt der Unterschied zwischen KG und oHG?

Antwort Die KG hat im Unterschied zur oHG zwei verschiedene Arten von Gesellschaftern, nämlich außer einem oder mehreren persönlich haftenden Gesellschaftern (Komplementären), die wie oHG-Gesellschafter zu behandeln sind, auch mindestens einen beschränkt haftenden Gesellschafter (Kommanditisten), vgl. § 161 Abs. 1 HGB.

Frage 2 Können für die KG auch Regeln des BGB-Gesellschaftsrechts anwendbar sein?

Antwort Ja. Über § 161 Abs. 2 HGB gilt ergänzend zu den §§ 161 ff. HGB das Recht der oHG. Diese Verweisung umfasst auch § 105 Abs. 3 HGB, der seinerseits auf die §§ 705 ff. BGB verweist. Dementsprechend gilt beispielsweise § 710 BGB (Mehrbelastungsverbot) auch für die KG.

Frage 3 Wie entsteht eine KG im Innenverhältnis?

Antwort Durch Abschluss eines Gesellschaftsvertrages zwischen mindestens zwei Personen, der auf den Betrieb eines Handelsgewerbes gerichtet ist und neben einem oder mehreren persönlich haftenden Gesellschaftern mindestens einen Kommanditisten nebst Haftsumme festlegt.

Frage 4 Ist die Eintragung ins Handelsregister deklaratorisch?

Antwort Wenn die KG lediglich kleingewerblich i. S. v. § 1 Abs. 2 HGB tätig ist, wirkt die Eintragung konstitutiv (zuvor gelten jedenfalls im Außenverhältnis die Regeln der GbR), anderenfalls deklaratorisch; §§ 161 Abs. 2 i. V. m. 107 Abs. 1 S. 1 HGB.

Frage 5 Wie haften die verschiedenen Gesellschafter?

Antwort Der Komplementär haftet gem. §§ 161 Abs. 2 i. V. m. 126 S. 1 HGB persönlich und unbeschränkt, der Kommanditist dagegen beschränkt auf die Höhe seiner noch nicht geleisteten Einlage, § 171 Abs. 1 Halbs. 1 HGB.

Frage 6 Kann der Kommanditist trotz des § 164 HGB geschäftsführungsbefugt sein?

Antwort Ja. Nach § 163 HGB ist § 164 HGB dispositiv.

Frage 7 Wann trifft den Kommanditisten trotz § 165 HGB ein Wettbewerbsverbot?

Antwort Wenn seine Gesellschafterstellung nicht gesetzestypisch ausgestaltet ist. Nach einer Ansicht genügt es hierfür, dass seine Informations- und Kontrollrechte über diejenigen des § 166 Abs. 1 HGB hinausgehen. Nach anderer Ansicht muss der Kommanditist zur Geschäftsführung befugt sein.

Frage 8 Wie ist das Widerspruchsrecht in § 164 Halbs. 2 HGB auszulegen?

Antwort Nach Ansicht des Gesetzgebers steht dem Kommanditisten bei außergewöhnlichen Geschäften ein Widerspruchsrecht i. S. d. § 116 Abs. 2 S. 1 HGB zu (BT-Drucks. 19/27635, S. 253). Zum alten Recht wurde vertreten, dass dem beschränkt haftenden Gesellschafter ein Zustimmungsvorbehalt i. S. e. Vetorechts zustehen müsste, da er anderenfalls keine ausreichende Möglichkeit hätte, seine Interessen gegenüber einem eigenmächtig handelnden Komplementär zu schützen. Das MoPeG knüpft die Vornahme von außergewöhnlichen Geschäften an den Beschluss „aller Gesellschafter", sodass der Kommanditist bei verweigerter Zustimmung ausreichend geschützt ist. Die Mitwirkungsmöglichkeit des Kommanditisten beschränkt sich indes allein auf § 116 Abs. 2 S. 1 HGB, wie der Wortlaut des § 164 HGB belegt (vgl. auch BT-Drucks. 19/27635, S. 253).

Frage 9 Erläutern Sie den Unterschied zwischen Haftsumme und vereinbarter Einlage!

Antwort Unter Haftsumme versteht man das für das Außenverhältnis maßgebliche Haftkapital. Die vereinbarte Einlage betrifft hingegen das Innenverhältnis und bezeichnet die Höhe der intern zu erbringenden Einlage. Beide können unterschiedlich hoch sein: Eine die vereinbarte Einlage übersteigende Haftsumme erhöht die Kreditfähigkeit; im umgekehrten Fall ist der Kommanditist besser vor einem direkten Zugriff der Gesellschaftsgläubiger geschützt.

Frage 10 Was besagt das Prinzip der realen Kapitalaufbringung?

Antwort Der Kommanditist wird nur in dem Umfang gem. § 171 Abs. 1 Halbs. 2 HGB von seiner Haftung befreit, in dem er der KG objektiv werthaltige Vermögensgegenstände zuführt. Beispiel: Tritt der Kommanditist der KG eine Forderung ab, so ist deren Verkehrswert und nicht ihr (nicht selten erheblich höherer) Nominalwert für die Haftungsbefreiung maßgeblich (s. a. Fall 3).

Frage 11 Was versteht man unter einer Einlagenrückgewähr i. S. v. § 172 Abs. 4 S. 1 HGB?

Antwort Entgegen dem engen Wortlaut („zurückbezahlt") werden Leistungen aller Art erfasst, denen keine gleichwertige Gegenleistung gegenübersteht. Anders gewendet: Einlagenrückgewähr ist jeder Vermögensabfluss aus der KG an den Kommanditisten ohne adäquate Gegenleistung. Beispiele: Erbringung von Dienstleistungen an die KG zu überhöhtem Preis; Veräußerung einer der KG gehörenden Sache an den Kommanditisten unter Verkehrswert.

Frage 12 Gilt § 176 Abs. 2 HGB auch bei Eintritt eines neuen Gesellschafters im Wege der Anteilsübertragung?

Antwort Dies ist umstritten. Nach einer Ansicht ist die Norm anwendbar, denn auch hier besteht hinsichtlich der Frage, wer Gesellschafter ist, ein Klarstellungsinteresse, das durch Registereintragung befriedigt werden kann. Nach anderer Ansicht ist die Norm wegen des entgegenstehenden Wortlauts nicht anwendbar. Zudem verändere sich bei einem derivativen Erwerb die Struktur der KG nicht. Daher werde auch der Anschein eines neuen, zusätzlichen Kommanditisten nicht erweckt. Für die zuletzt genannte Ansicht spricht nunmehr auch der neue Wortlaut des Abs. 2, dem infolge des MoPeG der Zusatz „weiterer" hinzugefügt wurde. Daraus lässt sich schließen, dass der Gesetzgeber die Haftungsfolgen nicht für bereits bestehende Beteiligungen gelten lassen will.

Frage 13 Findet § 176 Abs. 1 HGB auch auf eine sog. Schein-KG Anwendung?

Antwort Das war nach altem Recht umstritten. Nach dem Wortlaut des § 176 Abs. 1 S. 2 HGB a. F. musste dies abgelehnt werden. § 176 Abs. 1 HGB n. F. hat den zweiten Satz ersatzlos gestrichen, was dafür spricht, die Vorschrift nunmehr auch dem Wortlaut nach auf die Schein-KG anzuwenden. Zudem lässt sich anführen, dass sich der Rechtsschein auf die Handelsgesellschaft selbst und nicht auf die Eintragung bezieht. Außerdem ist eine abweichende Behandlung der Schein-KG sachlich nicht begründbar.

14.4 GmbH & Co. KG

Frage 1 Erläutern Sie die rechtliche Konstruktion der GmbH & Co. KG!

Antwort Die GmbH & Co. KG ist eine KG, bei der eine GmbH die Komplementärin ist. Auch eine AG kann als Komplementärin eingesetzt werden. Diese Konstruktionen entstehen durch eine Verflechtung von Personen- und Kapitalgesellschaften.

Frage 2 Müssen die Gesellschafter der GmbH und der KG verschiedene Personen sein?

Antwort Nein, alle Kommanditisten können zugleich Gesellschafter der Komplementär-GmbH sein. Auch möglich ist eine sog. eingliedrige oder Einmann-GmbH & Co. KG, bei der der alleinige Gesellschafter der Komplementär-GmbH deren Geschäftsführer und zugleich einziger Kommanditist der KG ist.

Frage 3 Wie wird die GmbH & Co. KG vertreten?

Antwort Die KG wird gem. §§ 161 Abs. 2, 124 ff. HGB durch den Komplementär vertreten. Da hier der Komplementär eine GmbH ist und diese wiederum nach §§ 35 ff. GmbHG durch ihren Geschäftsführer vertreten wird, vertritt er auch die KG.

Frage 4 Unterliegt der Kommanditist einer GmbH & Co. KG ebenfalls dem Auszahlungsverbot der §§ 30, 31 GmbHG?

Antwort Grundsätzlich nicht, denn er ist nicht Gesellschafter der GmbH. Jedoch kann er analog §§ 30, 31 GmbHG rückzahlungspflichtig sein, wenn er Auszahlungen aus dem Vermögen der KG entgegennimmt und damit zugleich das zur Erhaltung des Stammkapitals erforderliche Vermögen der GmbH gemindert wird.

Frage 5 Kann die Einlage des Kommanditisten auch durch die Einbringung von Anteilen an der Komplementär-GmbH haftungsbefreiend erbracht werden?

Antwort Nein, s. § 172 Abs. 5 S. 1 HGB. Anderenfalls könnte der Kommanditist durch eine einzige (nämlich die an die GmbH geleistete) Einlage letztlich gegenüber zwei Gesellschaften seine Einlageschuld erfüllen.

Frage 6 Hat der Geschäftsbesorgungsvertrag des Geschäftsführers mit der GmbH Auswirkungen auf die KG?

Antwort Ja, vgl. BGHZ 75, 321. Die KG ist in den Schutzbereich dieses Vertrages mit einbezogen. Bei Pflichtverletzungen des Geschäftsführers kann somit neben der GmbH auch der KG nach den Regeln des Vertrages mit Schutzwirkung zugunsten Dritter ein Schadensersatzanspruch zustehen.

14.4 GmbH & Co. KG

Frage 7 Was versteht man unter einer doppelstöckigen GmbH & Co. KG?

Antwort Bei der doppelstöckigen GmbH & Co. KG ist die Komplementärin der KG wiederum eine GmbH & Co. KG. Die Errichtung einer solchen Gesellschaft beruht auf steuer- und umwandlungsrechtlichen Erwägungen; sie wird auch dazu eingesetzt, um den Mitbestimmungserfordernissen nach § 4 MitbestG auszuweichen (vgl. MünchKomm-GmbHG/*Fleischer*, § 1 Rn. 90).

Frage 8 Haben die Nur-Kommanditisten ein Auskunfts- und Einsichtsrecht gegenüber der GmbH gem. § 51a GmbHG?

Antwort Nein. Den Nur-Kommanditisten steht allein das eingeschränkte Informationsrecht des § 166 HGB zu. Teilweise wird vorgeschlagen, eine ungerechtfertigte Benachteiligung zwischen Nur-Kommanditisten und Kommanditisten, die gleichzeitig Gesellschafter der Komplementär-GmbH sind, durch eine möglichst weite Auslegung des § 166 HGB zu vermeiden und in dieser Vorschrift ein „allgemeines Informationsrecht des Kommanditisten" zu sehen (vgl. *Saenger*, GesR, § 9 Rn. 424).

Frage 9 Wodurch zeichnet sich die sog. sternförmige GmbH & Co. KG aus?

Antwort Ein und dieselbe GmbH tritt bei mehreren KGs als Komplementärin auf. In Betracht kommt bei einer solchen Konstruktion eine Durchgriffshaftung unter den Schwestergesellschaften.

Kapitalgesellschaftsrecht 15

15.1 GmbH

1. Grundlagen/Gründung

Frage 1 Was ist eine GmbH?

Antwort Die GmbH ist eine Handelsgesellschaft mit eigener Rechtspersönlichkeit, die zu jedem gesetzlich zulässigen Zweck errichtet werden kann und für deren Verbindlichkeiten den Gläubigern nur das Gesellschaftsvermögen haftet (§§ 1, 13 GmbHG).

Frage 2 Nennen Sie wesentliche Unterschiede der Unternehmergesellschaft (UG) zur GmbH!

Antwort Ein maßgeblicher Unterschied besteht darin, dass die UG mit einem geringeren Stammkapital gegründet werden kann, als sonst nach § 5 Abs. 1 GmbHG vorgesehen (§ 5a Abs. 1 GmbHG); es genügt damit 1 € (daher wird die UG umgangssprachlich bisweilen als „Mini-GmbH" oder „1-Euro-GmbH" bezeichnet). Zudem dürfen keine Sacheinlagen erbracht werden (§ 5a Abs. 2 S. 2 GmbHG sowie Frage 10). Überdies ist nach § 5a Abs. 3 GmbHG zwingend eine gesetzliche Rücklage zu bilden.

Frage 3 Ab welchen Zeitpunkt sind die Sonderregelungen für die Unternehmergesellschaft nicht mehr anwendbar?

Antwort Sobald das Stammkapital der Gesellschaft den Betrag des Mindeststammkapitals gem. § 5 Abs. 1 GmbHG erreicht oder überstiegen hat (§ 5a Abs. 5 GmbHG).

Frage 4 Durch welche Vorschriften werden die Gläubiger einer Unternehmergesellschaft zum Ausgleich eines fehlenden Mindeststammkapitals geschützt?

Antwort Zum einen ist der Firma die Bezeichnung „Unternehmergesellschaft (haftungsbeschränkt)" oder „UG (haftungsbeschränkt)" hinzuzufügen (§ 5a Abs. 1 GmbHG). Zum anderen besteht ein erhöhter Kapitalschutz der Gesellschaft durch die zwingend erforderliche Rücklagenbildung gem. § 5a Abs. 3 GmbHG.

Frage 5 Ist die GmbH den Normen des HGB auch dann unterworfen, wenn sie (ausnahmsweise) kein Handelsgewerbe betreibt?

Antwort Ja. Die GmbH ist als Formkaufmann Handelsgesellschaft qua Gesetz, § 13 Abs. 3 GmbHG. Die Vorschriften für Kaufleute sind gem. § 6 Abs. 1 HGB auf Handelsgesellschaften anwendbar, unabhängig davon, ob die Gesellschaft ein Handelsgewerbe i. S. v. § 1 Abs. 2 HGB betreibt.

Frage 6 Worin besteht der Mindestinhalt des Gesellschaftsvertrags?

Antwort Gemäß § 3 Abs. 1 GmbHG sind dies: Firma, Sitz, Gegenstand des Unternehmens sowie der Betrag des Stammkapitals und der darauf anfallende jeweilige Anteil der Gesellschafter (sog. Stammeinlage).

Frage 7 Was versteht man unter dem Stammkapital der GmbH?

Antwort Das Stammkapital ist – wie auch das Grundkapital bei der AG – in erster Linie eine reine Rechnungsgröße, nämlich die Summe der Stammeinlagen der Gesellschafter (§ 5 Abs. 3 S. 2 GmbHG). Darüber hinaus spiegelt das Stammkapital das durch die Einlagen der Gesellschafter aufzubringende ursprüngliche Gesellschaftsvermögen wieder. Das Stammkapital entspricht im Zeitpunkt der Gründung der GmbH dem von den Gesellschaftern aufgebrachten oder noch aufzubringenden (vgl. § 7 Abs. 2 S. 2 GmbHG) Gesellschaftsvermögen. Es zeigt zugleich das anfängliche Eigenkapital der Gesellschaft an. Vom tatsächlichen Vermögen der GmbH ist es jedoch scharf zu unterscheiden. Dem trägt auch das Gesetz Rechnung. So heißt es etwa in § 30 Abs. 1 S. 1 GmbHG, dass „das zur Erhaltung des Stammkapitals erforderliche Vermögen" (und nicht etwa letzteres, als reine Rechenzahl) nicht an die Gesellschafter ausgezahlt werden darf.

Frage 8 Wie ist das Stammkapital bilanziell einzuordnen?

Antwort Das Stammkapital ist auf der Passivseite der Bilanz auszuweisen (§ 266 Abs. 3 lit. A I HGB: „gezeichnetes Kapital").

Frage 9 Welche Arten von Stammeinlagen gibt es?

Antwort Geldeinlagen und Sacheinlagen.

15.1 GmbH

Frage 10 Sind stets beide Arten von Stammeinlagen zulässig?

Antwort Lediglich bei der sog. Unternehmergesellschaft sind Sacheinlagen unzulässig (§ 5a Abs. 2 S. 2 GmbHG). Im Übrigen besteht für die Gesellschafter Wahlfreiheit.

Frage 11 Was versteht man unter vinkulierten Geschäftsanteilen? Ist daran ein gutgläubiger Erwerb möglich?

Antwort Gem. § 15 Abs. 5 GmbHG kann durch den Gesellschaftsvertrag bestimmt werden, dass die Abtretung von Geschäftsanteilen an weitere Voraussetzungen geknüpft ist (sog. Vinkulierung). Solche Voraussetzungen können neben der Zustimmung der Gesellschaft selbst etwa jene der Gesellschafterversammlung, der Geschäftsführer oder eines Dritten (str.) sein (vgl. Baumbach/Hueck/*Fastrich*, GmbHG, § 15 Rn. 38).

Ein gutgläubiger Erwerb vinkulierter Geschäftsanteile ist nicht möglich. Für das dingliche Geschäft sind die zusätzlichen Anforderungen gem. § 15 Abs. 5 GmbHG Wirksamkeitsvoraussetzungen. Bis zur Erteilung oder Verweigerung der Genehmigung ist die Abtretung des Geschäftsanteils schwebend unwirksam. Die Erteilung wirkt gem. § 184 Abs. 1 BGB zurück.

Frage 12 Was versteht man unter einer Sacheinlage gem. § 5 Abs. 4 GmbHG?

Antwort Vom Begriff der Sacheinlage gem. § 5 Abs. 4 GmbHG wird die Sacheinlage im engeren Sinn und die Sachübernahme erfasst.

Frage 13 Grenzen Sie die Sacheinlage im engeren Sinn von der Sachübernahme ab!

Antwort Eine Sacheinlage im engeren Sinn liegt vor, wenn ein Gesellschafter aufgrund des Gesellschaftsvertrages zur Aufbringung des Stammkapitals statt eines Geldbetrages andere Vermögensgegenstände einbringt (§ 5 Abs. 4 S. 1 GmbHG).

Dagegen spricht man von einer Sachübernahme, wenn eine Bargründung durch die Abrede ergänzt wird, dass die Gesellschaft einen Gegenstand entgeltlich vom Gesellschafter erwirbt und der Preis auf die Bareinlage angerechnet wird (§ 19 Abs. 2 S. 2 GmbHG). Hierdurch wird eine Bareinlage mit einer ausnahmsweise zulässigen Aufrechnung kombiniert.

Frage 14 Kann auch ein Unternehmen als Sacheinlage eingebracht werden?

Antwort Ja. Der Begriff der Sacheinlage ist weit zu verstehen. Darunter fallen neben Sachen (§ 90 BGB) auch Rechte (Forderungen, Patente etc.) oder sonstige Vermögensgegenstände. Die Möglichkeit, ein Unternehmen einzubringen, ergibt sich zudem aus § 5 Abs. 4 S. 2 GmbHG a. E.

Frage 15 Ist mit der Eintragung einer Auflassungsvormerkung für ein Grundstück bereits letzteres als Sacheinlage wirksam erbracht?

Antwort Erforderlich ist, dass das Grundstück zur endgültigen freien Verfügung der Geschäftsführer steht (§ 8 Abs. 2 S. 1 i. V. m. § 7 Abs. 3 GmbHG). Nach einer Ansicht genügt dafür die Eintragung einer Eigentumsverschaffungsvormerkung in das Grundbuch. Andere meinen, das Grundstück sei erst dann als in die Gesellschaft eingebracht anzusehen, wenn die Gesellschaft als Eigentümerin ins Grundbuch eingetragen ist. Dafür lässt sich der Wortlaut von §§ 8 Abs. 2 S. 1 i. V. m. 7 Abs. 3 GmbHG anführen. Dagegen spricht jedoch, dass der Zeitpunkt der Eintragung der Eigentumsposition ins Grundbuch ungewiss und meist nicht zeitnah ist. Bei wirtschaftlicher Betrachtungsweise erlangen die Geschäftsführer bereits mit der Vormerkung eine hinreichend gesicherte Rechtsposition.

Frage 16 Worin unterscheiden sich die Anforderungen an die Erbringung einer Geld- und einer Sacheinlage?

Antwort Eine Sacheinlage muss nicht nur zur endgültigen freien Verfügung der Geschäftsführer erbracht werden (s. Frage 14), sondern sie erfordert auch einen Sachgründungsbericht mit Angaben zur Angemessenheit der Leistung (§ 5 Abs. 4 S. 2 GmbHG) und einen Beleg der Werthaltigkeit des Vermögensgegenstandes durch Bewertungsunterlagen. Außerdem kann sie nicht wie die Geldeinlage als Teilleistung (§ 7 Abs. 2 S. 1 GmbHG), sondern muss vollständig erbracht werden. Dies gilt allerdings auch für Geldeinlagen bei der Unternehmergesellschaft (§ 5a Abs. 2 S. 1 GmbHG).

Frage 17 Wann ist eine GmbH errichtet, wann gegründet?

Antwort Mit Abschluss des Gesellschaftsvertrages ist die Gesellschaft errichtet, mit Eintragung in das Handelsregister ist sie gegründet.

Frage 18 Nennen Sie die Gründungsstadien einer GmbH

Antwort Vorgründungsgesellschaft, Vorgesellschaft (Vor-GmbH) und GmbH.

Frage 19 Wodurch entsteht die Vorgründungsgesellschaft?

Antwort Die Vorgründungsgesellschaft entsteht durch den Zusammenschluss einer oder mehrerer Personen zu dem Zweck, eine GmbH zu gründen (s. zur Vorgründungs- und Vorgesellschaft Fall 4).

Frage 20 Welche Rechtsform hat diese Gesellschaft?

Antwort Die Vorgründungsgesellschaft ist – je nachdem, ob sie bereits ein Handelsgewerbe betreibt oder nicht – eine GbR oder eine oHG.

15.1 GmbH

Frage 21 Wodurch endet die Vorgründungsgesellschaft?

Antwort Sie endet regelmäßig mit Zweckerreichung, mithin mit Abschluss des formgerecht geschlossenen GmbH-Gesellschaftsvertrages.

Frage 22 Nennen Sie die formellen Voraussetzungen des Gesellschaftsvertrages!

Antwort Der Gesellschaftsvertrag muss von sämtlichen Gründern (nicht notwendig zeitgleich) unterzeichnet und notariell beurkundet werden (§ 2 Abs. 1 GmbHG). Bei Bevollmächtigung ist § 2 Abs. 2 GmbHG zu beachten (Ausnahme vom Grundsatz des § 167 Abs. 2 BGB). Diese Formerfordernisse sind ebenfalls bei dem vereinfachten Gründungsverfahren einzuhalten (§ 2 Abs. 1a S. 5 GmbHG). Der Gesellschaftsvertrag ist zugleich Vertrag und Organisationsordnung (Satzung).

Frage 23 Welche Rechtsform hat die Vor-GmbH?

Antwort Die Vor-GmbH ist eine Gesellschaft *sui generis*.

Frage 24 Welches Recht ist auf die Vor-GmbH anwendbar?

Antwort Auf die Vor-GmbH sind diejenigen Regeln des GmbH-Rechts anwendbar, die nicht gerade die Eintragung voraussetzen.

Frage 25 Gilt die unbeschränkte Vertretungsmacht des Geschäftsführers aus § 37 Abs. 2 GmbHG auch für die Vor-GmbH?

Antwort Die unbeschränkte Vertretungsmacht gem. § 37 Abs. 2 GmbHG gilt allein für solche Geschäfte, die für die Errichtung der GmbH notwendig sind. Für darüber hinausgehende Geschäfte bedarf der Geschäftsführer einer gesonderten Bevollmächtigung.

Frage 26 Kommt ein wirksamer Vertrag zwischen der Vor-GmbH und dem Geschäftspartner zustande, wenn der Geschäftsführer im Namen der (noch nicht eingetragenen) GmbH handelt?

Antwort Das Handeln in fremdem Namen (§ 164 Abs. 1 BGB) ist hier auf die Vor-GmbH zu beziehen. Verpflichtet wird mithin der wahre Unternehmensträger (vgl. auch die Regeln vom unternehmensbezogenen Rechtsgeschäft, die gleichfalls eine Ausnahme vom Offenkundigkeitsprinzip vorsehen). Der Geschäftsführer handelt mit Vertretungsmacht, soweit die Geschäfte zur Errichtung der Gesellschaft notwendig sind oder der Geschäftsführer gesondert bevollmächtigt wurde.

Frage 27 Gehen Verbindlichkeiten der Vorgründungsgesellschaft mit Zweckerreichung auf die Vor-GmbH über?

Antwort Nein. Vielmehr gilt hier der Grundsatz der Diskontinuität. Ein Übergang der Verbindlichkeiten ist nur unter Einbeziehung des Gläubigers möglich, etwa im Wege der Schuldübernahme gem. §§ 414 ff. BGB.

Frage 28 Genügt für die Annahme einer antizipierten Zustimmung zur Schuldübernahme für Verbindlichkeiten der Vorgründungsgesellschaft durch die Vor-GmbH der Vertragsschluss zwischen dem Gläubiger und dem Geschäftsführer der Vor-GmbH, der in ihrem Namen gehandelt hat?

Antwort Nein. Daraus, dass der Gläubiger davon ausging, mit der Vor-GmbH zu kontrahieren, kann nicht geschlossen werden, dass er eine konkludente Zustimmung gem. § 415 Abs. 1 S. 1 BGB zur Schuldübernahme gegeben hat. Ihm entginge die wirtschaftlich werthaltigere persönliche Außenhaftung der Gesellschafter nach § 126 S. 1 HGB (bei der GbR gem. § 721 S. 1 BGB).

Frage 29 Gehen Rechte und Pflichten der Vor-GmbH auf die entstandene GmbH über?

Antwort Ja. Die Vorgesellschaft ist ein notwendiges Durchgangsstadium auf dem Weg zur eingetragenen GmbH. Demnach müssen Rechte und Verbindlichkeiten der Vor-GmbH auch auf die entstandene GmbH übergehen. Anders als beim Übergang von der Vorgründungs- zur Vorgesellschaft (s. Frage 26) gilt hier mithin Kontinuität.

2. Haftung in den Gründungsphasen

Frage 30 Wie haften die Gesellschafter für Verbindlichkeiten der Vor-Gesellschaft nach Eintragung der GmbH?

Antwort Früher wurde bzgl. nicht notwendiger Geschäfte das sog. Vorbelastungsverbot vertreten. Ein dem Stammkapital entsprechendes Vermögen sollte im Zeitpunkt der Entstehung der Gesellschaft, also bei der Eintragung, unversehrt vorliegen. Mittlerweile gilt die sog. Verlustdeckungshaftung der Gesellschafter. Demnach besteht eine grundsätzlich unbeschränkte Innenhaftung der Gesellschafter gegenüber der Gesellschaft im Verhältnis ihrer Anteile.

Frage 31 Wieso kam es zum Wechsel des Haftungskonzepts?

Antwort Das Vorbelastungsverbot war aus wirtschaftlichen Gründen nur durch Schaffung mehrerer Ausnahmen aufrechtzuerhalten. Dies zeigt sich vor allem bei der Einbringung eines Handelsbetriebs, die als Sacheinlage anerkannt ist. Würde auch in diesem Fall das Vorbelastungsverbot gelten, müsste das Unternehmen bis zur Eintragung die Geschäfte ruhen lassen. Wegen mangelnder Praktikabilität hat der BGH das Vorbelastungsverbot daher aufgegeben (näher BGH NJW 1981, 1373 ff.).

Frage 32 Welche vier Meinungen zur Haftung der Gesellschafter der Vor-Gesellschaft für deren Verbindlichkeiten vor der Eintragung wurden früher vertreten?

Antwort

1) Keine Haftung der Gesellschafter; § 13 Abs. 2 GmbHG gelte bereits für die Vor-GmbH;
2) unbeschränkte Außenhaftung der Gesellschafter;
3) summenmäßig begrenzte kommanditistenähnliche Außenhaftung auf die noch offene Einlageschuld;
4) unbeschränkte Innenhaftung wie nach Eintragung der Gesellschaft.

Frage 33 Worin liegen die jeweiligen Kritikpunkte?

Antwort Ein Wegfall der Gesellschafterhaftung hätte zur Folge, dass die Eintragung der Gesellschaft lediglich förmlichen Charakter hätte. Gegen die Annahme einer Außenhaftung spricht, dass die Vor-GmbH ein notwendiges Durchgangsstadium für die GmbH ist und eine unterschiedliche Haftung vor und nach der Eintragung nicht begründbar ist. Die Innenhaftung erweist sich für Gläubiger als weniger praktikabel, sie entspricht aber einem vom Gesetzgeber verfolgten Prinzip (vgl. etwa §§ 9a, 31 GmbHG) und hat sich weitgehend durchgesetzt.

Frage 34 Wie wird die heute ganz überwiegend favorisierte Innenhaftung bezeichnet?

Antwort Die unbeschränkte Innenhaftung der Gesellschafter vor Eintragung der GmbH wird Unterbilanzhaftung genannt. Im Außenverhältnis gilt § 13 Abs. 2 GmbHG.

Frage 35 Demnach besteht kein direkter Anspruch des Gläubigers gegen den Gesellschafter. Wie erlangt ein Gläubiger den Innenanspruch der Gesellschaft?

Antwort Er kann den Anspruch der Gesellschaft gem. §§ 829, 835 ZPO pfänden und ihn sich zur Einziehung überweisen lassen (durch einen sog. Pfändungs- und Überweisungsbeschluss).

Frage 36 Was versteht man unter einer sog. unechten Vor-GmbH?

Antwort Es handelt sich um eine Vor-GmbH, bei der die Gesellschafter ihre ursprüngliche Eintragungsabsicht aufgegeben haben oder bei der eine solche nie bestanden hat.

Frage 37 Gilt auch hier das Haftungskonzept der unbeschränkten Innenhaftung?

Antwort Nein, jedenfalls nicht für Verbindlichkeiten nach Aufgabe der Eintragungsabsicht oder bei nie vorhandener Eintragungsabsicht. Der maßgebliche Grund für die Innenhaftung greift hier nicht, da es sich nicht um ein notwendiges Durchgangsstadium zu einer GmbH handelt.

In Betracht kommt allenfalls eine Innenhaftung für Verbindlichkeiten bis zum Zeitpunkt der Aufgabe der Eintragungsabsicht. Dagegen spricht aber, dass dies auf die Schaffung einer neuen Gesellschaftsform hinausliefe, was dem *numerus clausus* des Gesellschaftsrechts widerspräche (vgl. AT Frage 6). Wird die Eintragungsabsicht aufgegeben, so haften die Gesellschafter mithin umfassend für die Verbindlichkeiten, d. h. auch für solche, die zuvor der Aufgabe der Eintragungsabsicht eingegangen worden sind. Anderenfalls bestünde die Gefahr von Umgehung und Rechtsformenmissbrauch.

Frage 38 Wen trifft die Handelndenhaftung gem. § 11 Abs. 2 GmbHG?

Antwort Als Handelnde kommen nur Organwalter der Vorgesellschaft oder diejenigen Personen in Betracht, die im Geschäftsverkehr nach außen im Namen der Vorgesellschaft wie Geschäftsführer tätig werden.

Frage 39 Besteht diese Haftung auch nach Eintragung der Gesellschaft weiter?

Antwort Nein. Sinn und Zweck der Handelndenhaftung ist es, die Geschäftsführer zur schnellstmöglichen Eintragung anzuhalten; es handelt sich damit (insofern vergleichbar mit der persönlichen Haftung nach § 176 HGB) um ein Instrument zur Verhaltenssteuerung. Nach der Eintragung besteht kein solches Bedürfnis mehr und ein etwaiges Vertrauen der Gläubiger auf einen Fortbestand der Handelndenhaftung wäre nicht schutzwürdig.

3. Finanzverfassung/Kapitalaufbringung

Frage 40 Was versteht man unter einer verdeckten Sacheinlage?

Antwort Eine verdeckte Sacheinlage liegt vor, wenn formell eine Bareinlage geschuldet ist, materiell aber eine Sacheinlage vorgenommen wird. Im wirtschaftlichen Ergebnis handelt es sich um eine Sachgründung. Der Begriff der verdeckten Sacheinlage ist nunmehr in § 19 Abs. 4 S. 1 GmbHG legaldefiniert.

Frage 41 Nennen Sie den Unterschied zwischen einer verdeckten Sacheinlage und einem Hin- und Herzahlen!

Antwort Gegenstand einer verdecken Sacheinlage kann nur eine sacheinlagefähige Leistung sein. Beim Hin- und Herzahlen (vgl. § 19 Abs. 5 S. 1 GmbHG) fehlt es hingegen an der endgültigen Verfügbarkeit der Bareinlageleistung gem. § 8 Abs. 2 GmbHG, weil die Bareinlage etwa als Darlehen oder auf Grund einer Treuhandabrede an den Gesellschafter zurückfließt. In diesen Fällen handelt es sich im Ergebnis um eine verdeckte Finanzierung der Einlagemittel durch die Gesellschaft (näher BGH NJW 2009, 2375 ff. [Qivive]).

Frage 42 Sind Dienstleistungen sacheinlagefähig?

Antwort Nach überwiegender Ansicht sind Dienstleistungen nicht sacheinlagefähig. Dies ergibt sich aus der analogen Anwendung des § 27 Abs. 2 AktG. Grund hierfür ist, dass Dienstleistungen gerichtlich nur schwer durchsetzbar sind (vgl. §§ 887, 888 Abs. 3 ZPO; näher BGH NJW 2009, 2375, 2376 [Qivive]; BGH NJW 2010, 1747 [Eurobike]).

Frage 43 Unter welchen Voraussetzungen wird eine Geldeinlage als verdeckte Sacheinlage behandelt?

Antwort Es muss ein enger zeitlicher und sachlicher Zusammenhang zwischen Bareinlage und Verkehrsgeschäft vorliegen. Die zeitlichen Anforderungen sind regelmäßig dann erfüllt, wenn das Verkehrsgeschäft bereits vor Eintragung der GmbH oder innerhalb eines Zeitraums von sechs Monaten danach vorgenommen wurde. Ein ausreichender sachlicher Zusammenhang wird insbesondere angenommen, wenn die Werte von Bareinlage und Verkehrsgeschäft zumindest annähernd gleich sind.

Frage 44 Bestehen auch subjektive Voraussetzungen?

Antwort Teils wird eine Umgehungsabsicht des Gesellschafters gefordert. Allerdings lässt sich eine solche regelmäßig kaum nachweisen. Der BGH wählt einen Mittelweg: Er verlangt eine Umgehungsabrede und schließt zugleich aus den oben genannten äußeren Umständen darauf, dass sie typischerweise besteht (BGH NJW 1994, 1477).

Frage 45 Welche Rechtsfolge ergibt sich bei der Vereinbarung einer verdeckten Sacheinlage für die GmbH?

Antwort § 19 Abs. 4 S. 1 GmbHG bestimmt, dass grundsätzlich die befreiende Wirkung der verdeckten Sacheinlage entfällt. Jedoch wird nach der sog. „Anrechnungslösung" des § 19 Abs. 4 S. 3 GmbHG der Wert des Vermögensgegenstandes auf die fortbestehende Einlagepflicht angerechnet.

Frage 46 Zu welchem Zeitpunkt erfolgt die Anrechnung auf die noch bestehende Einlagepflicht?

Antwort Nach § 19 Abs. 4 S. 4 GmbHG erst mit der Eintragung der Gesellschaft in das Handelsregister.

Frage 47 Ist es durch die Anrechnungslösung nunmehr möglich, bewusst ohne Einhaltung der Sachgründungsvorschriften eine Sacheinlage zu erbringen?

Antwort Nein. Da die Anrechnung erst nach der Eintragung erfolgt, darf der Geschäftsführer in der Anmeldung nicht die nach § 8 Abs. 2 S. 1 GmbHG erforderliche Versicherung abgeben. Verstößt er hiergegen, so unterliegt er der Haftung nach § 9a Abs. 1 GmbHG und macht sich bei Vorsatz nach § 82 Abs. 1 Nr. 1 GmbHG strafbar.

Frage 48 Welche Rechtsfolge hat eine verdeckte Sacheinlage auf das Verkehrsgeschäft?

Antwort Nach früherer Rechtslage wurde verbreitet sowohl das schuldrechtliche als auch das dingliche Rechtsgeschäft analog § 27 Abs. 3 S. 1 AktG a. F. für nichtig erachtet. § 19 Abs. 4 S. 2 GmbHG regelt nunmehr, dass die Verträge über die Sacheinlage und deren Ausführung wirksam bleiben.

Frage 49 Kann ein Gesellschafter gegen den Einlageanspruch der Gesellschaft aufrechnen?

Antwort Dies ist nur mit einer Forderung aus der Überlassung von Vermögensgegenständen zulässig, deren Anrechnung auf die Einlageverpflichtung nach § 5 Abs. 4 S. 1 GmbHG vereinbart worden ist (§ 19 Abs. 2 S. 2 GmbHG).

Frage 50 Trifft die Gesellschaft ein Aufrechnungsverbot hinsichtlich der Einlageforderung?

Antwort Trotz des Wortlauts des § 19 Abs. 2 S. 2 GmbHG ist auch die Aufrechnung durch die GmbH nicht uneingeschränkt zulässig. Die Gegenforderung des Gesellschafters muss wirtschaftlich vollwertig, fällig und liquide sein, damit sie durch eine Aufrechnung zu Fall gebracht werden kann.

Frage 51 Wann ist die Forderung des Gesellschafters wirtschaftlich vollwertig und liquide?

Antwort Die Forderung ist wirtschaftlich vollwertig, wenn das Gesellschaftsvermögen zum maßgeblichen Zeitpunkt ausreicht, um sämtliche fälligen Gläubigerforderungen zu erfüllen. Liquide ist sie, wenn sie nach Prüfung durch den Geschäftsführer ohne Zweifel besteht.

Frage 52 Führt ein Hin- und Herzahlen zur Erfüllung der Einlageschuld?

Antwort Grundsätzlich nicht. Dies ist nur der Fall, wenn der Gesellschaft ein vollwertiger Rückgewähranspruch zusteht, der fällig oder jederzeit fällig gestellt werden kann (§ 19 Abs. 5 S. 1 GmbHG). Zudem ist die Offenlegung dieser Vorgehensweise in der Anmeldung erforderlich (§ 19 Abs. 5 S. 2 GmbHG).

Frage 53 Wann werden in der Praxis verdeckte Sacheinlagen oder ein Hin- und Herzahlen typischerweise aufgedeckt?

Antwort Typischerweise treten verdeckte Sacheinlagen oder ein Hin- und Herzahlen im Zuge der Insolvenz der Gesellschaft zutage. Der Insolvenzverwalter macht dann die Ansprüche der Gesellschaft gegen den Gesellschafter geltend (§ 80 Abs. 1 InsO).

4. Kapitalerhaltung

Frage 54 Welche Regelungen sichern die Kapitalerhaltung in der GmbH?

Antwort Die Kapitalerhaltung richtet sich nach den §§ 30, 31 GmbHG.

5. Einlagenrückgewähr

Frage 55 Wann verstößt eine Auszahlung gegen das Kapitalbindungsgebot des § 30 Abs. 1 S. 1 GmbHG?

Antwort Eine Auszahlung muss aufgrund des Mitgliedschaftsverhältnisses erfolgen, dadurch muss das Gesellschaftsvermögen gemindert werden und durch die Zahlung muss eine Unterbilanz herbeigeführt oder vertieft werden. Darüber hinaus sind auch Zahlungen erfasst, die eine Überschuldung herbeiführen.

Frage 56 Wann liegt eine Unterbilanz und wann eine Überschuldung vor?

Antwort Eine Unterbilanz besteht, wenn die Aktiva nach Abzug der Verbindlichkeiten nicht mehr das Stammkapital decken. Eine Überschuldung tritt ein, wenn das Aktivvermögen der GmbH nicht mehr ihre Verbindlichkeiten deckt, es sei denn, es liegt eine positive Fortführungsprognose vor (§ 19 Abs. 2 InsO).

Frage 57 Können auch Zuwendungen an Dritte unter das Auszahlungsverbot des § 30 Abs. 1 S. 1 GmbHG fallen?

Antwort Ja. Zuwendungen an Dritte fallen unter § 30 Abs. 1 S. 1 GmbHG, wenn diese wirtschaftlich dem Gesellschafter zugute kommen, etwa wenn die Zahlung für Rechnung des Gesellschafters an den Dritten erfolgt oder wenn an einen Treugeber gezahlt wird.

Frage 58 Ist bereits die Bestellung einer dinglichen Sicherheit durch die Gesellschaft für einen Sicherungsnehmer, mit welchem ein Gesellschafter einen Darlehensvertrag geschlossen hat und dessen Rückzahlungsanspruch hierdurch abgesichert werden soll, als „verbotene Auszahlung" i. S. d. § 30

GmbHG anzusehen? Welche weiteren Zeitpunkte kommen in Betracht? Welcher Gegenanspruch verhindert eine verbotene Auszahlung?

Antwort Während einige Stimmen bereits den Zeitpunkt der Verpflichtung der Gesellschaft zur Bestellung der dinglichen Sicherheit für maßgeblich halten, stellen andere auf die drohende Inanspruchnahme aus der Sicherheit oder gar erst auf deren Verwertung ab. Der BGH (ZIP 2017, 971 m. Anm. *Heerma/Bergmann*, ZIP 2017, 1261) hat sich hingegen der überwiegenden Auffassung angeschlossen, wonach die Bestellung der Sicherheit entscheidend ist. Dann nämlich hätten die übrigen Gläubiger im Umfang der Sicherheit keinen Zugriff auf das Gesellschaftsvermögen mehr. Einen späteren Zeitpunkt anzunehmen, etwa denjenigen der Inanspruchnahme, würde demnach dazu führen, dass eine ursprünglich positive Rückzahlungsprognose für die Frage der „verbotenen Auszahlung" nicht von Belang wäre. Es bestünde also ein wesentlicher Unterschied zu den Maßstäben der direkten Zahlung von der Gesellschaft an Gesellschafter, bei der eine positive Rückzahlungsprognose dazu führt, dass der Zahlung an den Gesellschafter ein vollwertiger Gegenanspruch gegenübersteht, sodass eine „verbotene Auszahlung" i. S. d. § 30 GmbHG ausscheidet. Ein Gegenanspruch der Gesellschaft gegen den Gesellschafter, sie von der Inanspruchnahme der Sicherheit bei Fälligkeit des Darlehens freizustellen, verhindert eine verbotene Auszahlung. Vollwertig ist dieser Freistellungsanspruch dann, wenn zum Zeitpunkt der Sicherheitenbestellung der Ausfall des Darlehensrückzahlungsanspruchs des Sicherungsnehmers gegen den Gesellschafter unwahrscheinlich ist (BGH ZIP 2017, 971 Rn. 18 f.).

Frage 59 Ist unter dem Begriff Auszahlung i. S. d. § 30 Abs. 1 S. 1 GmbHG auch ein Verkehrsgeschäft erfasst, das das Gesellschaftsvermögen mindert?

Antwort Ja, der Begriff „Auszahlung" ist (wie bei § 172 Abs. 4 S. 1 HGB; s. KG Frage 12) weit zu verstehen. Hierunter fallen nicht nur Geldzahlungen, sondern Leistungen aller Art, die das Gesellschaftsvermögen mindern und dem Gesellschafter wirtschaftlich zufließen.

Frage 60 Was ist die Rechtsfolge eines Verstoßes gegen § 30 Abs. 1 S. 1 GmbHG?

Antwort Der Gesellschafter muss gem. § 31 Abs. 1 GmbHG das zur Deckung des Stammkapitals erforderliche Vermögen durch Rückzahlung wieder auffüllen. Die Rückzahlung ist zudem begrenzt auf die Höhe des ausgezahlten Betrages.

Frage 61 Bestehen neben dem Anspruch aus § 31 Abs. 1 GmbHG auch bereicherungsrechtliche Ansprüche?

Antwort Das ist umstritten. Nach einer Ansicht wird dies abgelehnt, weil § 30 GmbHG im Gegensatz zum Aktienrecht (vgl. §§ 57, 62 AktG) nicht die gegenständliche Zusammensetzung des Gesellschaftsvermögens schützt, sondern nur dessen Wert. Bereicherungsrechtliche Ansprüche kommen danach nicht neben § 31 Abs. 1

GmbHG zum Zuge. Nach anderer und hier bevorzugter Ansicht sind Ansprüche aus § 812 BGB nicht *per se* von §§ 30, 31 GmbHG verdrängt. Zwar scheidet ein Bereicherungsanspruch tatbestandlich aus, wenn eine Auszahlung auf der Grundlage eines wirksamen Verpflichtungsgeschäfts erfolgte. Dies ist insbesondere deshalb möglich, weil § 30 Abs. 1 GmbHG nach h. M. kein Verbotsgesetz darstellt und der Verstoß hiergegen nicht *ipso iure* zur Nichtigkeit führt. Sofern aber die Auszahlung nicht allein für sich steht, sondern etwa ein Auszahlungsbeschluss gefasst wurde, kann diesbezüglich § 812 BGB angewendet werden (s. hierzu auch Fall Nr. 7).

Frage 62 Erlischt der Anspruch aus § 31 Abs. 1 GmbHG, sofern das Stammkapital auf andere Weise als durch Rückzahlung seitens des Gesellschafters nachhaltig aufgefüllt wurde?

Antwort Dies ist umstritten. Nach heute ganz überwiegender Ansicht lässt eine anderweitige Auffüllung, etwa durch Gewinne, den einmal entstandenen Anspruch aus § 31 Abs. 1 GmbHG unberührt. Dies wird teils (rein pragmatisch) damit begründet, dass der Anspruch nicht durch Abtretung wirtschaftlich verwertbar wäre, wenn der Zessionar mit seinem Erlöschen rechnen müsste. Gewichtiger erscheint das Argument, dass sich in dem Anspruch aus § 31 Abs. 1 GmbHG der Einlageanspruch aus §§ 14, 19 GmbHG funktional fortsetzt. Auch jener Einlageanspruch wird jedoch durch anderweitige Zuflüsse in das Gesellschaftsvermögen nicht in Frage gestellt.

Frage 63 Kann der Gesellschafter gegen den Anspruch aus § 31 Abs. 1 GmbHG die Aufrechnung erklären?

Antwort Nach herrschender Meinung ist eine Aufrechnung gem. § 19 Abs. 2 S. 2 GmbHG analog nicht möglich. Die Gegenansicht bejaht dies und beruft sich auf den unterschiedlichen Wortlaut von § 31 Abs. 4 GmbHG und § 19 Abs. 2 S. 2 GmbHG. Sofern der Anspruch des Gesellschafters vollwertig, fällig und liquide ist, sei nichts gegen eine Aufrechnung einzuwenden. Für diese Ansicht spricht der enge funktionale Zusammenhang zwischen Kapitalaufbringung und -erhaltung, der einer unterschiedlichen Handhabung entgegensteht.

6. Eigenkapitalersatzrecht

Frage 64 Werden Gesellschafterdarlehen wie Darlehen gesellschaftsfremder Personen behandelt?

Antwort Nein. Sämtliche Gesellschafterdarlehen können in der Insolvenz nur nachrangig geltend gemacht werden (§ 39 Abs. 1 Nr. 5 InsO). Eine Ausnahme gilt nur für geschäftsführende Gesellschafter mit einer geringen Beteiligung (§ 39 Abs. 5 InsO) sowie bei Sanierungsdarlehen (§ 39 Abs. 4 S. 2 InsO).

Frage 65 Kann ein Gesellschafter ein der Gesellschaft mietweise überlassenes Grundstück vor bzw. in der Insolvenz zurückfordern?

Antwort Soweit die Voraussetzungen eines Herausgabeanspruchs gegeben sind, kann der Gesellschafter vor Eröffnung des Insolvenzverfahrens seinen Herausgabeanspruch geltend machen, vgl. § 30 Abs. 1 S. 3 Var. 2 GmbHG. In der Insolvenz ist der Aussonderungsanspruch gem. § 47 InsO durch § 135 Abs. 3 S. 1 InsO für die Zeit des Insolvenzverfahrens, maximal aber für ein Jahr ausgeschlossen.

7. Organisationsverfassung

Frage 66 Welche Organisationsstruktur hat die GmbH?

Antwort Oberstes Organ der GmbH ist die Gesellschafterversammlung, darunter stehen die Geschäftsführer, *arg. e* § 37 Abs. 1 letzter Hs. GmbHG. Darüber hinaus kann die Satzung weitere (fakultative) Organe vorsehen, etwa einen Beirat, der die Geschäftsführer berät.

Frage 67 Kennt die Organisationsverfassung der GmbH das Organ des Aufsichtsrates?

Antwort Ja, gem. § 52 GmbHG kann im Gesellschaftsvertrag ein *fakultativer* Aufsichtsrat bestellt werden. Zahlreiche aktienrechtliche Vorschriften gelten dann analog, z. B. das Verbot der Personenidentität zwischen Aufsichtsrat und Geschäftsführung gem. § 105 AktG.

Neben diesem fakultativen Aufsichtsrat können bestimmte Mitbestimmungsgesetze die Gesellschafter dazu verpflichten, einen Aufsichtsrat zu bestellen *(obligatorischer* Aufsichtsrat*)*. Anknüpfungspunkt ist die Betriebsgröße. Exemplarisch sei § 1 Abs. 1 Nr. 3 des Drittelbeteiligungsgesetzes (DrittelbG) genannt, wonach ab 500 Arbeitnehmern auch in der GmbH ein Aufsichtsrat zu bilden ist. In obligatorischen Aufsichtsräten ist – je nach Mitbestimmungsgesetz – ein bestimmter Anteil der Sitze mit Arbeitnehmervertretern zu besetzen.

Frage 68 Vergleichen Sie die Kompetenzen der Gesellschafterversammlung einer GmbH mit denjenigen der Hauptversammlung einer AG!

Antwort Die Zuständigkeit der Gesellschafterversammlung reicht weiter als diejenige der Hauptversammlung; es gilt der Grundsatz der Allzuständigkeit der Gesellschafterversammlung (vgl. § 46 GmbHG gegenüber §§ 118 ff. AktG). Hervorzuheben ist die Abhängigkeit der Geschäftsführer von den Weisungen der Gesellschafterversammlung (vgl. noch Frage 88). Zudem können die Gesellschafter die Reichweite ihrer Geschäftsführungsbefugnisse in der Satzung selbst festlegen (s. § 45 Abs. 1 GmbHG gegenüber § 23 Abs. 5 AktG).

Frage 69 Bedarf eine Satzungsänderung der einfachen Mehrheit der Gesellschafterversammlung?

Antwort Nein. Nach § 53 Abs. 2 S. 1 GmbHG bedarf es einer qualifizierten Mehrheit von ¾ der abgegebenen Stimmen.

Frage 70 In die Kompetenz der Gesellschafterversammlung fällt auch die Entlastung der Geschäftsführer. Ist diese so zu verstehen wie in § 120 AktG für die AG?

Antwort Nein, im Gegensatz zum Aktienrecht hat die Entlastung der Geschäftsführer eine gewisse Präklusionswirkung. Mit ihr billigt die Gesellschafterversammlung die bisherige Geschäftsführung und verzichtet jedenfalls insoweit auf Ersatzansprüche gegen die Geschäftsführer, als deren Bestehen für die Gesellschafter erkennbar ist.

Frage 71 Kann ein nur gesamtgeschäftsführungs- und gesamtvertretungsberechtigter Geschäftsführer wirksam eine Gesellschafterversammlung einberufen?

Antwort Ja, da es sich nicht um eine Maßnahme der Geschäftsführung oder Außenvertretung handelt.

Frage 72 Die Einberufung der Gesellschafterversammlung der ABC-GmbH erfolgt per einfachem Brief. A, B und C beschließen einstimmig eine Kapitalerhöhung. Ist der Beschluss nichtig?

Antwort Nein. Zwar hätte die Einberufung gem. § 51 Abs. 1 GmbHG per eingeschriebenem Brief erfolgen müssen. Ein Verstoß führt grundsätzlich zur Nichtigkeit des Beschlusses. Dies gilt jedoch gem. § 51 Abs. 3 GmbHG dann nicht, wenn – wie hier – alle Gesellschafter anwesend waren.

Frage 73 Erklären Sie den Unterschied zwischen Satzungs- und Verwaltungssitz einer GmbH! Müssen die Sitze am gleichen Ort sein oder kann einer der Sitze sogar im Ausland liegen?

Antwort Nach dem Satzungssitz der GmbH bestimmt sich die örtliche Zuständigkeit des Handelsregisters (§ 7 Abs. 1 GmbHG), der allgemeine Gerichtsstand (§ 17 ZPO) und die Zuständigkeit des Insolvenzgerichts (§ 3 Abs. 1 S. 1 InsO). Der Satzungssitz legt zudem den Erfüllungsort für Rechte und Pflichten der GmbH fest. Der Satzungssitz einer deutschen GmbH ist zwingend in Deutschland (§ 4a GmbHG). Der nicht im Gesetz genannte Verwaltungssitz (= tatsächlicher Sitz) spielt bei grenzüberschreitenden Sitzverlegungen eine Rolle.

Satzungs- und Verwaltungssitz dürfen auseinanderfallen. Auch wenn sich der Verwaltungssitz im EU-Ausland befindet, richten sich die gesellschaftsrechtlichen Anforderungen nach dem deutschen Recht. Umgekehrt können deutsche Gerichte solchen GmbHs, die im Ausland gegründet wurden, ihren tatsächlichen Verwaltungssitz jedoch in Deutschland haben, nach der Rechtsprechung des EuGH nicht die deutschen gesellschaftsrechtlichen Anforderungen auferlegen (näher Baumbach/Hueck/*Fastrich*, GmbHG, Einl. Rn. 64 ff.).

8. Stimmverbote/Stimmrechtsmissbrauch

Frage 74 In welchen Fällen ordnet das Gesetz einen Stimmrechtsausschluss an?

Antwort

- Entscheidungen über die Entlastung oder über die Befreiung von Verbindlichkeiten (§ 47 Abs. 4 S. 1 GmbHG);
- Beschlüsse über Rechtsgeschäfte zwischen Gesellschafter und GmbH (§ 47 Abs. 4 S. 2 Var. 1 GmbHG);
- Beschlüsse über Prozesse gegen den Gesellschafter (§ 47 Abs. 4 S. 2 Var. 2 GmbHG).

Frage 75 Welche Prinzipien liegen diesen Verboten zu Grunde?

Antwort Das Verbot des Insichgeschäfts (§ 181 BGB) und das Verbot, Richter in eigener Sache zu sein.

Frage 76 In welchen gesetzlich nicht geregelten Fällen ist der Gesellschafter vom Stimmrecht ausgeschlossen?

Antwort Ergänzend zu § 47 Abs. 4 GmbHG ist ein Gesellschafter auch dann vom Stimmrecht ausgeschlossen, wenn Maßnahmen aus wichtigem Grund gegen ihn beschlossen werden sollen.

Frage 77 Nennen Sie Beispiele für solche Maßnahmen!

Antwort Wegen wiederkehrender Verfehlungen soll über Prüfungsmaßnahmen gegen den Gesellschafter und Geschäftsführer nach § 46 Nr. 6 GmbHG beschlossen werden. Oder: Die Gesellschafterversammlung will über die Erhebung der Ausschließungsklage gegen einen Gesellschafter beschließen (§ 47 Abs. 4 S. 2 GmbHG).

Frage 78 Erfasst § 47 Abs. 4 GmbHG auch Beschlüsse über Sozialakte, wie etwa die Abberufung eines Geschäftsführers?

Antwort Nein. Nimmt ein Gesellschafter lediglich seine mitgliedschaftlichen Rechte wahr, so darf er hiervon nicht ausgeschlossen werden.

Frage 79 Kann die Befreiung von einem Stimmverbot auch durch die Satzung erfolgen?

Antwort Dafür spricht, dass § 45 Abs. 2 GmbHG auch § 47 GmbHG grundsätzlich zur Disposition der Gesellschafter stellt. Allerdings differenziert der BGH: Demnach ist § 47 GmbHG für Entlastungsbeschlüsse zwingend; hingegen kann die Satzung vom Verbot des Insichgeschäfts befreien (vgl. hierzu im Einzelnen BGH NJW 1989, 2694, 2695 f.).

Frage 80 Unterliegt auch der Alleingesellschafter eines herrschenden Unternehmens bei Beschlüssen der abhängigen Gesellschaft über Geschäfte mit dem herrschenden Unternehmen einem Stimmverbot?

Antwort Ja. In einem Konzernverhältnis besteht derselbe Interessenkonflikt wie bei einem Insichgeschäft. Mithin greift § 47 Abs. 4 S. 2 Var. 1 GmbHG ein.

Frage 81 Kann eine Stimmabgabe auch in Fällen außerhalb des § 47 Abs. 4 GmbHG unwirksam sein?

Antwort Ja. Die Stimmabgabe kann im Einzelfall wegen Verstoßes gegen die gesellschaftsrechtliche Treuepflicht (vgl. hierzu AT Fragen 23 ff.) unwirksam sein.

9. Justiziabilität von Gesellschafterbeschlüssen

Frage 82 Wo im GmbHG sind Nichtigkeit und Anfechtbarkeit von Gesellschafterbeschlüssen geregelt?

Antwort Lediglich in §§ 57j S. 2 und 57n Abs. 2 S. 3 und 4 GmbHG sind Nichtigkeitsgründe genannt. Anfechtungsgründe kennt das GmbHG nicht.

Frage 83 Sind demnach Anfechtung und Nichtigkeitsklage in anderen Fällen nicht möglich?

Antwort Doch. Nach ganz herrschender Ansicht sind die §§ 241 ff. AktG analog anwendbar, soweit nicht Besonderheiten des GmbH-Rechts etwas anderes gebieten.

Frage 84 Nennen Sie Voraussetzungen der Zulässigkeit und Begründetheit einer Anfechtungsklage!

Antwort Zulässigkeit:

- Parteifähigkeit, § 50 Abs. 1 ZPO, § 13 Abs. 1 GmbHG;
- Prozessfähigkeit, § 51 Abs. 1 ZPO, § 35 Abs. 1 GmbHG;
- Zuständiges Gericht (§ 246 Abs. 3 S. 1 AktG analog – nicht § 22 ZPO).

Begründetheit:

- Passivlegitimation (§ 246 Abs. 1 S. 1 AktG analog; § 13 Abs. 1 GmbHG);
- Anfechtungsbefugnis (§ 245 AktG analog);
- Anfechtungsfrist (§ 246 Abs. 1 AktG analog);
- Anfechtungsgrund (§ 243 AktG analog).

Frage 85 Gilt die einmonatige Anfechtungsfrist des § 246 Abs. 1 AktG entsprechend für die GmbH?

Antwort Nein. Die Monatsfrist ist als Untergrenze anzusehen. Bestehen keine besonderen Umstände, liegt die Obergrenze bei zwei bis drei Monaten.

Frage 86 Welche Klage muss ein Gesellschafter erheben, wenn sein Ziel ein bestimmtes Beschlussergebnis ist?

Antwort Die Anfechtungs- oder Nichtigkeitsklage hat lediglich die Aufhebung eines Beschlusses zur Folge. Um ein bestimmtes Beschlussergebnis zu erreichen, muss der Gesellschafter seine Anfechtungsklage um eine sog. positive Beschlussfeststellungsklage ergänzen. Das Gericht stellt dann fest, dass der von dem Gesellschafter begehrte Beschluss zustande gekommen ist, wenn sicher ist, dass dieser nur mit dem begehrten Inhalt hätte gefasst werden können (vgl. § 256 ZPO).

Frage 87 Ist auch ein Geschäftsführer zur Klage gegen einen Beschluss berechtigt?

Antwort Dies ist umstritten. Man wird seine Anfechtungsbefugnis jedenfalls analog § 245 Nr. 5 AktG für die Fälle zu bejahen haben, in denen er sich in Ausführung des Beschlusses strafbar oder schadenersatzpflichtig machen würde oder wenn der Beschluss seine Abberufung zum Gegenstand hat. Gegen eine Anfechtungsbefugnis nach § 245 Nr. 4 AktG analog spricht, dass der Geschäftsführer (anders als der Vorstand nach § 76 Abs. 1 AktG) nicht in eigener Verantwortung handelt.

10. Geschäftsführung

Frage 88 Inwiefern besteht ein Unterschied zwischen der Rechtsstellung der Geschäftsführer einer GmbH und dem Vorstand einer AG? Nennen Sie die einschlägigen Normen!

Antwort Die Geschäftsführer einer GmbH unterliegen unmittelbar den Weisungen der Gesellschafter (§§ 37 Abs. 2, 46 Nr. 5, 6 GmbHG). Der Vorstand der AG hingegen handelt eigenverantwortlich (§ 76 Abs. 1 AktG).

Frage 89 Worin liegt der Unterschied zwischen der Bestellung und der Anstellung eines Geschäftsführers einer GmbH?

Antwort Die Gesellschafterversammlung bestellt gem. § 46 Nr. 5 GmbHG den Geschäftsführer nach der Mehrheit der abgegebenen Stimmen (§ 47 Abs. 1 GmbHG). Mit anderen Worten: Eine Person wird zum Mitglied eines Organs – hier der Geschäftsführung – bestellt. Die Anstellung hingegen betrifft den Dienstvertrag (§ 611 BGB) zwischen der GmbH und dem Geschäftsführer.

Frage 90 Besteht in einer GmbH nach dem Gesetz Einzelgeschäftsführung und -vertretung?

Antwort Nein. Vorbehaltlich einer abweichenden Regelung bestehen Gesamtgeschäftsführung und Gesamtvertretungsbefugnis (§ 35 Abs. 2 S. 1 GmbHG). Allerdings ist eine abweichende Satzungsregelung üblich.

Frage 91 Inwieweit ist die Vertretungsmacht des Geschäftsführers beschränkbar?

Antwort Die Vertretungsbefugnis kann gem. § 37 Abs. 2 GmbHG im Außenverhältnis nicht beschränkt werden. Zulässig ist freilich eine interne Beschränkung.

Frage 92 Welche rechtlichen Folgen zieht ein Verstoß gegen die interne Vertretungsbefugnis nach sich?

Antwort Das abgeschlossene Rechtsgeschäft ist wirksam. Der Geschäftsführer macht sich lediglich im Innenverhältnis der Gesellschaft gegenüber schadensersatzpflichtig, sofern das Geschäft für die GmbH nachteilig ist.

Frage 93 Worin liegt die Doppelfunktion des § 43 Abs. 1 GmbHG?

Antwort § 43 Abs. 1 GmbHG ist einerseits ein Haftungstatbestand für organschaftliche Pflichtverletzungen des Geschäftsführers gegenüber der Gesellschaft. Andererseits stellt die Norm einen Sorgfaltsmaßstab auf.

Frage 94 Wen trifft die Beweislast im Rahmen der Haftung gem. § 43 Abs. 2 GmbHG?

Antwort Der Wortlaut des § 43 GmbHG gibt keinen Hinweis auf die Verteilung der Darlegungs- und Beweislast. Nach der aktienrechtlichen Parallelnorm des § 93 Abs. 2 S. 2 AktG hat der Vorstand zu beweisen, dass er die Sorgfalt eines ordentlichen Geschäftsmannes angewandt hat. Diese Beweislastumkehr wird entsprechend auf die GmbH angewandt.

Frage 95 Warum wird den Geschäftsführern im Rahmen von § 43 Abs. 1 GmbHG ein Ermessensspielraum zugebilligt?

Antwort Unternehmerische Entscheidungen der Geschäftsführer bergen zwar immer auch ein wirtschaftliches Risiko, sie schaffen aber auch wirtschaftliche Chancen. Ohne einen Ermessensspielraum der Geschäftsführer wäre ein unternehmerisches Handeln nicht denkbar. Sie sollen daher nicht durch die Furcht vor einer Haftung davon abgehalten werden, auch unternehmerisch riskante Geschäfte zu tätigen.

Frage 96 Ist § 93 Abs. 1 S. 2 AktG auf § 43 GmbHG analog anwendbar?

Antwort Ja. Nach herrschender Meinung in der Literatur ist die infolge der ARAG/Garmenbeck vom BGH entwickelte und durch das UMAG ins Gesetz überführte *Business Judgement Rule* analog auf § 43 GmbHG anwendbar. Der Grundgedanke des Geschäftsleiterermessens ist nicht auf die AG beschränkt und bei der GmbH jedenfalls entsprechend anwendbar.

Frage 97 Nennen Sie weitere organschaftliche Anspruchsgrundlagen der GmbH gegenüber dem Geschäftsführer!

Antwort

- § 9a Abs. 1 GmbHG: Gründungshaftung
- § 43 Abs. 3 GmbHG: Verstoß gegen Kapitalerhaltungsvorschriften
- § 823 Abs. 2 BGB i. V. m. § 15a Abs. 1 S. 1 InsO: Verletzung der Insolvenzantragspflicht

Frage 98 Setzt die Insolvenzantragspflicht des § 15a Abs. 1 S. 1 InsO eine positive Kenntnis des Geschäftsführers von der Insolvenzreife voraus?

Antwort Teils wird dies bejaht. Nach der vorzugswürdigen Gegenansicht hat der Geschäftsführer zu wissen, wann die GmbH überschuldet ist, da er ohnehin stets über die Vermögenslage der Gesellschaft informiert zu sein habe (§§ 41, 42 GmbHG). Die im öffentlichen Interesse liegende Insolvenzantragspflicht ist demnach nicht durch die Voraussetzung positiver Kenntnis einzuschränken.

Frage 99 Wann ist eine GmbH insolvenzreif?

Antwort Wenn sie zahlungsunfähig (§ 17 Abs. 2 S. 1 InsO) oder überschuldet (§ 19 Abs. 2 S. 1 InsO) ist.

Frage 100 Was versteht man unter dem sog. zweistufigen Überschuldungsbegriff?

Antwort Einerseits muss eine Überschuldungssituation vorliegen, andererseits eine negative Fortführungsprognose, derzufolge die Finanzkraft der GmbH mittelfristig wahrscheinlich nicht ausreichen wird, um die Gesellschaft weiterzuführen (§ 19 Abs. 2 S. 1 InsO).

Frage 101 Sind nur die Geschäftsführer zur Stellung eines Insolvenzantrages verpflichtet?

Antwort Nein. Bei Führungslosigkeit der Gesellschaft sind auch die Gesellschafter zur Stellung eines Insolvenzantrages verpflichtet (§ 15a Abs. 3 InsO).

Frage 102 Wann ist eine GmbH führungslos?

Antwort Wenn sie nicht über einen Geschäftsführer verfügt (§ 35 Abs. 1 S. 1 GmbHG).

Frage 103 Ab welchem Zeitpunkt sind Zahlungen nach § 64 S. 1 GmbHG unzulässig?

Antwort Bereits mit Eintritt der Insolvenzreife (vgl. hierzu Frage 97), und nicht erst mit Ablauf der Insolvenzantragspflicht gem. § 15a Abs. 1 S. 1 InsO (näher BGH NZG 2009, 550, 551).

Frage 104 Was versteht man unter dem sog. Abschied vom Quotenschaden?

Antwort Diese Wendung umschreibt eine Änderung der Rechtsprechung zum Schadensersatzanspruch wegen Verletzung der Insolvenzantragspflicht: Nach früherer Sichtweise des BGH konnten auch Neugläubiger aus § 823 Abs. 1 i. V. m. § 64 Abs. 1 GmbHG a. F. nur den Ersatz des Quotenschadens verlangen, also jenes Schadens, der durch die Verringerung der Haftungsmasse eingetreten ist.

Nach heute nahezu einhelliger Meinung kann der Neugläubiger hingegen das volle negative Interesse beanspruchen (allgemeiner Grundsatz des Schadensersatzrechts: Naturalrestitution gem. § 249 BGB). Schließlich hätte der Geschäftspartner bei rechtzeitiger Einleitung des Insolvenzverfahrens nicht mehr mit der insolvenzreifen Gesellschaft kontrahiert (vgl. hierzu im Einzelnen BGH NJW 1994, 2220, 2222 ff.).

Frage 105 Was versteht man unter Neugläubigern?

Antwort Neugläubiger sind diejenigen Gläubiger der Gesellschaft, deren Anspruch nach Eintritt der Voraussetzungen der Insolvenzantragspflicht begründet worden ist.

Frage 106 Besteht eine Eigenhaftung des Geschäftsführers gegenüber dem Gläubiger der Gesellschaft aus §§ 311 Abs. 2 Nr. 1–3, Abs. 3, 280 Abs. 1 BGB?

Antwort Eine solche Haftung des Geschäftsführers ist grundsätzlich möglich. Sie ist allerdings an strenge Voraussetzungen zu knüpfen.

Frage 107 Liegt ein erhebliches Eigeninteresse i. S. d. §§ 311 Abs. 2 Nr. 1–3, Abs. 3, 280 Abs. 1 BGB vor, wenn der Geschäftsführer zugleich Gesellschafter ist?

Antwort Nein. Allein aus der gleichzeitigen Gesellschafterstellung des Geschäftsführers kann aufgrund der Trennung des Gesellschafts- und des Privatvermögens nicht auf ein erhebliches Eigeninteresse des Geschäftsführers geschlossen werden. Dies erfordert nach der Rechtsprechung des BGH, dass der Vertreter eine so enge Beziehung zum Vertragsgegenstand hat, dass er wirtschaftlich gleichsam in eigener Sache handelnd erscheint (BGH NJW-RR 2002, 1309, 1310).

Frage 108 Nimmt ein Geschäftsführer regelmäßig ein besonderes persönliches Vertrauen des Geschäftspartners i. S. d. §§ 311 Abs. 2 Nr. 1–3, Abs. 3, 280 Abs. 1 BGB in Anspruch?

Antwort Die neuere Rechtsprechung lässt ein normales Vorgehen des Geschäftsführers bei Vertragsverhandlungen nicht für die Inanspruchnahme besonderen persönlichen Vertrauens ausreichen.

Frage 109 Muss der Jahresabschluss einer GmbH durch einen Abschlussprüfer geprüft werden?

Antwort Ja. Dies folgt aus §§ 316 Abs. 1, 317 HGB. Abschlussprüfer können grundsätzlich nur Wirtschaftsprüfer und Wirtschaftsprüfungsgesellschaften sein, bei mittelgroßen und kleineren Gesellschaften mit beschränkter Haftung (§ 267 HGB) auch vereidigte Buchprüfer oder Buchprüfungsgesellschaften, § 319 Abs. 1 HGB.

Frage 110 Muss der Jahresabschluss einer GmbH offengelegt werden?

Antwort Grundsätzlich ja. Gem. § 325 Abs. 1 HGB haben die Geschäftsführer den Jahresabschluss unverzüglich nach Vorlage an die Gesellschafter beim Betreiber des Bundesanzeigers in elektronischer Form einzureichen. Allerdings existieren für Klein- oder Kleinstkapitalgesellschaften (§§ 267 Abs. 1, 267a HGB) gem. § 326 HGB Erleichterungen.

11. Mantelkauf

Frage 111 Was versteht man unter einem Mantelkauf?

Antwort Ein Mantelkauf ist ein Kauf einer bestehenden GmbH. Dies kann entweder eine Vorrats-GmbH sein, also eine GmbH, die eigens für den Mantelkauf gegründet wurde und noch nicht werbend tätig war, oder aber eine GmbH, die bereits werbend tätig war und den Geschäftsbetrieb hat ruhen lassen.

Frage 112 Welche Gefahren bestehen beim Mantelkauf?

Antwort Die Gesellschaft erweckt im Rechtsverkehr den Eindruck, sie sei eine neu gegründete GmbH mit gerade aufgebrachtem Stammkapital. Dieses kann aber insbesondere bei einer früher werbend tätig gewesenen GmbH schon lange nicht mehr gedeckt sein.

Frage 113 Ist eine Mantelverwendung nach der neueren BGH Rechtsprechung zulässig?

Antwort Ja. Die Gesellschaft unterliegt aber einer vollen registergerichtlichen Gründungskontrolle (vgl. hierzu im Einzelnen BGH NJW 2003, 3198, 3199 ff.).

15.2 AG

1. Vergleich GmbH-AG

Frage 1 Nennen Sie die maßgeblichen Unterschiede zwischen AG und GmbH!

Antwort Die GmbH ist personalistischer organisiert als die AG, außerdem wird der Aufsichtsrat als Organ bei der AG zwingend vorausgesetzt. Die AG ist im Gegensatz zur GmbH börsenfähig. In der AG herrscht weitestgehend Satzungsstrenge, d. h. von den gesetzlichen Vorgaben darf nicht abgewichen werden, wohingegen das GmbHG deutlich mehr Spielraum lässt.

Frage 2 Welche Gemeinsamkeiten bestehen?

Antwort Beide Gesellschaftsformen haben eine korporative Struktur, sind also unabhängig von ihrem Mitgliederbestand und entstehen mit ihrer Registereintragung als juristische Personen. Außerdem haftet bei beiden Gesellschaften den Gläubigern nur das Stamm- bzw. Grundkapital (§ 13 Abs. 2 GmbHG; § 1 Abs. 1 S. 2 AktG).

2. Gründung

Frage 3 Was ist unter dem originären und derivativen Erwerb der Mitgliedschaft in einer AG zu verstehen?

Antwort Originärer Erwerb meint den Erwerb der Aktionärsstellung bei Gründung der Aktiengesellschaft, derivativer Erwerb durch Ankauf von Aktien oder durch Gesamtrechtsnachfolge (z. B. Erbfall).

Frage 4 Unterscheiden Sie zwischen den Begriffen „Sacheinlage" und „Sachübernahme" bei der AG!

Antwort Die Sacheinlage dient der Aufbringung des Grundkapitals durch einen anderen Vermögenswert als Bargeld. Bei der Sachübernahme handelt es sich jenseits der Kapitalaufbringung um ein Geschäft über einen Vermögensgegenstand (vgl. zur GmbH dort Frage 13).

Frage 5 Wieso muss nach § 27 Abs. 1 S. 1 Var. 2 AktG auch bei der Sachübernahme eine Festsetzung in der Satzung erfolgen?

Antwort Weil auch hier, wie bei der Sacheinlage, die Gefahr der Überbewertung und damit einer Schmälerung des zur Deckung des Grundkapitals erforderlichen Vermögens besteht. Außerdem kann ein Interesse der Gesellschaftsgläubiger und Aktionäre daran bestehen, zu wissen, wer derartige Geschäfte mit der AG abschließt und ggf. einen wirtschaftlichen Einfluss auf die AG ausübt.

Frage 6 Welche Rechtsfolge hat die fehlende Festsetzung einer Sacheinlage bzw. Sachübernahme in der Satzung?

Antwort Die Verträge über die Sacheinlage (d. h. das obligatorische und das dingliche Geschäft) sind nach § 27 Abs. 3 S. 2 AktG nicht unwirksam. Die sog. Anrechnungslösung des GmbH-Gesetzes (§ 19 Abs. 4 GmbHG: s. auch Fall 6) korrespondiert nunmehr mit § 27 Abs. 3 S. 2 AktG.

Frage 7 Spielt die Sachübernahme auch außerhalb des Gründungsstadiums eine Rolle?

Antwort Ja, und zwar bei der sog. Nachgründung gem. § 52 AktG.

3. Organisationsverfassung

Frage 8 Aus welchen Organen besteht eine AG?

Antwort Aus Vorstand, Aufsichtsrat und Hauptversammlung.

Frage 9 Welches ist das oberste Organ in der AG?

Antwort Die Hauptversammlung. Allerdings hat sie nur vergleichsweise begrenzte Kompetenzen (s. § 119 AktG).

Frage 10 Wer wählt den Vorstand bzw. Aufsichtsrat?

Antwort Der Aufsichtsrat wird von der Hauptversammlung gewählt, der Vorstand vom Aufsichtsrat.

Frage 11 Sind Vorstandsmitglieder stets nach § 93 Abs. 2 AktG ersatzpflichtig, wenn sie verlustbringende Geschäfte abschließen?

Antwort Nein. Der Vorstand muss ebenso wie der Geschäftsführer der GmbH (vgl. GmbH-Recht Frage 98) unternehmerische Entscheidungen treffen, die auch das Risiko eines Verlusts bergen. Nur so kann auch ein angemessener Gewinn für die AG erwirtschaftet werden. Jedoch muss sich der Vorstand über die individuellen Risiken seiner Entscheidung hinreichend informieren (§ 92 Abs. 1 S. 2 AktG).

Frage 12 Kann die Regelung des § 93 Abs. 2 AktG zu Gunsten oder auch zu Lasten eines Vorstandsmitgliedes abgeändert werden?

Antwort Eine Abbedingung der Norm zu Gunsten des Vorstandsmitgliedes ist nicht möglich. Dasselbe gilt nach überwiegender Ansicht auch für Regelungen zu Lasten des Vorstandmitgliedes. Zur Begründung wird angeführt, dass § 93 Abs. 2 AktG als organisationsrechtlicher Haftungstatbestand eine abschließende Regelung beinhaltet, vgl. § 23 Abs. 5 S. 2 AktG. Die Norm ist also zwingend.

Frage 13 Was ist unter einer unternehmerischen Entscheidung i. S. d. § 93 Abs. 1 S. 2 AktG zu verstehen?

Antwort Von einer unternehmerischen Entscheidung ist dann auszugehen, wenn unternehmerische Zweckmäßigkeitsgesichtspunkte maßgeblich sind und verschiedene Handlungsalternativen bestehen. Weitere Merkmale sind, dass die Entscheidung zukunftsbezogen und dass sie regelmäßig risikobehaftet ist.

Frage 14 Sind unternehmerische Entscheidungen von Vorstandsmitgliedern gerichtlich voll nachprüfbar?

Antwort Unternehmerische Entscheidungen unterliegen nur einer begrenzten gerichtlichen Kontrolle (sog. *Business Judgement Rule*, § 93 Abs. 1 S. 2 AktG). Dem Vorstandsmitglied wird hierdurch ein sog. unternehmerischer Ermessensspielraum zugebilligt (vgl. GmbH-Recht Frage 98). Grund hierfür ist, dass eine übertriebene Risikoscheu von Vorstandsmitgliedern – wodurch Chancen des Unternehmens vertan werden könnten – verhindert werden soll. Außerdem wird durch die Zubilligung eines Ermessensspielraums berücksichtigt, dass unternehmerische Entscheidungen typischerweise mit gewissen Risiken sowie Unsicherheiten verbunden sind (näher BGH NJW 1997, 1926, 1927 [ARAG/Garmenbeck]; s. dazu auch Fall 12).

Frage 15 Beschreiben Sie die Rechtsqualität und den Zweck des Deutschen Corporate Governance Kodex (DCGK).

Antwort Der DCGK ist kein staatliches Recht, sondern ein Regelwerk *sui generis*. Er enthält teils Wiederholungen gesetzlicher Bestimmungen, insbesondere aber Empfehlungen („soll") und Anregungen („sollte") für das „gute" Verhalten der Organwalter einer AG. Im Gesetz erwähnt wird der DCGK im Rahmen einer Vorschrift zur sog. Entsprechenserklärung, nämlich des § 161 AktG. Der Kodex wird von einer Regierungskommission in regelmäßigen Abständen überprüft und ggf. geändert.

Frage 16 Worum handelt es sich beim Deutschen Nachhaltigkeitskodex (DNK)?

Antwort Nicht zu verwechseln ist der DCGK mit dem „Deutschen Nachhaltigkeitskodex" (DNK). Dabei handelt es sich um eine Empfehlung des von der Bundesregierung eingesetzten Rates für Nachhaltige Entwicklung. Der DNK wurde im Oktober 2010 zur freiwilligen Anwendung empfohlen. *Rechtsformunabhängig* dient er der Verwirklichung von Anliegen des Gemeinwohls, namentlich in den Bereichen Umweltschutz und Soziales.

Frage 17 Kann ein Verstoß gegen den DCGK zur Schadensersatzpflicht eines Vorstandsmitgliedes führen?

Antwort Nach teils vertretener Ansicht soll der DCGK bindende Wirkung hinsichtlich der Verhaltenspflichten von Vorstandsmitgliedern haben. Überwiegend wird jedoch bei einem Verstoß gegen den Kodex eine Pflichtverletzung verneint. Dafür spricht, dass der DCGK keine Gesetzesqualität und aufgrund der fehlenden Mitwirkung der Hauptversammlung keine satzungsgleiche Wirkung hat. Allerdings führt eine unrichtige Entsprechenserklärung dazu, dass wegen des darin liegenden Gesetzesverstoßes i. S. v. § 243 Abs. 1 AktG ein gleichwohl gefasster Entlastungsbeschluss anfechtbar ist (BGHZ 182, 274 = NZG 2009, 1270 Rn. 16).

Frage 18 Was ist Inhalt der Treuepflicht eines Vorstandsmitgliedes gegenüber der AG?

Antwort Ein Vorstandsmitglied hat sich bei der Ausführung der ihm als Organwalter übertragenen Aufgaben allein am Interesse der AG zu orientieren und Eigeninteressen zurückzustellen.

Frage 19 Nennen Sie gesetzlich kodifizierte Beispiele der Treuepflicht zwischen Vorstandsmitglied und AG!

Antwort Dazu zählen das Wettbewerbsverbot gem. § 88 AktG sowie die Verschwiegenheitspflicht gem. § 93 Abs. 1 S. 3 AktG.

Frage 20 Woraus ergeben sich die Pflichten eines Vorstandsmitgliedes?

Antwort Die von einem Vorstandsmitglied zu erfüllenden Pflichten können auf Gesetz, auf der Satzung, einer Geschäftsordnung oder dem Anstellungsvertrag beruhen.

Frage 21 Nennen Sie die gesetzliche Grundlage der allgemeinen Sorgfaltspflicht eines Vorstandsmitgliedes!

Antwort Die allgemeine Sorgfaltspflicht ist in § 93 Abs. 1 S. 1 AktG gesetzlich geregelt. Demnach hat ein Vorstandsmitglied die Sorgfalt eines ordentlichen und gewissenhaften Geschäftsleiters anzuwenden.

Frage 22 Unterliegen Vorstandsmitglieder auch Überwachungspflichten?

Antwort In einem mehrgliedrigen Vorstand mit entsprechenden Einzelzuständigkeiten (sog. Ressortprinzip) haben die jeweils nicht zuständigen Mitglieder horizontale Überwachungspflichten. Im Hinblick auf die Beschäftigung angestellter Mitarbeiter bestehen vertikale Überwachungspflichten (vgl. hierzu BGH NJW 1995, 326, 329).

Frage 23 Welchen Zweck verfolgt die vertikale Überwachungspflicht?

Antwort Hierdurch soll sichergestellt werden, dass die angestellten Mitarbeiter im Rahmen der gesetzlichen Bestimmungen handeln.

Frage 24 Haften Vorstandsmitglieder auch für das pflichtwidrige sowie schuldhafte Verhalten der bei der AG beschäftigten Mitarbeiter?

Antwort Grundsätzlich kommt eine Haftung mangels Zurechnung des Verhaltens nicht in Betracht. Sowohl § 278 BGB als auch § 831 BGB sind nicht anwendbar, da nicht das Vorstandsmitglied, sondern die AG der Geschäftsherr ist. Gleichwohl kommt eine Haftung des Vorstandsmitgliedes dann in Betracht, wenn es gegen die vertikalen Überwachungspflichten verstoßen hat (vgl. hierzu Frage 20).

Frage 25 Sind die arbeitsrechtlichen Grundsätze über den innerbetrieblichen Schadensausgleich auf die Haftung von Organmitgliedern anwendbar?

Antwort Das ist streitig. Nach h. M. finden die Grundsätze über den innerbetrieblichen Schadensausgleich keine Anwendung auf die Organhaftung. Zur Begründung wird insbesondere angeführt, dass es sich bei Organmitgliedern nicht um Arbeitnehmer handelt, mithin Organe nicht den typischen Arbeitnehmerrisiken ausgesetzt sind, für welche die Grundsätze entwickelt wurden. Organmitglieder sind vor allem nicht in die Betriebsorganisation eingebunden und auch nicht im selben Maße weisungsgebunden wie Arbeitnehmer, sodass Organmitglieder keiner Haftungserleichterung als Ausgleich für ein Direktionsrecht bedürften. Zudem seien sie aufgrund ihrer Stellung gerade nicht dem betrieblichen Risiko ausgesetzt, sondern vielmehr dessen Vertreter und Gestalter. Außerdem spielten bei der Organhaftung auch Erwägungen des Gläubigerschutzes eine Rolle.

Nach einer im Vordringen befindlichen Gegenansicht geht insbesondere der formale Verweis auf die fehlende Arbeitnehmerstellung von Organmitgliedern fehl. § 254 BGB als dogmatischer Anknüpfungspunkt für die Grundsätze des innerbetrieblichen Schadensausgleichs beanspruche Geltung für jegliche Schadensersatzansprüche, also auch für solche aus § 43 GmbHG und aus § 93 Abs. 2 S. 2 AktG. Schließlich greife der Einwand der fehlenden Weisungsgebundenheit sowie des fehlenden betrieblichen Risikos (oder von dessen Beherrschbarkeit) etwa bei Geschäftsführern, die von den Gesellschaftern gesteuert werden, nicht durch (Überblicke zum Streitstand bei *Bachmann*, ZIP 2017, 841; *Wilhelmi*, NZG 2017, 681).

Frage 26 Was ist eine sog. D&O-Versicherung? Welchen Vorteil hat ihr Abschluss für die Gesellschaft? Was wird im AktG zu ihr angeordnet?

Antwort Es handelt sich um eine Vermögensschadenhaftpflichtversicherung für Geschäftsleiter. Sie hat ihren Ursprung in den USA (sog. *Directors' and Officers' Liability Insurance*). Es handelt sich um eine Versicherung für fremde Rechnung gem. §§ 43 ff. VVG, die durch die Gesellschaft zugunsten ihrer Organwalter abgeschlossen wird (vgl. *Mitterlechner/Wax/Witsch*, D&O-Versicherung § 1 Rn. 12 ff.). Durch den Versicherungsschutz wird einer übertriebenen Risikoscheu der Vorstandsmitglieder entgegengewirkt. Zudem ist im Fall einer schuldhaften Pflichtverletzung eines Vorstandsmitgliedes regelmäßig eine reibungslose Abwicklung des Schadens möglich. Mit einem zwingenden Selbstbehalt in § 93 Abs. 2 S. 3 AktG soll einem zu sorglosen Verhalten versicherter Vorstandsmitglieder entgegengewirkt werden; auch dieser Selbstbehalt ist freilich (auf eigene Kosten des Organwalters) versicherbar (zur Zulässigkeit der Versicherung des Selbstbehalts ausf. *Mitterlechner/Wax/Witsch*, D&O-Versicherung, § 6 Rn. 57 ff.).

Frage 27 Aufgrund welcher Vorschrift haben die Mitglieder des Vorstandes die aktienrechtliche Kompetenzverteilung einzuhalten?

Antwort Dies ergibt sich insbesondere aus § 82 Abs. 2 AktG (näher BGH NJW 2006, 374 [Mangusta/Commerzbank]).

Frage 28 Nennen Sie die nach dem AktG dem Aufsichtsrat zugewiesenen Aufgaben!

Antwort Die wesentlichen Hauptaufgaben bestehen in der Überwachung der Geschäftsführung (§ 111 Abs. 1 AktG) sowie in der Bestellung und Abberufung der Vorstandsmitglieder (§ 84 AktG). Der Aufsichtsrat vertritt zudem die AG gerichtlich und außergerichtlich gegenüber den Mitgliedern des Vorstandes (§ 112 AktG). Hinzu kommen einige spezielle Pflichten. Ein Beispiel für eine jüngere Regelung bietet die Kontrollpflicht hinsichtlich des sog. Corporate-Social-Responsibility-Berichts i. S. v. § 289b HGB (Umsetzung der CSR-Richtlinie); der Aufsichtsrat kann damit freilich einen externen Prüfer beauftragen (§ 111 Abs. 2 S. 4 AktG).

Frage 29 Was versteht man unter dem sog. Grundsatz der höchstpersönlichen Amtswahrnehmung eines Aufsichtsratsmitgliedes und woraus ergibt sich dieser?

Antwort Dieser Grundsatz beinhaltet, dass Aufsichtsratsmitglieder die ihnen gesetzlich zugewiesenen Tätigkeiten nicht durch Dritte, sondern nur selbst wahrnehmen können. Er kommt in § 111 Abs. 6 AktG zum Ausdruck.

Frage 30 Gibt es Ausnahmen von diesem Grundsatz?

Antwort Ja. Bereits das Gesetz sieht in § 109 Abs. 1 S. 2 AktG sowie in § 111 Abs. 2 S. 2 AktG Ausnahmen vor. Zudem ist anerkannt, dass zur Erfüllung einer konkreten Aufgabe die Hinzuziehung Dritter zulässig ist, wenn sie auch nach dem für Aufsichtsratsmitglieder geltenden Sorgfaltsmaßstab nicht allein bewältigt werden kann (näher BGH NJW 1983, 991 f.).

Frage 31 Kann ein Mitglied des Aufsichtsrates zur Stellung eines Insolvenzantrages verpflichtet sein?

Antwort Dies ist nur bei der Führungslosigkeit der AG der Fall (§ 15a Abs. 3 InsO). Jedoch kann der Aufsichtsrat verpflichtet sein, auf die Stellung eines Insolvenzantrages durch die Vorstandsmitglieder (vgl. § 15a Abs. 1 S. 1 InsO) hinzuwirken, wenn dieser die Insolvenzreife der AG feststellt (näher BGH NZG 2009, 550, 551).

Frage 32 Wieso ist der Aufsichtsrat für die Geltendmachung von Schadensersatzforderungen der Gesellschaft gegenüber Vorstandsmitgliedern zuständig?

Antwort Die Zuständigkeit des Aufsichtsrates ergibt sich aus § 111 Abs. 1 AktG, als Teil der vergangenheitsbezogenen Überwachung der Geschäftsführung sowie aus der gesetzlichen Vertretungsbefugnis gegenüber den Vorstandsmitgliedern gem. § 112 AktG.

Frage 33 Ist der Aufsichtsrat verpflichtet, bestehende Schadensersatzforderungen gegenüber Vorstandsmitgliedern geltend zu machen?

Antwort Grundsätzlich ist der Aufsichtsrat hierzu verpflichtet. Eine Ausnahme soll nur dann bestehen, wenn gewichtige Interessen der AG überwiegen oder nahezu gleichwertig sind (näher BGH NJW 1997, 1926, 1928 [ARAG/Garmenbeck]; s. dazu Fall 12 und auch BGH NZG 2009, 550, 552).

Frage 34 Kann der Aufsichtsrat gegen ein rechtswidriges Verhalten des Vorstandes mit einer Unterlassungsklage vorgehen?

Antwort Dies ist umstritten. Überwiegend wird die Frage verneint, da eine Rechtsgrundlage fehlt und sowohl der Vorstand als auch der Aufsichtsrat als Organe nicht prozessfähig i. S. d. § 50 ZPO sind. Überdies lassen sich die bestehenden Regelungen z. B. in § 90 Abs. 3, 5 AktG als abschließend ansehen (s. dazu BGHZ 106, 54 = NJW 1989, 979; die Möglichkeit einer *actio pro socio* wird dort offengelassen).

Frage 35 Wie nennt man eine solche Streitigkeit zwischen Vorstand und Aufsichtsrat?

Antwort Solch ein Vorgehen wird als Interorganstreit bezeichnet.

Frage 36 Was versteht man dagegen unter einem Intraorganstreit?

Antwort Darunter versteht man den Streit innerhalb eines Organs der AG, nicht zwischen zwei Organen der AG (Interorganstreit, s. Frage 33). Beispiel: Streit über die Wirksamkeit von Aufsichtsratsbeschlüssen.

Frage 37 Wie wird ein solcher Streit vor Gericht anhängig gemacht?

Antwort Zum Teil wird eine analoge Anwendung der §§ 241 ff. AktG vorgeschlagen. Überwiegend wird diese Analogie jedoch mangels Vergleichbarkeit der Interessenlagen verneint. Stattdessen soll die allgemeine Feststellungsklage gem. § 256 Abs. 1 ZPO zu erheben sein (vgl. hierzu im Einzelnen BGH NJW 1997, 1926 [ARAG/Garmenbeck]).

Frage 38 Sind die Kompetenzen der Hauptversammlung im AktG abschließend geregelt?

Antwort Die enumerative Aufzählung im § 119 Abs. 1 AktG suggeriert dies. Jedoch sind auch sog. ungeschriebene Kompetenzen der Hauptversammlung anerkannt. Eine ungeschriebene Zuständigkeit der Hauptversammlung besteht insbesondere, wenn eine Maßnahme des Vorstands so tief in die Vermögens- und Mitgliedschaftsrechte der Aktionäre eingreift, dass der Vorstand nicht von seiner alleinigen Zuständigkeit ausgehen konnte.

Frage 39 Nennen Sie ein Beispiel!

Antwort Ausgliederung eines wesentlichen Unternehmensteils auf eine Tochtergesellschaft (vgl. dazu BGH NJW 1982, 1703, 1705 [Holzmüller]; s. auch BGH NJW 2004, 1860, 1862 ff. [Gelatine]; hierzu *Böffel*, ZJS 2016, 533).

Frage 40 Woraus wird in einem solchen Falle die Kompetenz der Hauptversammlung hergeleitet?

Antwort Zum einen wird auf die Vermögensinteressen der Aktionäre verwiesen, denn mit der Ausgliederung des Unternehmensteils können sie nicht mehr über den vom ausgegliederten Unternehmensteil erwirtschafteten Gewinn und dessen Verwendung beschließen (vgl. §§ 119 Abs. 1 Nr. 2, 174 Abs. 1 S. 1 AktG). Außerdem droht ihre Beteiligungsquote zu verwässern, wenn in der Tochtergesellschaft bei einer Kapitalerhöhung unter Bezugsrechtsausschluss neue Aktionäre in die AG aufgenommen werden. Dogmatisch lässt sich die Kompetenz der Hauptversammlung daraus herleiten, dass sich das dem Vorstand in § 119 Abs. 2 AktG eingeräumte Ermessen zu einer Vorlagepflicht verdichtet. Nach anderer Ansicht folgt die ungeschriebene Zuständigkeit aus einer Analogie zu §§ 179, 179a AktG. Der BGH sieht derartige ungeschriebene Kompetenzen der Hauptversammlung ohne nähere dogmatische Begründung als Ergebnis offener richterlicher Rechtsfortbildung an (näher BGH NJW 2004, 1860, 1863 [Gelatine]).

4. Stimmbindung

Frage 41 Sind Stimmbindungsverträge mit Aktionären wirksam?

Antwort In gewissen Grenzen ja. Auch das AktG geht von ihrer grundsätzlichen Wirksamkeit aus, vgl. §§ 136 Abs. 2, 405 Abs. 3 Nr. 6 und 7 AktG. Nichtig ist freilich insbesondere ein Stimmbindungsvertrag, durch den ein Aktionär sich den Weisungen der AG, eines abhängigen Unternehmens, des Vorstands oder des Aufsichtsrats unterwirft (§ 136 Abs. 2 S. 1 AktG). Dasselbe gilt für eine Verpflichtung, für die jeweiligen Vorschläge von Vorstand oder Aufsichtsrat zu stimmen (§ 136 Abs. 2 S. 2 AktG). Die Ordnungswidrigkeitstatbestände zum Stimmenkauf (§ 405 Abs. 3 Nr. 6 und 7 AktG) führen gem. § 134 BGB zur Nichtigkeit entsprechender Abreden.

Frage 42 Kann der Verstoß gegen einen Stimmbindungsvertrag zur Anfechtbarkeit eines Hauptversammlungsbeschlusses führen?

Antwort Nein. Der Verstoß gegen einen Stimmbindungsvertrag kann lediglich im Innenverhältnis der Vertragspartner zu Sanktionen führen. Die Wirksamkeit der Stimmabgabe wird dadurch nicht berührt.

Frage 43 Wie kann eine wirksame Durchsetzung einer Stimmbindung erreicht werden?

Antwort Durch die Vereinbarung hoher Vertragsstrafen.

Frage 44 Besteht eine weitere Möglichkeit, um bei mehreren Aktionären eine einheitliche Stimmabgabe zu gewährleisten?

Antwort Es kann ein sog. Stimmrechts-Pool gebildet werden; dabei handelt es sich um eine GbR. Diese kann einen Treuhänder beauftragen, der auf der Hauptversammlung nach den Weisungen der Aktionäre abstimmt.

5. Rechte und Pflichten der Aktionäre

Frage 45 Welche zwei Arten von Aktionärsrechten unterscheidet man?

Antwort Verwaltungs- und Vermögensrechte.

Frage 46 Welches sind die wichtigsten Vermögensrechte?

Antwort

- Anspruch auf Dividende, § 58 Abs. 4 AktG;
- Bezugsrecht, § 186 AktG;
- Anteil am Liquidationserlös, § 271 AktG.

Frage 47 Nennen Sie die wichtigsten Verwaltungsrechte!

Antwort

- Recht auf Teilnahme an der Hauptversammlung, § 119 AktG;
- Stimmrecht, § 118 Abs. 1 AktG;
- Auskunftsrecht, § 131 AktG;
- Recht zur Anfechtung von Hauptversammlungsbeschlüssen, § 245 AktG.

Frage 48 Welches sind die bedeutsamsten Pflichten eines Aktionärs?

Antwort Die Pflicht zur Erbringung der Einlage (§ 54 Abs. 1 und 2 AktG) und die Treuepflicht gegenüber der Gesellschaft sowie den Mitgesellschaftern. Daneben können sich weitere Nebenverpflichtungen aus der Satzung ergeben (s. dazu § 55 AktG).

Frage 49 Gegenüber wem besteht die Treuepflicht eines Aktionärs?

Antwort Die Treuepflicht besteht grundsätzlich nicht nur im Verhältnis zur AG, sondern auch gegenüber den übrigen Aktionären (s. bereits AT Frage 25)

Frage 50 Kann auch ein Minderheitsaktionär der Treuepflicht unterliegen?

Antwort Ja. Auch ein Minderheitsaktionär kann über eine Sperrminorität und damit über hinreichende Rechtsmacht verfügen, um die Verbands- oder Mitgliederinteressen zu beeinträchtigen (eingehend BGH NJW 1995, 1739, 1741 [Girmes], auch zur treupflichtwidrigen Stimmabgabe nach Stimmrechtsbündelung).

Frage 51 Welche Rechtsfolgen kann der Verstoß eines Aktionärs gegen die Treuepflicht nach sich ziehen?

Antwort Ein Hauptversammlungsbeschluss, der aufgrund eines Verstoßes gegen die Treuepflicht zustande gekommen ist, ist anfechtbar. Ist durch die Treuepflichtverletzung ein Schaden entstanden, macht sich der Aktionär, sofern er die Verletzung zu vertreten hat, zudem schadensersatzpflichtig.

6. Kapitalerhaltung

Frage 52 Woraus besteht das Gesellschaftsvermögen einer AG?

Antwort Es besteht aus der Summe aller Rechte und Vermögenswerte (Barmittel, Guthaben, Eigentum, Forderungen etc.).

Frage 53 Was versteht man unter dem Börsenwert?

Antwort Dies ist der Betrag, der sich aus der Multiplikation des aktuellen Kurswertes mit der Anzahl der ausgegebenen Aktien ergibt.

Frage 54 Worin besteht der Unterschied zwischen Inhaber- und Namensaktien?

Antwort Eine Inhaberaktie ist ein Wertpapier, das einen Bruchteil des Grundkapitals einer Aktiengesellschaft (oder einer KGaA) verkörpert. Der Inhaber des Wertpapiers kann das darin verbriefte Recht geltend machen. Bei Namensaktien hingegen muss der Inhaber im Aktienregister der Gesellschaft eingetragen sein, um seine Rechte geltend machen zu können (vgl. § 67 Abs. 1 AktG).

Frage 55 Was ist eine vinkulierte Namensaktie? Ist daran ein gutgläubiger Erwerb möglich?

Antwort Bei einer vinkulierten (lat. *vinculum*: Band, Fessel) Namensaktie handelt es sich um eine Sonderform der Namensaktie. Eine vinkulierte Namensaktie bedarf zu ihrer Übertragung der Zustimmung der ausgebenden Aktiengesellschaft (§ 68 Abs. 2 AktG). Die Ausgabe vinkulierter Namensaktien empfiehlt sich, wenn der Aktionärskreis überschaubar gehalten und das Eindringen unerwünschter Aktionäre verhindert werden soll. Ein gutgläubiger Erwerb ist nicht möglich; das dingliche Rechtsgeschäft wird von der Vinkulierung erfasst. Lediglich für Fälle der Gesamtrechtsnachfolge (z. B. Erbfall) gilt dies nicht.

Frage 56 Definieren Sie den Begriff des Grundkapitals!

Antwort Das Grundkapital ist der in der Satzung festgesetzte Kapitalbetrag, zu dessen Aufbringung sich die Gründer verpflichtet haben. Im Gegensatz zum Gesellschaftsvermögen und dem Börsenwert ist dies eine feste Rechengröße (vgl. zum Stammkapital der GmbH dort Frage 7).

Frage 57 Wozu dient das Grundkapital?

Antwort Es soll im Interesse des Gläubigerschutzes gewährleisten, dass die Aktionäre die AG tatsächlich mit einem entsprechenden Vermögen ausstatten und ihr dieses auch dauerhaft belassen. Freilich genügt ein dem Grundkapital als Rechnungszahl entsprechendes Vermögen – ebenso wenig wie dies beim Stammkapital der GmbH der Fall ist – meist nicht, um die bestehenden Verbindlichkeiten zu bedienen, zumal da es sich durch die reguläre Geschäftstätigkeit reduzieren kann. Daher lässt sich das Grundkapital eher als eine Seriositätsgewähr der Gesellschafter auffassen.

Frage 58 Wodurch wird dieses Ziel abgesichert?

Antwort Durch das Verbot der Unterpariemission (§ 9 AktG), durch das strikte Gebot der Kapitalaufbringung (§§ 27, 36a, 66 AktG) und das Verbot der Einlagenrückgewähr (§ 57 AktG).

Frage 59 Was versteht man unter einer Unterpariemission?

Antwort Das Verbot der Ausgabe von Aktien unter dem Nennbetrag (§ 9 Abs. 1 AktG).

Frage 60 Wie wird der Begriff der „Einlagenrückgewähr" i. S. d. § 57 Abs. 1 S. 1 AktG ausgelegt?

Antwort Hierunter fällt nicht nur die Rückgewähr der Einlage als solche, sondern auch jede andere Leistung aus dem Vermögen der AG an den Aktionär ohne adäquate Gegenleistung (vgl. zur GmbH dort Frage 55).

Frage 61 Was versteht man unter einer verdeckten Gewinnausschüttung?

Antwort Eine verdeckte Gewinnausschüttung liegt vor, wenn einem Aktionär ohne einen entsprechenden Gewinnverwendungsbeschluss ein wirtschaftlicher Vorteil aus dem Gesellschaftsvermögen zugewandt wird.

Frage 62 Wie wird eine verdeckte Gewinnausschüttung typischerweise vollzogen?

Antwort Durch den Abschluss eines Verkehrsgeschäftes zwischen AG und Aktionär, wobei der Leistung der AG keine adäquate Gegenleistung gegenübersteht.

Frage 63 Ist ein solches Drittgeschäft zwischen der AG und dem Aktionär stets unzulässig?

Antwort Nein. Das Geschäft ist zulässig, wenn es einem sog. Drittvergleich standhält. Dies ist der Fall, wenn die AG dieses Geschäft auch mit einem beliebigen Dritten abgeschlossen hätte.

Frage 64 Gegen welche Prinzipien verstößt eine verdeckte Gewinnausschüttung, abgesehen vom Kapitalerhaltungsprinzip?

Antwort Häufig verstößt es zugleich gegen das Prinzip der Gleichbehandlung aller Aktionäre, § 53a AktG. Vor allem aber verstößt es gegen die Kompetenzordnung der AG, denn nach § 119 Abs. 1 Nr. 2 AktG ist für die Entscheidung über die Verwendung des Bilanzgewinns die Hauptversammlung und nicht der Vorstand zuständig. Überdies liegt regelmäßig ein Verstoß des begünstigten Aktionärs gegen die gesellschaftsrechtliche Treuepflicht (gegenüber den Mitaktionären, s. Frage 48) vor.

Frage 65 Welche Rechtsfolgen hat eine verdeckte Gewinnausschüttung für den begünstigten Aktionär?

Antwort Er ist einem Rückgewähranspruch der AG aus §§ 62 Abs. 1 S. 1 i. V. m. 57 Abs. 1 S. 1 AktG ausgesetzt. Außerdem macht er sich bei einem Verstoß gegen § 53a AktG und gegen die Treuepflicht schadensersatzpflichtig.

Frage 66 Welche Konsequenzen drohen dem die verdeckte Gewinnverwendung veranlassenden Vorstandsmitglied?

Antwort Das Vorstandsmitglied macht sich wegen des Verstoßes gegen die interne Kompetenzordnung und aufgrund der verbotenen Einlagenrückgewähr gegenüber der Gesellschaft gem. § 93 Abs. 2, 3 Nr. 1 AktG schadensersatzpflichtig.

7. Aktionärsdarlehen

Frage 67 Gelten im Hinblick auf Aktionärsdarlehen spezielle Vorschriften?

Antwort Wie im Recht der GmbH ist auch im AktG die Rechtsfigur des eigenkapitalersetzenden Aktionärsdarlehens abgeschafft worden (§ 57 Abs. 1 S. 4 AktG). Gleichwohl können Aktionärsdarlehen – unabhängig von ihrem eigenkapitalersetzenden Charakter – nur nachrangig in der Insolvenz geltend gemacht werden (§ 39 Abs. 1 Nr. 5 InsO).

8. Kapitalmaßnahmen

Frage 68 Was versteht man unter einer effektiven Kapitalerhöhung bzw. Kapitalherabsetzung?

Antwort Eine effektive Kapitalerhöhung hat den Zweck, durch die Erbringung von Einlagen der AG neues Eigenkapital zuzuführen. Eine effektive Kapitalherabsetzung dient hingegen der Reduzierung des Eigenkapitals.

Frage 69 Erklären Sie, was eine nominelle Kapitalerhöhung bzw. Kapitalherabsetzung ist!

Antwort Eine nominelle Kapitalerhöhung ist die Kapitalerhöhung aus Gesellschaftsmitteln und soll Rücklagen der AG in Eigenkapital umwandeln. Eine nominelle Kapitalherabsetzung dient dazu, das Soll-Kapital dem Ist-Kapital anzupassen.

Frage 70 Wozu dient ein sog. Kapitalschnitt? Welche Schritte sind dafür erforderlich?

Antwort Ein Kapitalschnitt dient der Sanierung einer unter Liquiditätsproblemen leidenden AG. Er setzt sich aus einer nominellen Kapitalherabsetzung und einer effektiven Kapitalerhöhung zusammen. Durch diese Maßnahme wird zunächst das Grundkapital dem tatsächlich noch vorhandenen Vermögen angepasst und sodann der AG durch die Kapitalerhöhung frisches Eigenkapital zugeführt.

Frage 71 Definieren Sie den Begriff „genehmigtes Kapital"!

Antwort Darunter versteht man die befristete Ermächtigung des Vorstands zur Durchführung einer Kapitalerhöhung bis zu einem bestimmten Nennbetrag (§§ 202 ff. AktG).

Frage 72 Was ist eine bedingte Kapitalerhöhung?

Antwort Dabei wird das Grundkapital nur insoweit erhöht, als von einem Umtausch- oder Bezugsrecht Gebrauch gemacht wird (§§ 192 AktG ff.).

Frage 73 Welches Recht steht einem Aktionär bei einer Kapitalerhöhung grundsätzlich zu?

Antwort Das Bezugsrecht gem. § 186 Abs. 1 AktG.

Frage 74 Erklären Sie, welche Nachteile ein Bezugsrechtausschluss für Altaktionäre hat!

Antwort Der Ausschluss führt hinsichtlich des Stimmrechts zu einem sog. Verwässerungseffekt, d. h. die prozentuale Beteiligung und damit der Einfluss auf die Beschlussfassung in der AG werden geringer. Außerdem besteht bei börsennotierten AGs die Gefahr, dass durch die Ausgabe der neuen Aktien zu einem Ausgabebetrag unter dem Börsenkurs der Wert der eigenen Beteiligung durch Kursverluste sinkt.

Frage 75 Was kann ein Aktionär tun, wenn der Ausgabebetrag der neuen Aktien unangemessen niedrig ist?

Antwort Er kann den dem Bezugsrechtsausschluss zugrunde liegenden Hauptversammlungsbeschluss gem. § 255 Abs. 2, 3 AktG anfechten.

Frage 76 Sind die Anforderungen an den Beschluss, mit dem das Bezugsrecht ausgeschlossen wird, in § 186 Abs. 3 AktG abschließend benannt?

Antwort Nein. Der Beschluss muss neben den im Gesetz genannten formellen auch materiell-rechtlichen Anforderungen standhalten (näher BGH NJW 1978, 1316, 1317 [Kali und Salz]).

Frage 77 Woraus folgt dieses ungeschriebene Tatbestandsmerkmal?

Antwort Aus der Schwere des Eingriffs in die mitgliedschaftlichen Rechte der Aktionäre (vgl. hierzu Frage 46). Der Gesetzgeber hat mit Einführung der Berichtspflicht gem. § 186 Abs. 4 S. 2 AktG das Erfordernis einer sachlichen Rechtfertigung indirekt bestätigt.

Frage 78 Welche materiell-rechtlichen Anforderungen werden an solch einen Beschluss gestellt?

Antwort Dies ist umstritten. Nach einer Ansicht findet eine Verhältnismäßigkeitsprüfung statt, d. h. das Interesse der AG an einem Bezugsrechtsausschluss muss dringend sein und schwerer wiegen als die Interessen der Aktionäre. Nach anderer Ansicht muss der Bezugsrechtsausschluss lediglich im wohlverstandenen Interesse der AG liegen (vgl. hierzu im Einzelnen BGH NJW 1997, 2815 [Siemens/Nold]).

Frage 79 Nennen Sie Beispiele, in denen das Interesse der AG gegenüber den Interessen der Aktionäre vorrangig ist!

Antwort Ermöglichung der Zulassung der Aktien der AG an ausländischen Börsenplätzen (vgl. hierzu im Einzelnen BGH NJW 1994, 1410 [Deutsche Bank]);

Kapitalerhöhung gegen Sacheinlagen (vgl. § 183 AktG und dazu im Einzelnen BGH NJW 1978, 1316 [Kali und Salz]), um die neuen Aktien beim Erwerb von Unternehmen oder Unternehmensbeteiligungen einzusetzen (näher BGH NJW 1997, 2815 [Siemens/Nold]).

9. Gerichtliche Verfahren

Frage 80 Welche Möglichkeiten hat ein Aktionär, dem auf der Hauptversammlung die zur Beurteilung einer Beschlussvorlage erforderlichen Informationen verweigert wurden?

Antwort Er kann ein Auskunftserzwingungsverfahren nach § 132 AktG einleiten. Daneben ist ihm aber auch die Anfechtung des gefassten Beschlusses gem. § 246 AktG möglich. Das Anfechtungsverfahren ist nämlich nicht durch § 132 AktG präkludiert, zumal sich die Verfahrensgegenstände unterscheiden: Bei § 132 AktG geht es um die Pflicht zur Auskunftserteilung; bei der Anfechtung dagegen um die Unwirksamkeit eines Beschlusses aufgrund fehlender Informationen.

Frage 81 Was versteht man unter einem „räuberischen" Aktionär?

Antwort Es handelt sich um einen Aktionär, der gegen Zahlung von Geld bereit ist, von einer Anfechtungsklage abzusehen oder eine bereits erhobene Klage zurückzunehmen. Hintergrund ist, dass die Anfechtungsklage die Eintragung der dem Beschluss zugrunde liegenden Maßnahme verhindert (vgl. §§ 189, 211, 294 Abs. 2 AktG). Die Verzögerung der Eintragung verursacht der AG in der Regel Kosten.

Frage 82 Wie ist die Anfechtungsklage eines „räuberischen" Aktionärs rechtlich zu behandeln?

Antwort Dies ist umstritten. Nach einer Auffassung führt das missbräuchliche Verhalten des Aktionärs zur Unzulässigkeit, nach anderer, auch vom BGH vertretener Ansicht zur Unbegründetheit der Klage (näher BGH NJW-RR 1992, 1388, 1389). Dies gilt auch, wenn der Beschluss tatsächlich unter einem zur Anfechtbarkeit führenden Mangel leidet, der Aktionär dies aber nur zum Vorwand für die Klage nimmt, aus deren späterer Rücknahme er einen materiellen Vorteil erzielen will.

Frage 83 Hat die AG selbst die Möglichkeit, gegenüber einem „räuberischen" Aktionär Ansprüche geltend zu machen?

Antwort Bei einer rechtsmissbräuchlich erhobenen Anfechtungsklage kommt ein Schadensersatzanspruch der Gesellschaft gegenüber dem Aktionär gem. § 826 BGB in Betracht (vgl. hierzu im Einzelnen OLG Frankfurt a. M. NZG 2009, 222, 223 ff.; Nichtzulassungsbeschwerde vom BGH zurückgewiesen).

Frage 84 Besteht für eine AG eine Alternative zur Zahlung des geforderten Geldbetrages, um den Beschluss trotz des Anfechtungsprozesses eintragen zu lassen?

Antwort Ja, und zwar in Gestalt des sog. Freigabeverfahrens (§§ 246a Abs. 1, 319 Abs. 6 AktG, §§ 16 Abs. 3, 198 Abs. 3 UmwG).

Frage 85 Ist jeder Beschluss der Hauptversammlung anfechtbar, der unter einem Verfahrensfehler leidet?

Antwort Nein. Nach überwiegender, auch vom BGH vertretener Ansicht kommt es unter Hinweis auf den Rechtsgedanken des § 243 Abs. 4 AktG auf die Wesentlichkeit des Verfahrensfehlers für die Beschlussfassung an (sog. Relevanztheorie). Es wird also danach gefragt, ob ein durchschnittlicher Aktionär ohne den Verfahrensfehler anders entschieden hätte (näher BGH NJW 2002, 1128, 1129; NJW 2005, 828, 829 f.).

Frage 86 Wann ist ein Hauptversammlungsbeschluss gesetzmäßig?

Antwort Ein Beschluss der Hauptversammlung ist immer dann gesetzmäßig, wenn er weder anfechtbar (§ 243 ff. AktG) noch nichtig (§ 241 AktG) ist.

Frage 87 Kann in einem Prozess neben der Anfechtungs- auch eine Nichtigkeitsklage erhoben werden?

Antwort Mittlerweile hat sich die Ansicht durchgesetzt, dass beide Klagen zugleich erhoben werden können; selbst wenn nur eine erhoben wird, ist der Sachverhalt umfassend auf Anfechtungs- und Nichtigkeitsgründe hin zu prüfen (näher BGH NJW 1999, 1638). Das materielle Ziel beider Klagearten, nämlich die richterliche Klärung der Nichtigkeit des Beschlusses mit Wirkung für und gegen jedermann, ist nämlich identisch. Dies bedeutet zugleich, dass nach rechtskräftiger Entscheidung die Erhebung einer weiteren Anfechtungs- oder Nichtigkeitsklage mit identischem Sachverhalt unzulässig ist.

Frage 88 Nennen Sie Fälle, in denen das Spruchverfahrensgesetz anwendbar ist!

Antwort Der Anwendungsbereich dieses besonderen gerichtlichen Verfahrens ist in § 1 SpruchG geregelt. Als wesentliche Anwendungsfälle sind hierbei insbesondere die Fälle des sog. *Squeeze Out* gem. § 327a ff. AktG (§ 1 Nr. 3 SpruchG) sowie der Umwandlungen nach dem UmwG (§ 1 Nr. 4 SpruchG) zu nennen. Über diesen Katalog hinaus hat die Rechtsprechung das Verfahren etwa auch auf das Delisting erstreckt (BGHZ 153, 47 = NJW 2003, 1032 [Macrotron]).

Frage 89 Was ist Gegenstand eines solchen Verfahrens?

Antwort Bei Verfahren nach dem Spruchverfahrensgesetz soll die Angemessenheit eines Abfindungs- oder Ausgleichsbetrags in den gesetzlich zugewiesenen Fällen gerichtlich überprüft und ggf. bestimmt werden (vgl. etwa §§ 305 Abs. 5 S. 2, 327f S. 2 AktG; §§ 15 Abs. 1 S. 2, 34 UmwG).

15.3 KGaA

Frage 1 Worin besteht die rechtliche Konstruktion einer KGaA?

Antwort Die KGaA ist eine Mischform aus Kapital- und Personengesellschaft, nämlich AG und KG, mit korporativer Struktur. Sie ist gem. § 278 Abs. 1 AktG eine juristische Person; damit ist sie rechts-, partei- und insolvenzfähig. Ihr Grundkapital ist in Aktien zerlegt. Es gibt zwei Gesellschaftertypen.

Frage 2 Nennen Sie die beiden Gesellschaftertypen und deren Haftung!

Antwort Die KGaA besteht aus mindestens einem persönlich haftenden Gesellschafter (Komplementär), und den Kommanditaktionären, die wie Aktionäre an einer AG beteiligt sind, ohne persönlich für die Verbindlichkeiten der Gesellschaft zu haften (§ 278 AktG).

Frage 3 Wie entsteht eine KGaA?

Antwort Eine KGaA kann auf zweierlei Arten entstehen: Neugründung und Umwandlung. Bei der Neugründung sind aktienrechtliche Vorschriften maßgebend (s. §§ 280 bis 282 AktG sowie die Verweisung in § 278 Abs. 3 AktG auf das Recht der AG). In der Praxis bedeutsamer ist die Umwandlung einer anderen Gesellschaftsform in eine KGaA (§§ 221, 233 Abs. 3 UmwG).

Frage 4 Kann die KGaA auch als eingliedrige Gesellschaft bestehen?

Antwort Ja. Seit der Neufassung des § 280 Abs. 1 AktG durch das UMAG im Jahr 2005 ist dies möglich; zuvor hieß es in jener Norm, dass die Satzung von „mindestens fünf Personen" festgestellt werden muss. Dieser Liberalisierung, die dem § 2 AktG entspricht, steht auch nicht entgegen, dass die KGaA zwei verschiedene Gesellschaftertypen vereint.

Frage 5 Worin liegt der grundlegende Unterschied zwischen dem Vorstand der AG und den Komplementären der KGaA?

Antwort Der Vorstand einer AG wird vom Aufsichtsrat bestellt (§ 84 AktG) und ist damit „gekorenes Vertretungsorgan". Die Komplementäre der KGaA werden hingegen in ihrer vorstandsähnlichen Rolle (vgl. § 283 AktG) nicht vom Aufsichtsrat bestellt, sondern gem. § 281 Abs. 1 AktG durch Satzung bestimmt („geborenes Vertretungsorgan"; näher BGHZ 134, 392, 393 = NJW 1997, 1923).

Frage 6 Ergeben sich darüber hinaus Unterschiede hinsichtlich der Vertretungsmacht und Geschäftsführungsbefugnis zwischen dem Vorstand der AG und den vorstandsähnlichen Komplementären der KGaA?

Antwort Ja. Die personalistischere Prägung der KGaA kommt hier ebenso wie bei der Haftung der Komplementäre zum Tragen: Während die AG gem. §§ 77 Abs. 1, 78 Abs. 2 AktG durch den Vorstand als Kollegialorgan vertreten wird, ist nach § 278 Abs. 2 AktG i. V. m. §§ 161 Abs. 2, 116 ff., 124 ff. HGB jeder Komplementär der KGaA geschäftsführungs- und vertretungsbefugt.

Frage 7 Worin liegen die wesentlichen Unterschiede der KGaA und AG hinsichtlich der Kapitalaufbringung und Gewinnverteilung?

Antwort Die Haftungsmasse der KGaA wird Gesamtkapital – nicht: Grundkapital – genannt. Es besteht aus der Summe der Komplementäreinlagen und dem durch Ausgabe von Kommanditaktien vereinnahmten Kapital. Hinsichtlich der Gewinnverteilung gilt zwischen den Komplementären und Kommanditaktionären das Recht der KG (§ 278 Abs. 2 AktG i. V. m. §§ 120 ff., 167 f. HGB). Für das Verhältnis der Kommanditaktionäre untereinander ist hingegen § 60 AktG maßgebend.

Frage 8 Ist eine GmbH & Co. KGaA zulässig?

Antwort Seit BGHZ 134, 392 ist die Zulässigkeit einer GmbH & Co. KGaA anerkannt. Der Gesetzgeber hat diesem Grundsatzurteil in § 279 Abs. 2 AktG Rechnung getragen.

Frage 9 Welche Regelungen sind bei der Beendigung der KGaA einschlägig?

Antwort § 289 Abs. 1 AktG verweist auf §§ 130 ff. HGB. Hier wird einmal mehr eine Parallele von Personen- und Kapitalgesellschaftsrecht deutlich. § 289 Abs. 2 AktG hingegen führt Auflösungsgründe auf, die für Kapitalgesellschaften typisch sind.

Konzernrecht (Grundzüge) 16

Frage 1 Wo ist das Konzernrecht geregelt?

Antwort Zunächst in den §§ 15–19 AktG. Dort ist geregelt, unter welchen Bedingungen verbundene Unternehmen einen Konzern bilden. Dabei handelt es sich gewissermaßen um einen allgemeinen Teil des Konzernrechts. Zusätzliche Regelungen enthalten die §§ 291–337 AktG, die als besonderer Teil umschrieben werden können; hier werden der Vertragskonzern (§§ 291 ff. AktG), der faktische Konzern (§§ 311 ff. AktG) und die Eingliederung (§§ 319 ff. AktG) behandelt.

Frage 2 Gibt es daneben noch konzernrechtliche Regelungen außerhalb des AktG?

Antwort Nein. Die für das Aktienrecht geschaffenen Regelungen finden allerdings nicht nur Anwendung auf die abhängige AG. Vielmehr hat der BGH die Regeln für den GmbH-Konzern und den Personengesellschaftskonzern in Analogie zum Konzernrecht des AktG entwickelt; insbesondere sind die §§ 291 ff. AktG entsprechend anwendbar (näher BGH NJW 1989, 295 f. [Supermarkt]; s. auch Fall 10).

Frage 3 Betreffen die §§ 15–19 AktG allein die AG?

Antwort Nein. Diese Vorschriften sind bewusst rechtsformneutral formuliert und finden damit unabhängig von der Rechtsform Anwendung; sogar eine Einzelperson kann herrschendes Unternehmen sein.

Frage 4 Was versteht man unter einem Unternehmen i. S. d. §§ 15 ff. AktG?

Antwort Es ist zwischen dem herrschenden und abhängigen Unternehmen zu unterscheiden. Beide werden nach dem sog. teleologischen Unternehmensbegriff bestimmt. Ob eine natürliche oder juristische Person als konzernrechtliches Unternehmen anzusehen ist, bestimmt sich also nach dem Sinn und Zweck der konzernrechtlichen Vorschrift. Darauf aufbauend handelt es sich um ein herrschendes Unternehmen bei jedem Gesellschafter, der eine anderweitige wirtschaftliche Interessenbindungen hat, die nach Art und Intensität die ernsthafte Besorgnis begründet, er könne deshalb seinen aus der Mitgliedschaft folgenden Einfluss zum Nachteil der abhängigen Gesellschaft ausüben (st. Rspr.; BGHZ 69, 334, 335 ff. [VEBA/Gelsenberg]; s. auch *Böffel*, ZIP 2021, 777, 779). Als abhängiges Unternehmen kommt demgegenüber jede rechtlich selbstständige Organisationsform in Betracht.

Frage 5 Definieren Sie den Konzern i. S. v. § 18 AktG!

Antwort Konzern zum einen ist ein Verbund rechtlich selbstständiger abhängiger Unternehmen unter einheitlicher Leitung (Unterordnungskonzern, § 18 Abs. 1 AktG). Werden Unternehmen, ohne voneinander abhängig zu sein, unter einheitlicher Leitung zusammengefasst, so bilden auch sie einen Konzern (Gleichordnungskonzern; § 18 Abs. 2 AktG).

Frage 6 In welchem Verhältnis stehen die Begriffe Konzern und Beherrschung zueinander?

Antwort Sie stehen in keinem Stufenverhältnis, sondern sind isoliert voneinander zu betrachten. Ein Konzern i. e. S. entsteht gem. § 18 Abs. 1 AktG erst mit einheitlicher Leitung. Beherrschung wird dagegen bereits bei Mehrheitsbesitz gem. §§ 16 Abs. 1, 17 AktG vermutet. Insofern ist es formaljuristisch nicht korrekt, wenn bei einfacher Abhängigkeit vom Vorliegen eines Konzerns gesprochen wird. Um einen solchen handelt es sich erst, wenn einheitliche Leitung ausgeübt wird.

Einheitliche Leitung setzt jedoch keineswegs Beherrschung voraus. Zwar entsteht aufgrund der Vermutungskaskade der §§ 15 ff. AktG der Eindruck: Um verbundene Unternehmen (§ 15 AktG) handelt es sich bei im Mehrheitsbesitz stehenden und beteiligten Unternehmen (§ 16 Abs. 1 AktG), die wiederum vermutet in einem Beherrschungs- bzw. Abhängigkeitsverhältnis stehen (§ 17 AktG), was erneut zur Vermutung eines Konzernverhältnisses führt (§ 18 Abs. 1 S. 3 AktG). Dennoch ist einheitliche Leitung ohne Beherrschung denkbar, wie § 18 Abs. 2 AktG zeigt. Diese Vorschrift regelt den Gleichordnungskonzern, der zwar gegenseitige einheitliche Leitung voraussetzt, hierfür jedoch keine Abhängigkeit des einen vom anderen Gleichordnungspartner erlaubt. Wäre Beherrschung notwendige Bedingung für einheitliche Leitung, könnte es keinen Gleichordnungskonzern geben (*Böffel*, Versicherungskonzernrecht, S. 166 f.).

Frage 7 Was ist unter dem Begriff der „einheitlichen Leitung" zu verstehen?

Antwort Eine Legaldefinition fehlt. Dennoch finden sich im Gesetz selbst Hinweise. Nach § 291 AktG steht ein Unternehmen unter einheitlicher Leitung, wenn es einen Beherrschungsvertrag abgeschlossen hat. Im Falle der Eingliederung (§ 319 AktG) werden die Unternehmen als unter einheitlicher Leitung zusammengefasst angesehen (§ 18 Abs. 1 S. 2 AktG).

Neben diesen unwiderlegbaren Vermutungen gibt es eine widerlegbare Vermutung für abhängige Unternehmen, also solche, auf die ein anderes Unternehmen einen herrschenden Einfluss ausüben kann (§ 17 Abs. 1 AktG): Von einem solchen Unternehmen wird vermutet, dass es mit dem herrschenden Unternehmen einen Konzern bildet (§ 18 Abs. 1 S. 3 AktG).

Frage 8 Wann liegt einheitliche Leitung vor?

Antwort Das ist umstritten. Nach der herrschenden Ansicht (für den Unterordnungskonzern) genügt es, wenn sich die einheitliche Leitung auf einen zentralen unternehmerischen Bereich erstreckt (sog. weiter Leitungsbegriff). Die Gegenansicht fordert, dass alle zentralen unternehmerischen Bereiche von der einheitlichen Leitung ergriffen werden (sog. enger Leitungsbegriff).

Frage 9 Welcher Leitungsbegriff wird für den Gleichordnungskonzern vertreten und warum?

Antwort Der enge Leitungsbegriff, da anderenfalls Gleichordnungskonzerne nicht von reinen Unternehmenskooperationen abgegrenzt werden können. Auch wird vorgebracht, dass anderenfalls jedes Kartell im wettbewerbsrechtlichen Sinne als Gleichordnungskonzern zu behandeln wäre.

Frage 10 Welche Doppelvermutung führt zur Annahme eines Konzerns?

Antwort Nach § 17 Abs. 2 AktG wird von einem im Mehrheitsbesitz stehenden Unternehmen vermutet, dass es abhängig ist. An die Abhängigkeit wiederum knüpft § 18 Abs. 1 S. 3 AktG die Vermutung, dass die beiden Unternehmen einen Konzern bilden. Mit anderen Worten: Im Mehrheitsbesitz stehende Unternehmen werden einheitlich geleitet, bilden also einen Konzern.

Frage 11 Wie kann diese Vermutung widerlegt werden?

Antwort Indem der Mehrheitsgesellschafter nachweist, dass er trotz seines beherrschenden Einflusses tatsächlich keine einheitliche Leitung ausübt, etwa weil er das ihm zustehende Stimmrecht nicht umfassend nutzen kann.

Frage 12 Wann liegt ein sog. Gleichordnungskonzern vor?

Antwort Ein Gleichordnungskonzern liegt vor, wenn sich rechtliche selbstständige Unternehmen unter einheitliche Leitung zusammenfassen, ohne dass dadurch ein Abhängigkeitsverhältnis i. S. d. § 17 AktG entsteht.

Frage 13 Welche Formen von Gleichordnungskonzernen gibt es?

Antwort Es gibt den faktischen (§ 18 Abs. 2 AktG) und den vertraglichen (§ 291 Abs. 2 AktG) Gleichordnungskonzern.

Frage 14 Was versteht man unter wechselseitig beteiligten Unternehmen?

Antwort Nach § 19 AktG sind wechselseitig beteiligte Unternehmen Kapitalgesellschaften, von denen jede mehr als 25 % der Anteile der jeweils anderen hält, ohne dass ein Unternehmen von dem anderen abhängig ist.

Frage 15 Welche Pflicht folgt aus einer solchen Beteiligung und welche Rechtsfolge droht im Falle der Nichterfüllung?

Antwort Steht einem Unternehmen eine Beteiligung an einer anderen Kapitalgesellschaft i. H. v. mehr als 25 % zu, so hat sie dies der anderen Gesellschaft mitzuteilen (§§ 20 Abs. 1, 21 Abs. 1–3 AktG). Unterbleibt diese Mitteilung, so kann das Unternehmen aus den gehaltenen Anteilen keine Rechte herleiten, und zwar für die Zukunft wie auch für die Vergangenheit (§§ 20 Abs. 7, 21 Abs. 4 AktG). Ausgenommen sind bei unvorsätzlich unterbliebener Mitteilung allein das Recht auf die Dividende (§ 58 Abs. 4 AktG) und das Recht auf den Abwicklungsüberschuss (§ 271 AktG). Praktisch bedeutsam ist diese Sanktion vor allem hinsichtlich des Stimmrechts.

Frage 16 Was ist in den §§ 291, 292 AktG mit einem „Unternehmensvertrag" gemeint?

Antwort In der Regel geht es um Beherrschungs- und Gewinnabführungsverträge.

Frage 17 Nennen Sie Normen außerhalb des Konzernrechts, wo das Bestehen eines Beherrschungs- oder Gewinnabführungsvertrages von Bedeutung ist!

Antwort Entscheidend ist das Bestehen eines solchen Vertrages etwa bei der Kapitalerhaltung in der GmbH oder AG im Rahmen des sog. *cash-pooling* (§ 30 Abs. 1 S. 2 GmbHG; § 57 Abs. 1 S. 3 AktG; s. hierzu Frage 35). Zudem wird regelmäßig ein Gewinnabführungsvertrag zur Bildung einer steuerlichen Organschaft geschlossen, vgl. § 14 Abs. 1 KStG.

Frage 18 Kann der Geschäftsführer einer GmbH diese bei Abschluss eines Gewinnabführungs- und Beherrschungsvertrages wirksam vertreten?

Antwort Grundsätzlich schon, denn der Geschäftsführer besitzt kraft Gesetzes eine unbeschränkte und unbeschränkbare Vertretungsmacht (vgl. §§ 35 ff. GmbHG). Allerdings hat ein solcher Vertrag satzungsüberlagernde Wirkung, sodass es zur Wirksamkeit des Vertrages einer Zustimmung der Gesellschafter bedarf.

16 Konzernrecht (Grundzüge)

Frage 19 Worin besteht diese satzungsüberlagernde Wirkung?

Antwort Durch den Abschluss des Unternehmensvertrages ändert sich der Zweck der abhängigen Gesellschaft. Bei der abhängigen Gesellschaft fällt aufgrund der Gewinnabführung faktisch das Gewinnbezugsrecht der außenstehenden Gesellschafter weg. Außerdem kann die herrschende Gesellschaft nunmehr an Stelle der Gesellschafterversammlung Weisungen erteilen (§ 308 Abs. 1 S. 1 AktG analog). Aufgrund der nachteiligen Wirkung des Verlustausgleichs für die herrschende Gesellschaft (§ 302 AktG analog) bedarf es auch bei dieser eines Gesellschafterbeschlusses.

Frage 20 Welches Mehrheitserfordernis gilt für die Zustimmung der Gesellschafter der abhängigen GmbH zu einem Unternehmensvertrag?

Antwort Dies ist umstritten. Nach einer Ansicht bedarf es einer ¾-Mehrheit, nach anderer Ansicht der Zustimmung sämtlicher Gesellschafter (ausdrücklich offengelassen bei BGH NJW 1989, 295, 297 [Supermarkt]).

Frage 21 Welche Argumente sprechen für die jeweilige Ansicht?

Antwort Dafür, dass sämtliche Gesellschafter zustimmen müssen, spricht der Rechtsgedanke des § 33 Abs. 1 S. 2 BGB sowie des § 53 Abs. 3 GmbHG. Für eine ¾-Mehrheit lässt sich auf die analoge Anwendung des § 293 Abs. 1 AktG sowie auf das Schutzsystem der §§ 304, 305 AktG verweisen.

Frage 22 Welcher Mehrheit bedarf es bei der herrschenden GmbH?

Antwort Hier bedarf es in analoger Anwendung des § 293 Abs. 1, 2 AktG lediglich einer ¾-Mehrheit der Gesellschafter (näher BGH NJW 1989, 295, 298 [Supermarkt]).

Frage 23 Sind Nichtigkeitsgründe des Vertrages stets beachtlich?

Antwort Nein. Sofern nicht höherrangige Interessen entgegenstehen, ist die Lehre von der fehlerhaften Gesellschaft (s. dazu AT Fragen 9 ff.) heranziehbar.

Frage 24 Was versteht man unter einem sog. Vorstandsdoppelmandat?

Antwort Ein Vorstandsdoppelmandat liegt dann vor, wenn ein und dieselbe Person in zwei verschiedenen AGs dem Vorstand angehört. Häufig ist dies in Konzernstrukturen der Fall, wenn ein Vorstandsmitglied sowohl in der beherrschten als auch in herrschenden Gesellschaft tätig ist (vgl. hierzu im Einzelnen BGH NZG 2009, 744, 745).

Frage 25 Sind Vorstandsdoppelmandate zulässig?

Antwort Nach allgemeiner Ansicht sind solche Doppelmandate mit Zustimmung beider Aufsichtsräte zulässig, vgl. § 88 Abs. 1 S. 2 AktG (näher BGH NZG 2009, 744, 745).

Frage 26 Welcher Interessenkonflikt ergibt sich hierbei insbesondere innerhalb eines faktischen Konzerns und wie ist dieser aufzulösen?

Antwort Problematisch ist insoweit, dass das Vorstandsmitglied beiden Gesellschaften verpflichtet ist. Hierdurch ergibt sich regelmäßig ein Loyalitätskonflikt, der jedoch aufgrund der Einwirkungsmöglichkeit auf die abhängige Gesellschaft leicht zu Gunsten der herrschenden Gesellschaft ausgeübt werden kann. Um dies zu verhindern, hat das Vorstandsmitglied stets die Interessen des jeweiligen Pflichtenkreises zu beachten. Es besteht daher kein automatischer Vorrang für die Gesellschaft der Konzernspitze (vgl. hierzu im Einzelnen BGH NZG 2009, 744, 745).

Frage 27 Was versteht man unter einem qualifiziert faktischen Konzern?

Antwort Hierunter versteht man ein Abhängigkeitsverhältnis, bei dem den einzelnen Geschäftsführungsmaßnahmen der beherrschenden Gesellschaft nicht mehr ein einzelner Nachteil zugeordnet werden kann, da sie dauerhaft und umfassend die Geschäfte der abhängigen Gesellschaft leitet (näher BGH NJW 1993, 1200, 1201 ff. [TBB]). Das Einzelausgleichssystem des Konzernrechts läuft hier leer. Der BGH wendet die zum qualifiziert faktischen Konzern entwickelten Regeln für den GmbH-Konzern nicht mehr an (Aufgabe durch BGH NJW 2001, 3622, 3623 [Bremer Vulkan]). Für die AG ist dies nach wie vor offen und heftig umstritten.

Frage 28 Welche Rechtsfigur ist für den GmbH-Konzern an seine Stelle getreten?

Antwort Der sog. existenzvernichtende Eingriff.

Frage 29 Was versteht man hierunter?

Antwort Ein existenzvernichtender Eingriff liegt vor, wenn durch einen oder mehrere Gesellschafter so stark in das Vermögen der Gesellschaft eingegriffen wird, dass diese nicht mehr ihren Verbindlichkeiten gegenüber den Gläubigern nachkommen kann (näher BGH NJW 2001, 3622 [Bremer Vulkan], NJW 2002, 3024 [KBV], NJW 2007, 2689 [Trihotel]).

Frage 30 Auf welcher dogmatischen Grundlage beruht die Existenzvernichtungshaftung?

Antwort Nach früher ganz überwiegend vertretener Ansicht stellte sich die Existenzvernichtungshaftung als ein Fall des Rechtsformmissbrauchs dar (näher BGH

NJW 2002, 3024, 3025 [KBV]). Nach der nunmehr wohl herrschenden Ansicht ist die Existenzvernichtungshaftung eine besondere Fallgruppe der vorsätzlichen sittenwidrigen Schädigung gem. § 826 BGB (näher BGH NJW 2007, 2689, 2691 [Trihotel]).

Frage 31 Kann eine materielle Unterkapitalisierung der Gesellschaft eine Existenzvernichtungshaftung auslösen?

Antwort Nach umstrittener Ansicht des BGH ist dies nicht möglich, denn der Gesetzgeber hat bewusst von eine am jeweiligen Kapitalbedarf orientierten Mindestkapitalausstattung abgesehen (vgl. hierzu im Einzelnen BGH NJW 2008, 2437, 2438 f. [Gamma]).

Frage 32 Wem gegenüber besteht die Existenzvernichtungshaftung?

Antwort Die Existenzvernichtungshaftung gem. § 826 BGB ist eine reine Innenhaftung des Gesellschafters gegenüber der Gesellschaft. Gleichwohl besteht für die Gläubiger die Möglichkeit, sich den Anspruch der Gesellschaft gem. §§ 829, 835 ZPO pfänden und zur Einziehung überweisen zu lassen (näher BGH NJW 2007, 2689, 2693 [Trihotel]).

Frage 33 Ist die Existenzvernichtungshaftung subsidiär zu ggf. bestehenden Ansprüchen aus §§ 30, 31 GmbHG?

Antwort Nein. Es besteht mit den Erstattungsansprüchen volle Anspruchsgrundlagenkonkurrenz (näher BGH NJW 2007, 2689, 2693 [Trihotel]).

Frage 34 Besteht eine Existenzvernichtungshaftung nur bei einer werbend tätigen GmbH?

Antwort Nein, diese gilt gerade auch in der Liquidationsphase der Gesellschaft. Das besondere Interesse der Gläubiger am Erhalt des Gesellschaftsvermögens kommt exemplarisch in § 73 Abs. 1 und 2 GmbHG zum Ausdruck (näher BGH NJW 2009, 2127, 2130 [Sanitary]).

Frage 35 Was versteht man unter „Cash-Pooling"?

Antwort „Cash-Pooling" ist ein Instrument der Unternehmensfinanzierung innerhalb eines Konzerns. Wesensmerkmal des „Cash-Pooling" ist die Übertragung von Liquidität von Konten von Tochtergesellschaften auf ein Konto der Konzernmutter („Upstream"), z. B. in Form eines Darlehens. Benötigt hingegen eine Tochtergesellschaft finanzielle Mittel, so kann sie von der Konzernmutter zügig damit ausgestattet werden („Downstream").

Solche wechselseitigen, konzerninternen Darlehen verstoßen dann nicht gegen Kapitalerhaltungsvorschriften wie § 30 Abs. 1 GmbHG oder § 57 Abs. 1 AktG, wenn ein Beherrschungs- oder Gewinnabführungsvertrag oder ein vollwertiger Rückzahlungs- oder Gegenleistungsanspruch besteht (vgl. § 30 Abs. 1 S. 2 GmbHG sowie § 57 Abs. 1 S. 3 AktG). Zusätzlich kann zwischen physischem und virtuellem Cash-Pooling unterschieden werden (*Böffel*, ZIP 2018, 1011 ff.).

Teil III
Rechtsprechung

Aktuelle höchstrichterliche Rechtsprechung

Neben der Kenntnis klassischer höchstrichterlicher Grundsatzentscheidungen und wichtiger Literaturmeinungen ist es unabdingbar, auch aktuelle Entscheidungen im Blick zu haben. Hierfür bieten sich zusammenfassende Überblicke in Fachzeitschriften an (s. etwa *Drescher*, WM-Sonderbeilage 2022, 2 oder *ders.*, ZPG 2023, 52). Da umfassende und rechtsformübergreifende Darstellungen selten zu finden sind, wurden im Folgenden einige besonders wichtige jüngere Entscheidungen des II. Senats des BGH zum Personengesellschafts-, Kapitalgesellschafts- und Konzernrecht zusammengestellt.

17.1 Personengesellschaftsrecht

1. BGHZ 217, 237 = NZG 2018, 539

a. Bei einer Publikums-Kommanditgesellschaft ist der Abwickler – vorbehaltlich anderweitiger gesellschaftsvertraglicher Regelungen – auch ohne entsprechende gesellschaftsvertragliche Ermächtigung zur Einforderung rückständiger Einlagen zum Zweck des Ausgleichs unter den Gesellschaftern befugt.
b. Der Widerruf des Beitritts zu einer Publikums-Personengesellschaft in einer so genannten „Haustürsituation" lässt die Verpflichtung des Widerrufenden zur Leistung seiner bis dahin noch nicht vollständig erbrachten, rückständigen Einlage nach den Grundsätzen der fehlerhaften Gesellschaft weder rückwirkend noch ex nunc entfallen.

2. BGHZ 228, 28 = NJW 2021, 928

Die persönliche Haftung des Kommanditisten nach §§ 171, 172 Abs. 4, 161 Abs. 2, 128 HGB[1] besteht bei Insolvenz der Gesellschaft jedenfalls für solche Gesellschaftsverbindlichkeiten, die bis zur Eröffnung des Insolvenzverfahrens begründet worden sind. Auf die insolvenzrechtliche Einordnung dieser Verbindlichkeiten kommt es dabei nicht an.

3. BGHZ 229, 358 = NJW 2022, 57

a. Im Fall der Herabsetzung der Haftsumme wird die Außenhaftung des Kommanditisten für Altverbindlichkeiten im Umfang des die neue Haftsumme übersteigenden Betrags entsprechend § 160 Abs. 1 und 2,[2] § 161 Abs. 2 HGB zeitlich begrenzt.

b. Bei der entsprechenden Anwendung der § 160 Abs. 1 und 2,[3] § 161 Abs. 2 HGB auf die Herabsetzung der Hafteinlage eines Kommanditisten beginnt die fünfjährige Nachhaftungsfrist unabhängig von der Eintragung der Kapitalherabsetzung in das Handelsregister bereits mit dem Ende des Tages, an dem der Gesellschaftsgläubiger positive Kenntnis von dem Herabsetzungsbeschluss erlangt.

c. Mit Ablauf der Nachhaftungsfrist des § 160 HGB entfällt in entsprechender Anwendung des § 217 BGB nicht nur die Haftung für den geltend gemachten Hauptanspruch, sondern auch die Haftung für die von ihm abhängigen Nebenleistungen.

4. BGHZ 232, 375 = NJW 2022, 1878

§ 179a AktG ist auf die Kommanditgesellschaft nicht analog anwendbar.

5. BGH NZG 2023, 564

a. Ein Gesellschafter einer Gesellschaft bürgerlichen Rechts ist wegen des Grundsatzes, dass niemand Richter in eigener Sache sein darf, von der Abstimmung über die Kündigung eines Vertrags ausgeschlossen, wenn der Beschluss darauf abzielt, das Verhalten des Gesellschafters zu missbilligen.

b. Auch bei der konkludenten Beschlussfassung einer Gesellschaft bürgerlichen Rechts ist der einem Stimmverbot unterliegende Gesellschafter an der Willensbildung der Gesellschaft zu beteiligen.

---

[1] Ab Januar 2024 = § 126 HGB n. F.
[2] Ab Januar 2024 = § 137 HGB n. F.
[3] S. Fn. 2.

17.2 Kapitalgesellschaftsrecht

1. BGHZ 212, 126 = NZG 2017, 25

Übernehmen Gesellschafter einer GmbH für eine Verbindlichkeit der Gesellschaft Bürgschaften bis zu unterschiedlichen Höchstbeträgen, richtet sich die Höhe des Innenausgleichs grundsätzlich nach dem Verhältnis der mit den Bürgschaften jeweils übernommenen Höchstbeträge.

2. BGHZ 212, 342 = NZG 2017, 182

§ 121 Abs. 2 S. 2 AktG ist auf die Einberufungsbefugnis des Geschäftsführers einer GmbH nicht entsprechend anwendbar.

3. BGHZ 214, 258 = NZG 2017, 658

Eine verbotene Auszahlung i. S. v. § 30 Abs. 1 S. 1 GmbHG zulasten des zur Erhaltung des Stammkapitals erforderlichen Vermögens liegt mit der Bestellung einer dinglichen Sicherheit für einen Darlehensrückzahlungsanspruch eines Sicherungsnehmers gegen den Gesellschafter vor, wenn der Gesellschafter nicht voraussichtlich zur Rückzahlung in der Lage ist und zudem eine Unterbilanz entsteht oder vertieft wird. Damit und nicht erst mit der Verwertung der Sicherheit beginnt die Verjährung der Erstattungsansprüche der Gesellschaft nach § 31 Abs. 5 S. 2 GmbHG.

4. BGHZ 219, 193 = NZG 2018, 1189

a. Bestimmen die Satzung oder der Aufsichtsrat, dass bestimmte Arten von Geschäften nur mit seiner Zustimmung vorgenommen werden dürfen, hat der Vorstand die Zustimmung des Aufsichtsrats grundsätzlich vor der Durchführung des Geschäfts einzuholen.
b. Die Zustimmung kann, vorbehaltlich der Übertragung der Zustimmungsentscheidung auf einen Ausschuss, nur durch ausdrücklichen Beschluss des Aufsichtsrats erteilt und kann nicht durch eine Entscheidung des Aufsichtsratsvorsitzenden ersetzt werden.
c. Die Inanspruchnahme des Vorstandsmitglieds auf Schadensersatz durch eine Aktiengesellschaft wegen Pflichtverletzung ist regelmäßig nicht deshalb rechtsmissbräuchlich, weil der Alleinaktionär zuvor in das haftungsbegründende Geschäft eingewilligt hat.
d. Der Vorstand kann gegenüber einer Schadensersatzklage der Aktiengesellschaft, die mit dem Verstoß gegen einen zugunsten des Aufsichtsrats eingerichteten Zustimmungsvorbehalt begründet ist, einwenden, der Aufsichtsrat hätte den von ihm durchgeführten Maßnahmen zugestimmt, wenn er ihn gefragt hätte.

5. BGHZ 219, 356 = NZG 2018, 1301

a. Die Verjährung von Schadensersatzansprüchen einer Aktiengesellschaft gegen ein Aufsichtsratsmitglied gem. §§ 116 S. 1, 93 Abs. 2, 6 AktG wegen Verjährenlassens von Ersatzansprüchen der Gesellschaft gegen ein Vorstandsmitglied beginnt gem. § 200 S. 1 BGB mit dem Zeitpunkt der Verjährung des Ersatzanspruchs der Gesellschaft gegen das Vorstandsmitglied.
b. Das gilt auch dann, wenn der Ersatzanspruch der Gesellschaft gegen das Vorstandsmitglied darauf beruht, dass dieses Einlagen an das Aufsichtsratsmitglied zurückgewährt hat.

6. BGHZ 220, 162 = NZG 2019, 225

Eine Geschäftsverteilung oder Ressortaufteilung auf der Ebene der Geschäftsführung setzt eine klare und eindeutige Abgrenzung der Geschäftsführungsaufgaben auf Grund einer von allen Mitgliedern des Organs mitgetragenen Aufgabenzuweisung voraus, die die vollständige Wahrnehmung der Geschäftsführungsaufgaben durch hierfür fachlich und persönlich geeignete Personen sicherstellt und ungeachtet der Ressortzuständigkeit eines einzelnen Geschäftsführers die Zuständigkeit des Gesamtorgans insbesondere für nicht delegierbare Angelegenheiten der Geschäftsführung wahrt. Eine diesen Anforderungen genügende Aufgabenzuweisung bedarf nicht zwingend einer schriftlichen Dokumentation.

7. BGHZ 220, 207 = NJW 2019, 993

a. Die Legitimationswirkung des § 16 Abs. 1 S. 1 GmbHG greift auch bei eingezogenen Geschäftsanteilen.
b. Allein die unberechtigte, weil nicht satzungsgemäße Übernahme der Versammlungsleitung als solche stellt bei der GmbH keinen relevanten Verfahrensmangel dar, der zur Nichtigkeit oder Anfechtbarkeit sämtlicher unter dieser Versammlungsleitung gefassten Beschlüsse führt. Vielmehr bedarf es hierfür auch in diesem Fall eines für die Beschlussfassung ursächlichen oder relevanten Durchführungsfehlers bei der Versammlungsleitung.

8. BGHZ 220, 354 = NZG 2019, 505

a. § 179a AktG ist auf die GmbH nicht analog anwendbar.
b. Die Verpflichtung zur Übertragung des ganzen Gesellschaftsvermögens einer GmbH ist ein besonders bedeutsames Geschäft, zu dessen Vornahme der Geschäftsführer einen zustimmenden Beschluss der Gesellschafterversammlung herbeiführen muss, selbst wenn der Gesellschaftsvertrag einen entsprechenden Zustimmungsvorbehalt nicht enthält.

c. Missachtet der Geschäftsführer bei der Verpflichtung zur Übertragung des ganzen Gesellschaftsvermögens einer GmbH einen im Gesellschaftsvertrag geregelten oder aus der besonderen Bedeutsamkeit des Geschäfts abgeleiteten Zustimmungsvorbehalt der Gesellschafterversammlung, kann der Vertragspartner der GmbH aus dem formal durch die Vertretungsmacht des Geschäftsführers gedeckten Geschäft keine vertraglichen Rechte oder Einwendungen herleiten, wenn er den Missbrauch der Vertretungsmacht kennt oder er sich ihm geradezu aufdrängen muss, selbst wenn das Geschäft der Gesellschaft nicht zum Nachteil gereicht.

9. BGHZ 222, 283 = NJW 2019, 2923

a. Jede Forderung eines Gesellschafters auf Rückzahlung eines vom Gesellschafter aus seinem Vermögen der Gesellschaft zur Verfügung gestellten Geldbetrags ist darlehensgleich, sofern ein solcher Rückzahlungsanspruch durchgängig seit der Überlassung des Geldes bestand und sich Gesellschafter und Gesellschaft von vornherein einig waren, dass die Gesellschaft das Geld zurückzuzahlen habe.
b. Nehmen Gesellschafter und Gesellschaft taggleiche Hin- und Herzahlungen im Rahmen des gleichen darlehensähnlichen Verhältnisses ohne wirksamen anderen Rechtsgrund vor, kommt eine darlehensgleiche Forderung nur in Höhe des Saldos in Betracht.
    […]

10. BGHZ 225, 198 = BeckRS 2020, 8598

a. Der Insolvenzverwalter über das Vermögen einer Aktiengesellschaft ist befugt, eine Klage auf Feststellung der Nichtigkeit des Jahresabschlusses gegen die Gesellschaft zu erheben, soweit die Insolvenzmasse betroffen ist.
b. Die Gesellschaft wird durch Vorstand und Aufsichtsrat vertreten.
c. Ein Beschluss der Hauptversammlung über die Abberufung eines abwesenden Aufsichtsratsmitglieds kann diesem durch den mit der Versammlungsniederschrift betrauten Notar wirksam mitgeteilt werden, sofern der Notar von der Hauptversammlung hierzu ausdrücklich beauftragt worden ist.
d. Die Vertretungsmacht von Aufsichtsratsmitgliedern, die in der zum Handelsregister eingereichten Liste aufgeführt sind, bleibt gegenüber gutgläubigen Dritten auch nach der Amtsbeendigung bis zur Aktualisierung der Liste bestehen.
e. Gutgläubiger Dritter kann auch der Insolvenzverwalter über das Vermögen der Aktiengesellschaft sein.

11. BGHZ 226, 125 = BKR 2020, 643

a. Der Insolvenzverwalter hat für eine Anfechtung einer Rechtshandlung, mit der eine Gesellschaft einem Dritten für eine Forderung auf Rückgewähr eines Darlehens Befriedigung gewährt hat, darzulegen und zu beweisen, dass der Dritte kein Gesellschafter des Schuldners ist. Die Darlegungs- und Beweislast dafür, dass der Dritte einem Gesellschafter gleichzustellen ist, trifft hingegen den Anfechtungsgegner.

b. Ansprüche eines Darlehensgebers stehen wirtschaftlich einer Forderung auf Rückgewähr eines Gesellschafterdarlehens gleich, wenn sich die Tätigkeit der Gesellschaft für den Darlehensgeber in einer Gesamtbetrachtung aufgrund seiner einem Gesellschafter vergleichbaren Rechtsstellung als eine eigene unternehmerische Betätigung darstellt. Hierzu sind bei der jeweiligen Gesellschaftsform die bestehende Gewinnbeteiligung des Darlehensgebers, seine gesellschaftergleichen Rechte und seine Teilhabe an der Geschäftsführung in einem Gesamtvergleich mit der Rechtsposition eines Gesellschafters zu betrachten.

c. Ein doppelseitiges Treuhandverhältnis, bei dem der Gesellschafter als Treugeber seinen Gesellschaftsanteil auf einen Treuhänder überträgt, der ihn zugleich treuhänderisch zugunsten des Darlehensgebers hält, führt nicht dazu, dass der Darlehensgeber allein aufgrund der zu seinen Gunsten bestehenden treuhänderischen Berechtigung einem Gesellschafter gleichzustellen ist. Auch insoweit kommt es darauf an, wie die Rechtsstellung des Darlehensgebers im Vergleich zu einem Gesellschafter ausgestaltet ist.

d. Eine bloß faktische Möglichkeit des Darlehensgebers, Einfluss auf die Entscheidungen der Gesellschaft zu nehmen, genügt nicht für eine Gleichstellung mit einem Gesellschafter.

12. BGHZ 229, 299 = NJW 2021, 2036

a. Die Auslegung eines vor Abschluss des Gesellschaftsvertrags von den Gründern eingegangenen Rechtsgeschäfts kann ergeben, dass ausschließlich die erst zu gründende, noch nicht existierende GmbH berechtigt und verpflichtet werden soll. In diesem Fall ist regelmäßig davon auszugehen, dass die Wirksamkeit des Rechtsgeschäfts unter der aufschiebenden Bedingung der Entstehung der GmbH steht. Ein solches Rechtsgeschäft ist nach § 177 BGB genehmigungsbedürftig.
[…]

13. BGHZ 230, 203 = NJW 2022, 238

Ein Beratungsvertrag zwischen einer Aktiengesellschaft und einer Gesellschaft, deren gesetzlicher Vertreter ihr Aufsichtsratsmitglied ist, fällt in den Anwendungsbereich der §§ 113, 114 AktG.

17.3 Konzernrecht

1. BGHZ 223, 13 = NZG 2019, 1149

a. Teilgewinnabführungsverträge mit einer GmbH als abführungspflichtiger Gesellschaft unterliegen keinen besonderen Wirksamkeitsanforderungen, wenn sie keine satzungsüberlagernde Wirkung haben. Ob dies auch dann gilt, wenn ein Großteil oder zumindest überwiegender Anteil der Gewinne abzuführen ist, lässt der Senat offen.

b. Erhält eine zur Teilgewinnabführung verpflichtete GmbH durch Formwechsel die Rechtsform einer Aktiengesellschaft, berührt dies den Fortbestand eines zuvor wirksam abgeschlossenen Teilgewinnabführungsvertrags nicht. Der Teilgewinnabführungsvertrag ist in Folge des Formwechsels gem. § 294 Abs. 1 AktG zur Eintragung in das Handelsregister anzumelden. Die Parteien des Teilgewinnabführungsvertrags sind aus dem bestehenden Vertragsverhältnis wechselseitig verpflichtet, die Eintragung herbeizuführen.

2. BGH NZG 2023, 508

Der zwischen zwei Gesellschaften mit beschränkter Haftung bestehende Gewinnabführungsvertrag kann nicht im Handelsregister der Obergesellschaft eingetragen werden.

3. BGH NZG 2023, 567

a. Die Vertretungsmacht des Vorstandsmitglieds einer Aktiengesellschaft ist bei der Beschlussfassung über seine Bestellung als Geschäftsführer der Tochtergesellschaft nach § 181 Var. 1 BGB beschränkt.

b. § 112 S. 1 AktG ist auf die Bestellung des Vorstandsmitglieds einer Aktiengesellschaft zum Geschäftsführer einer Tochtergesellschaft nicht anwendbar.

4. BGH BeckRS 2023, 6362

a. Die Angemessenheit der Abfindung der außenstehenden Aktionäre im Sinne des § 305 AktG kann anhand des Börsenwerts der Gesellschaft bestimmt werden. Im Fall der Abfindung in Aktien nach § 305 Abs. 3 S. 1 AktG kann dazu die Wertrelation zwischen den beteiligten Gesellschaften anhand ihrer Börsenkurse ermittelt werden.

b. Der Börsenwert einer Gesellschaft kann geeignet sein, sowohl deren bisherige Ertragslage als auch deren künftige Ertragsaussichten im Einzelfall hinreichend abzubilden und kann daher Grundlage für den gemäß § 304 Abs. 2 S. 1 AktG zu bestimmenden angemessenen festen Ausgleich sein.

Literatur

Altmeppen, Kommentar zum GmbHG, 11. Aufl. 2023, München
Armbrüster, Gesellschaftsrecht und Verbraucherschutz, 2005, Berlin
BeckOGK-AktG, Beck'scher Online-Großkommentar zum AktG, Bd. 1 (§§ 1–149 AktG), 5. Aufl. 2022, München
BeckOK-GmbHG, Beck'scher Online-Kommentar zum GmbHG, 55. Edition, Stand: 1.3.2023, München
Bergmann et al., Modernisierung des Personengesellschaftsrechts: Der Mauracher Entwurf in der Fachdiskussion, ZGR-Sonderheft, 2021, Berlin
Böffel, Versicherungskonzernrecht – Eine Untersuchung zur Koordination von Versicherungsgruppenaufsichts- und Aktienkonzernrecht, 2022, Tübingen
Braun, Kommentar zur InsO, 9. Aufl. 2022, München
Bürgers/Körber, Kommentar zum AktG, 5. Aufl. 2021, München
Emmerich/Habersack, Konzernrecht, 11. Aufl. 2019, München
Erman, Kommentar zum BGB, 16. Aufl. 2020, Köln
Godin/Wilhelmi, Kommentar zum AktG, Bd. 1 (§§ 1–178), 4. Aufl. 1971, Berlin
Goette/Habersack, Das MoMiG in Wissenschaft und Praxis, 2009, München
Großkomm-AktG, Großkommentar zum AktG, Bd. 3/1 (§§ 53a–66), 5. Aufl. 2021; Bd. 3/2 (§§ 67–75), 5. Aufl. 2017; Bd. 4/1 (§§ 76–91) und 4/2 (§§ 92–94), 5. Aufl. 2015; Bd. 5 (§§ 95–116), 5. Aufl. 2018, Berlin
Großkomm-GmbHG, Großkommentar zum GmbHG, Bd. 1 (§§ 1–28), 3. Aufl. 2019; Bd. 2 (§§ 29–52), 3. Aufl. 2021, Tübingen
Grunewald, Gesellschaftsrecht, 12. Aufl. 2023, Tübingen
Grüneberg, Kommentar zum BGB, 82. Aufl. 2022, München
Hachenburg/Ulmer, Kommentar zum GmbHG, 8. Aufl. 1992, Berlin
Heckschen, Das MoMiG in der notariellen Praxis, 2009, München
Hopt, Kommentar zum HGB, 42. Aufl. 2023, München
Koch, Kommentar zum AktG, 17. Aufl. 2023, München
Koller/Kindler/Roth, Kommentar zum HGB, 9. Aufl. 2019, München
Kölner Komm-AktG, Kölner Kommentar zum AktG, Bd. 1 (§§ 1–75), 3. Aufl. 2011; Bd. 2/1 (§§ 76–94), 3. Aufl. 2010, Köln
Lutter/Hommelhoff, Kommentar zum GmbHG, 21. Aufl. 2023, Köln
MHLS, Kommentar zum GmbHG, Bd. 2, 4. Aufl. 2023, München
Mitterlechner/Wax/Witsch, D&O-Versicherung mit internationalen Bezügen, 2. Aufl. 2019, München
MünchHdb-GesR, Münchener Handbuch des Gesellschaftsrechts, Band 4 Aktiengesellschaft, 5. Auflage 2020, München
MünchKomm-AktG, Münchener Kommentar zum AktG, Bd. 2 (§§ 76–117), 6. Aufl. 2023, München

MünchKomm-BGB, Münchener Kommentar zum BGB, Bd. 1 (§§ 1–240), 9. Aufl. 2021, Bd. 6 (§§ 705–853), 9. Aufl. 2022; Bd. 7 (§§ 854–1296), 8. Aufl. 2020, München
MünchKomm-GmbHG, Münchener Kommentar zum GmbHG, Bd. 1 (§§ 1–34), 2. Aufl. 2015, München
MünchKomm-HGB, Münchener Kommentar zum HGB, Bd. 2 (§§ 105–160), 5. Aufl. 2022; Bd. 3 (§§ 161–237), 4. Aufl. 2019, München
MünchKomm-InsO, Münchener Kommentar zur InsO, Bd. 2 (§§ 80–216), 4. Aufl. 2019, München
Nerlich/Römermann, Kommentar zur InsO, 46. EL, November 2022, München
Noack/Servatius/Haas, Kommentar zum GmbHG, 23. Aufl. 2022, München
Prölss/Martin, Kommentar zum VVG, 31. Aufl. 2020, München
Raiser/Veil, Das Recht der Kapitalgesellschaften, 6. Aufl. 2015, München
Rowedder/Schmidt-Leithoff, Kommentar zum GmbHG, 7. Aufl. 2022, München
Saenger, Gesellschaftsrecht, 5. Aufl. 2020, München
Schäfer, Kommentar GbR und PartGG, 9. Aufl. 2023, München
K. Schmidt, Handelsrecht, Unternehmensrecht I, 6. Aufl. 2014, Köln
K. Schmidt, Gesellschaftsrecht, 4. Aufl. 2002, Köln
K. Schmidt InsO, Beck'scher Kurz-Kommentar zur InsO, 20. Aufl. 2023, München
K. Schmidt/Lutter, Kommentar zum AktG, Bd. 1 (§§ 1–149), 4. Auflage 2020, Köln
Scholz, Kommentar zum GmbHG, Bd. 1 (§§ 1–34), 13. Aufl. 2022; Bd. 2 (§§ 35–52), 12. Aufl. 2021; Bd. 3 (§§ 53–85), 12. Aufl. 2021, Köln
Schröder, Die Reform des GmbH-Rechts, 2009, Berlin
Staudinger, Kommentar zum BGB, Buch 1, Neubearbeitung 2020, Berlin
Wicke, Beck'scher Kompakt-Kommentar zum GmbHG, 4. Aufl. 2020, München

Made in the USA
Monee, IL
03 May 2026

49467891R00138